JESS STEARN

Die unsterbliche Seele

Geist und Reinkarnation

Deutsche
Erstveröffentlichung

Aus dem Amerikanischen übertragen von Anne-Christine Raßmann
Titel der Originalausgabe: A Matter of Immortality
Originalverlag: Atheneum, New York

Redaktion: Ludger Hohn-Kemler

Made in Germany · 10/85 · 1. Auflage
© 1976 by Jess Stearn
© der deutschsprachigen Ausgabe
1985 by Wilhelm Goldmann Verlag, München
Umschlaggestaltung: Design Team München
Umschlagillustration: Design Team München
Satz: IBV Satz- und Datentechnik GmbH, Berlin
Druck: Elsnerdruck, Berlin
Verlagsnummer: 11759
ES · Herstellung: Sebastian Strohmaier
ISBN 3-442-11759-3

Inhalt

1. Die Geister ernst nehmen 9
2. Geister oder übersinnliche Wahrnehmung 25
3. Mae West: Kommen Sie mich ab und zu besuchen . 38
4. Das Erbe aus dem Jenseits 60
5. Marilyn Monroe tritt auf 78
6. Die führenden Geister 90
7. »Walking my baby back home« (Harry Richman) . 113
8. Der Rächer 139
9. Taylor Caldwell bekommt Besuch 153
10. Die heilenden Geister 169
11. Edgar Cayce meldet sich 186
12. Valentino macht einen Besuch 198
13. Rudy hat viel mitzuteilen 216
14. Von Geistern und Reinkarnation 241

Nachwort von Eugene G. Jussek 253

Dieses Buch ist jedem gewidmet,
der einen bedeutungsvollen Sinn
seines Lebens und seines Sterbens
sucht.

1   Die Geister ernst nehmen

Für das Medium Maria Moreno war es ein Tag wie jeder andere. Sie saß auf ihrer Lieblingsbank neben dem Grab des Schauspielers Tyrone Power und war in tiefe Meditation versunken, frei von allen widersprüchlichen Schwingungen der Lebenden – und der Toten. Denn, das wußte sie wohl, die Geister der Verstorbenen blieben nicht lange mit dem Körper verbunden, der so feierlich unter dem leuchtendgrünen Rasen begraben worden war. Nur moderndes Fleisch und Knochen lagen unter den grauen Steinen, die, so weit das Auge reichte, herumstanden. Was immer an Geistern gelebt haben mochte, war schon lange im zeit- und grenzenlosen Universum von Energie und Raum verschwunden.

Maria Moreno fielen die Augen zu. Sie sank in einen tranceähnlichen Halbschlaf, in dem sie ihre Umgebung nur noch undeutlich wahrnahm. Verschwommene Bilder ihrer besonderen Engel und Heiligen zogen an ihr vorbei, denn in diesem Zustand euphorischer Entspannung füllte sie die Energien wieder auf, die sie verlor, wenn sie für jene, die Einblick in das große Unbekannte erlangen wollten, die Geister herbeirief. Sie war friedlich eingenickt und fühlte, zutiefst erfrischt, wie die Energie in ihrem Körper vom Solarplexus zur Zirbeldrüse, dem ›Dritten Auge‹, strömte. Als sie dann begann einzuschlafen, berührte eine Hand sie an der Schulter. Sie hielt es für einen Traum und schüttelte sie ab. Aber dann ertönte eine klare, kalte Stimme.

»Ich möchte, daß Sie eine Botschaft für mich überbringen.«

Maria ist mit ihren sechzig Jahren Instrument für Tausende von Botschaften aus dem Jenseits gewesen. Aber heute ist es die erste, die sie auf einem Friedhof erhält und ohne ganz in Trance zu sein.

Sie erhebt sich, und die Stimme spricht weiter.

»Ich heiße Lydia, und du sitzt am Fußende meines Grabes.«

Das Medium schaut hinunter und sieht auf dem Erdhügel die einfache Steinplatte mit dem Namen Lydia und den Lebensjahren

1931–1972. Zuvor hat sie nur eine Stimme gehört, jetzt sieht sie die Erscheinung einer Frau. Sie hat langes schwarzes Haar und sanfte blaue Augen. Ihr hübsches Gesicht drückt geheimen Kummer aus.

»Gleich werden drei Menschen an mein Grab kommen«, sagt sie. »Sie kommen jeden Tag um halb fünf und bringen Blumen. Sie weinen, bis sich mein Herz nach ihnen sehnt. Sagen Sie ihnen, sie sollen nicht mehr kommen, ich bin nicht tot, ich lebe, und sie sollen ihr Leben weiterleben und aufhören zu trauern.«

»Und wer sind diese Menschen?« fragt Maria.

»Meine Mutter, mein Vater und meine Schwester. Sie haben mich geliebt und wollen mich nicht loslassen.«

»Aber warum sollten sie mir glauben?« fragt Maria weiter. »Sie haben mich ja nicht um Rat gefragt.«

»Stimmt«, sagt die Erscheinung, »aber ich werde Ihnen die Information geben, die sie davon überzeugen wird, daß Sie in meinem Namen sprechen.«

»Das glaube ich nicht«, erwidert Maria. »Diese Menschen lieben ihren Schmerz.«

»Das ist es nicht. Sie haben nur nicht viel anderes im Leben, und sie wissen nicht, daß das Leben ewig ist. Im Sarg liegt nur das Fleisch. Es gibt keine Geister, die auf Friedhöfen leben.«

Sie sprechen noch kurze Zeit miteinander in Lydias türkischer Sprache, die Maria in diesem Augenblick versteht, obwohl sie sie nie zuvor bewußt gehört hat, und die Erscheinung Lydia gibt dem Medium die Informationen, die notwendig sind, um ihre Familie zu beeindrucken.

Maria hört folgsam zu und meint dann achselzuckend: »Sie sind zu alt, um sich noch zu ändern.«

»Sagen Sie, was ich Ihnen aufgetragen habe, und wir werden sehen.«

Maria schaut auf ihre Uhr. Die beiden Zeiger erreichen gerade 4.30 Uhr, als auf der Straße nicht weit von Lydias Grab ein Wagen hält. Heraus steigen eine dunkelhaarige Frau um die Vierzig und, mit mühsamen Bewegungen, ein älteres Ehepaar. Langsam kommen sie auf Maria zu. Sie tragen einen schönen Blumenkranz. Mit einem nur flüchtigen Blick auf die kleine, dunkle Fremde mit den hohen Wangenknochen legen sie zärtlich die Blumen nieder, knien sich neben den Grabhügel und weinen.

Als sie endlich wieder aufstehen, spricht Maria sie kühn, aber mit sanfter Stimme an.

»Weinen Sie nicht mehr.«

Sie schauen erschrocken und weichen ein wenig zurück.

Maria zeigt bedeutungsvoll auf das Grab.

»Lydia hat mir eine Botschaft für Sie übergeben.«

Bei dem Namen schauen die drei überrascht. Sie blicken unsicher um sich, aber es ist keine Hilfe in Sicht. Maria läßt ihnen keine Zeit, um sich von ihrer Verblüffung zu erholen.

»Sie sind Tara, nicht wahr?« sagt sie zu der jüngeren Frau.

Die dunkelhaarige Frau blinzelt ein wenig und nickt. »Woher wissen Sie das?«

Maria deutet nun zum Himmel: »Lydia selbst hat es mir gesagt. Sie bittet Sie, für Vater und Mutter zu sorgen.« Sie macht eine Geste zu den älteren Leuten hin, die sie inzwischen anstarren, als sei sie wahnsinnig.

»Lydia sagt, Ihre Mutter solle mit ihrer Diabetes achtgeben, und sie macht sich Sorgen um die Arthritis ihres Vaters. Er solle überhaupt nicht herkommen, besonders nicht bei diesem Wetter.«

Sie schauen sie mit großen Augen an.

Tara ergreift das Wort für alle drei: »Woher wissen Sie das alles?«

»Lydia hat es mir gesagt.«

Tara schüttelt ungläubig den Kopf.

»Lydia ist auch besorgt um das gebrochene Bein ihrer Tochter. Aber die Knochen werden bald heilen, wenn sie vorsichtig ist. Sagen Sie ihr, daß ihre Mutter sie liebt. Und«, sie macht eine Pause, »grüßen Sie Sandor von ihr, und sagen Sie ihm, es tut ihr leid, daß sie die letzte Reise nicht gemeinsam machen konnten.«

»Sandor!« ruft Tara. »Woher wissen Sie diesen Namen?«

»Lydia sagte mir, das sei ihr Mann.«

Sie schauen sie an wie ein Gespenst und beginnen, sich vorsichtig in Richtung auf das Auto zurückzuziehen. Maria Moreno geht einfach mit.

»Lydia läßt Ihnen sagen, daß es ihr leid tut, daß sie diese Diät befolgt hat. Die Medikamente, die der Arzt ihr gab, haben ihre Nieren angegriffen, und deshalb starb sie vorzeitig.«

Lydia hat tatsächlich versucht, für die Europareise, die sie mit ihrem Mann plante, abzunehmen. Dabei erlitt sie einen Zusammenbruch und starb so, wie Maria es von ihr gehört hat.

Maria gibt Lydias Familie eine letzte Botschaft: »Kommen Sie ab und zu, wenn Sie wollen, aber nicht jeden Tag. Das nützt nichts.«

Sie wissen in ihrer Verwirrung nichts zu sagen und schauen sie nur stumm an.

»Lydia läßt Ihnen sagen: Ich bin nicht tot, ich lebe. Der Tod ist der Anfang, das Leben ist das Unwirkliche. Trauert nicht länger um mich.«

Als Maria später in ihrer Wohnung in Hollywood über das Ganze nachdachte, war sie eigentlich nicht erstaunt über diesen Besuch.

»In dem Grab war nichts. Sie kam aus dem Raum zu mir, weil ich ein Medium bin. Sie wollte ihre Familie wissen lassen, daß sie jetzt glücklich ist, und daß sie sie nicht gern unglücklich sieht.« Maria hatte die drei nie zuvor gesehen, noch ihren Namen gehört, und sie wußten nicht, was sie davon halten sollten. Sie hatten ihr ganzes Leben lang so gelebt, daß sie den Tod als das Ende betrachteten, und es fiel ihnen schwer, sich zu ändern.

»Ich treffe sie noch manchmal da«, sagte Maria.

Einige Zeit nach diesem Vorfall nahm sie mich mit zu ihrem bevorzugten Meditationsplatz. Eine einsame Gestalt, eine dunkle Frau mittleren Alters, beugte sich über Lydias Grab.

»Sind Sie Lydias Schwester?« frage ich.

Sie nickt und schaut an mir vorbei zu Maria hin, lächelt kurz und wendet sich dann wieder der liebevollen Pflege der Blumen auf dem Grab zu.

»Was sagen Sie zu der Botschaft, daß Ihre Schwester lebt?« frage ich sie.

Sie zuckt mit den Achseln. »Ich weiß nur, was das Medium sagt.«

»Woher hätte die Botschaft kommen sollen, wenn nicht von Ihrer Schwester?«

Sie tritt zurück und schaut mit feuchten Augen auf das Grab. Ohne ein Wort schlüpft sie an uns vorbei und geht zu ihrem Wagen.

Maria schaut sie mitfühlend an.

»Bitte, glauben Sie mir, daß sie lebt«, sagt sie sanft. »Sie hat es mir gesagt.«

Die Wagentür schlägt zu, und Tara fährt davon, die Augen fest auf die Straße gerichtet.

Ich hatte nicht den Eindruck, daß irgend jemandem geholfen worden war.

Maria war jedoch anderer Meinung. »Die Mutter und der Vater waren heute nicht hier. Vielleicht haben sie verstanden.«

Maria Morenos Geister kamen nicht zufällig, sondern schienen immer einem dringenden menschlichen Bedürfnis zu folgen. Gewöhnlich gaben sie sich mit ihrem Namen und Beruf zu erkennen und verblüfften mit ihren Enthüllungen die Zuhörer, die gebannt dasaßen, wenn die Toten verheerende Erdbeben vorhersagten, von einem neuen Asteroiden sprachen, der eines Tages mit der Erde zusammenstoßen könnte, von allerlei Revolutionen und Katastrophen in den verschiedensten Teilen der Welt und sogar von der Wiederkehr Christi zum Ende des Jahrhunderts.

Maria schien auch ungewöhnliche Heilkräfte zu besitzen, die nicht aus ihr allein kamen. Ihre Geisterärzte kamen durch Zeit und Raum, um Kranke, darunter mich selber und Bekannte von mir, mit unerklärlichen metaphysischen Injektionen, Kunstgriffen und Operationen zu heilen, die alle unglaublich schmerzlos waren. Andere Geister aus ferner Vergangenheit benutzten Maria in ihrem selbst herbeigeführten Trancezustand, um durch sie Menschen zu helfen, die mit emotionalen oder finanziellen Problemen zu ihr kamen. Das alles war ungemein erstaunlich für mich. Am meisten beschäftigte mich, daß es offensichtlich eine unerschöpfliche Quelle der Information gab. Wenn die kleine Frau mit den zwinkernden Augen recht hatte, dann zeigten sie und ihre Geister wirklich, daß der Tod nur der Anfang ist. Marias Geister befaßten sich selten mit Oberflächlichem. Vom Sexsymbol einer Generation, Marilyn Monroe, bis zum Stummfilmstar Rudolph Valentino besprachen sie nicht nur die persönlichsten Probleme, sondern gaben auch ein verblüffendes Bild davon, wie ihr Leben nach dem Tode aussah.

Maria war sich darüber im klaren, daß die materiell orientierte westliche Welt Geister als Unfug betrachtete, heraufbeschworen von Leuten, die Angst vor dem Tod haben, oder vor dem Leben. Sie verstand das sehr gut. Konkret betrachtet ist es schwer zu verstehen, wie Geister herumlaufen, sprechen, denken, bekleidet sein und sich einigen Auserwählten sichtbar machen können. Es gibt da so viele Fragen, die sich offenbar nicht beantworten lassen. Wenn der Geist der Menschen tatsächlich weiterlebt, was geschieht dann in diesem Dämmerlicht von unendlicher Zeit und endlosem Raum, um die

Seele auf ihre eventuelle Rückkehr vorzubereiten? Was entscheidet darüber, ob sie wiedergeboren wird? Und warum, wenn sie wiederkommen, mischen sich die Geister – wenn auch nur kurz – in menschliche Angelegenheiten ein?

Marias eigener Glaube kam aus ihren Erfahrungen. Ihre Offenbarungen waren nach Aussagen ihrer Klienten sehr klar. Daher hielten sie es für unmöglich, Marias Durchgaben nur auf eine Fähigkeit zum Hellsehen zurückzuführen. Marias Quellen sprachen deutlich, nannten ihren Namen und den der Menschen, die sie erreichen wollten. Und sie brachten Botschaften von unmittelbarer Wichtigkeit. Diese Nützlichkeit, die genau auf bestimmte Situationen zielte, hatte den bekannten Parapsychologen und Arzt aus Los Angeles, Dr. Eugene Jussek, beeindruckt. »Wenn sie schon die große Kluft überbrücken, dann sollten Geister mehr als nur ›Guten Tag‹ zu sagen haben«, meinte Jussek. »Wie oft muß eine weiße Krähe auftauchen, um zu beweisen, daß nicht alle Krähen schwarz sind?«

Es gibt eine Menge Literatur über das Leben nach dem Tod. Auch wenn Wissenschaftler sich sogar dafür verbürgen, bleibt aber oft der Verdacht auf ein Wunschdenken bestehen. Der einer früheren Generation angehörende Physiker Sir Oliver Lodge war überzeugt, daß er mit seinem Sohn Raymond, der im Kampf gefallen war, geistig Kontakt aufgenommen hatte. Auch Sir Arthur Conan Doyle, der Schöpfer von Sherlock Holmes, überzeugte sich durch Medien vom Weiterleben nach dem Tode. Die Beweisführung war jedoch inhaltlich oberflächlich, subjektiv gefärbt und schloß die Alternative nicht aus, daß es sich um Hellsichtigkeit oder Telepathie gehandelt haben könnte. Die Wissenschaftler, so schien es mir, waren da nicht besonders wissenschaftlich. Dr. Jussek stimmte mir zu: »Es hätte mich mehr beeindruckt, wenn sie das, was sie suchten, nicht so bequem gefunden hätten.«

Maria Moreno war eine andere Art von Medium. Ihre Klienten waren in den meisten Fällen nur an durchschnittlichen weltlichen Angelegenheiten interessiert. Sie hatten weder die Absicht, mit einer anderen Welt in Kontakt zu treten, noch glaubten sie überhaupt an einen solchen Ort. »Alles, was ich wisse wollte«, sagte eine junge Dame, »war, ob ich Michael heiraten würde. Statt dessen erschienen meine tote Großmutter, mein Großvater, mein Onkel und mein Bruder, indem sie sich namentlich vorstellten, um vor dem Selbstmordversuch eines anderen Bruders zu warnen.« So gewarnt konnte sie den Selbstmordversuch abwenden. Und Michael wäre ja schon verheiratet. Die Geister hatten in jeder Hinsicht recht.

Geister? Sie war sich nicht sicher. Aber wer anders als diese war in die tiefsten Familiengeheimnisse eingeweiht, die noch nicht einmal sie selber kannte?

Dr. Jussek nannte für die Kommunikation mit Geistern seine eigenen Kriterien: »Die Botschaften sollen sowohl für den Sender als auch für den Empfänger eine besondere Bedeutung haben; sie sollen sich auf vertrauliche, nicht allgemein bekannte Informationen beziehen und vorzugsweise auf dem Empfänger vorher nicht bekannte Ereignisse, die jedoch mit der Zeit und mit einiger Anstrengung nachprüfbar sind.«

Auf diese Weise würde Wunschdenken ausgeschlossen, und bei der Nachprüfung könne wirklich objektiv, der Art des Materials entsprechend, vorgegangen werden.

Maria Moreno selbst schien in ihrem tranceähnlichen Zustand, in dem sie nicht wußte, was sie sprach, objektiv orientiert. Ihre Aufgabe bestand für sie darin, ein klarer Kanal Gottes zu sein. Es war etwas nicht Verkäufliches, das sie jedoch freudigen Herzens verschenkte, und sie nahm an Spenden nur so viel an, wie sie brauchte, um Körper und Seele zusammenzuhalten. Oft lehnte sie größere Summen ab, weil sie ihre Kräfte nicht von Geld verwirren lassen wollte. Es war ihr wichtig, eine dienende Unabhängigkeit zu bewahren. Schon als Kind, als sie zum ersten Male ihre Gabe entdeckte, hütete sie sich vor den Gedankenschwingungen der Lebenden. Sie war nie über die sechste Schulklasse hinausgekommen, konnte jedoch durch automatisches Schreiben in Arabisch, Japanisch, Türkisch und sogar in nicht mehr gesprochenen, mehr esoterischen Sprachen Mitteilungen machen. Die Geister waren aber nicht immer wohlwollend. Mit siebzehn hatte sie ein unvergeßliches Erlebnis, das ihr viel sagte.

Sie war damals schlank und hübsch und von den Männern ihrer Heimatstadt Tampico sehr begehrt. Es war ihr gelungen, mit den heftigsten fertigzuwerden, bis auf einen, der sie verfolgte und stürmisch auf Heirat drängte.

»Werde mein«, schrie er, »oder ich bringe mich um!«

Sie lachte nur und hielt ihn für melodramatisch. Aber er erschoß sich. Kurz danach wurde sie in der Nacht abrupt geweckt und sah ein Gesicht dicht vor dem ihren. Es war das ihres toten Anbeters. Sie fühlte sich im Bett festgehalten und schrie, als seine Lippen sich auf die ihren preßten. Ein scharfer Schmerz durchfuhr sie, und sie schrie laut »der Kuß, der Kuß«.

Am Morgen wurde sie im Delirium auf schnellstem Wege ins Krankenhaus gebracht. Ihre Krankheit diagnostizierten die Ärzte als spinale Meningitis, ein »Kuß des Todes«.

Hätte ihr Vater nicht über Geister Bescheid gewußt, wäre sie möglicherweise nicht gesund geworden. Er sagte, sie müsse dem Mann verzeihen, damit sein Geist nicht an die Erde gebunden bliebe. Sie verzieh ihm und gab so den Geist frei, und innerhalb von achtundvierzig Stunden war sie genesen.

Ich hörte die Geschichte mit einer gesunden Portion Skepsis und fragte sie, ob der Geist je wiedergekommen sei.

Ihr breites Gesicht verzog sich zu einem Grinsen. »Er hat keinen Grund mehr, mich zu verfolgen. Ich bin eine alte Frau.«

Meine erste Begegnung mit Maria Moreno werde ich nie vergessen. Kurz nachdem ich nach Kalifornien gezogen war, hatte ich mich mit ihr verabredet, ohne auch nur meinen Namen zu nennen. »Sagen Sie mir nicht, wer Sie sind«, hatte sie am Telefon gesagt. »Seien Sie einfach um drei Uhr hier.«

Ich war erschüttert vom Tod einer Freundin, Diane Ralphs, die kurz zuvor in Mexiko gestorben war. Sie war ein Mädchen wie aus dem Bilderbuch: jung, schön, intelligent, reich. Ich war gespannt, ob Maria mir sagen konnte, wie es geschehen war. Mehr erwartete ich nicht.

Ich kam pünktlich und erblickte eine kleine, untersetzte Frau mit dunkler, rötlicher Hautfarbe. Sie saß hinter einem schmalen, auf schwachen Beinen unsicher wackelnden Tischchen, schaute mich durch ihre stahlumränderten Brillengläser genau an und bedeutete mir, auf einem steiflehnigen Stuhl Platz zu nehmen.

»Sind Sie schon einmal bei einem Medium gewesen?« fragt sie.

»Ein paarmal, aber sie gehen selten in Trance.«

»Dann sind es keine Medien, denn die Führer kommen zu uns, wenn wir in Trance sind – Clarita, die Zigeunerin, Dr. Jallikete, Pepe der Bucklige und die anderen. In tiefer Meditation habe ich manchmal einen klaren Kanal, dann sind die Führer nicht nötig, aber mit den Führern ist es einfacher.«

Ihr Vorgehen ist wirklich dramatisch. Sie hat kaum die Augen geschlossen und tief eingeatmet, als sie schon anfängt, mit den Armen in der Luft herumzuschlagen. Dabei schnaubt sie ein wenig.

Ihre Stimme, die bis dahin einen starken Akzent gehabt hat, wird plötzlich heller, freundlicher im Ton, mit einem deutlich fröhlichen Rhythmus. Auch ihr Gesicht ist ausdrucksvoller geworden, und sie lächelt. Sie scheint eine andere Person geworden zu sein.

»Ich bin die Zigeunerin Clarita«, verkündet sie. »Ich komme, um die Geheimnisse des Jenseits zu enthüllen und bei den Problemen des Diesseits zu helfen. Vertrauen Sie auf die Geister, und Sie werden Hilfe finden, im Glauben an Gott. Denn nur in diesem Glauben werden Sie frei sein.«

Maria Morenos Clarita weiß, daß ich Schriftsteller bin, gerade von der Ostküste herübergekommen, geschieden und einsam. Meine Gesundheit sei gut, sagt sie, aber ich müsse auf meine Ernährung achten und Sport treiben. Das ist sicher richtig, aber ich habe noch nichts erfahren, was ich nicht schon weiß, und sie ist noch nicht auf das zu sprechen gekommen, dessentwegen ich hier bin. Ich habe immer gemeint, daß jeder gute Hellseher intuitiv wissen soll, weshalb jemand da ist, und unausgesprochene Fragen genau beantworten muß. So warte ich.

Marias Stimme wird plötzlich ernst. Sie scheint sehr konzentriert. Ich beobachte sie fasziniert und spüre, daß sie kurz davor ist, etwas Wichtiges zu sagen. Ich werde nicht enttäuscht.

»Ein Mädchen ist im Zimmer«, sagt sie und schaut dabei angestrengt über meine Schulter. »Sie ist froh, daß Sie hier sind. Sie hat an Sie gedacht. Sie ist blond und blauäugig und hat geweint. Sie heißt...« Sie runzelt für einen Augenblick die Stirn. Ihre Lippen bewegen sich, als ob sie den Namen wiederholt und nicht ganz glauben kann. »Es ist ein merkwürdiger Name für ein Mädchen.« Sie buchstabiert ihn: »R-A-L-P-H-S. Ralphs. Ist das nicht ein Männername?«

In meinem Magen fühle ich meine heftige Aufregung.

»Nein, das ist der Name eines Mädchens.«

»Sie kannten sie?«

Ich bejahe.

»Sie läßt Ihnen sagen, daß ihr das, was sie getan hat, leid tut. Es geschah in Mexiko, und sie handelte in einem Augenblick der Depression. Sie dachte, sie würde Frieden finden. Es bringt nichts, sich das

Leben zu nehmen, sagt sie. Es wird dadurch nichts gelöst, weder hier noch im Jenseits.«

Maria macht eine Pause, die mir wie eine Ewigkeit vorkommt. »Sie hat eine Überdosis Drogen genommen. Sie sagt, daß diese Drogen – Marihuana, LSD und alle anderen – schlecht sind, weil sie den Geist verwirren und die Abwehrkräfte schwächen. Können Sie mir folgen?«

Ich nicke, zu überwältigt, um sprechen zu können.

»Sie macht sich Sorgen um jemanden in ihrer Familie, ihren Bruder Billy, sagt sie.« Maria schaut einen Moment lang auf. »Kennen Sie jemanden mit diesem Namen?«

»Sie hatte einen Bruder, der Billy heißt, jünger als sie.«

»Sie war erst etwa fünfundzwanzig oder sechsundzwanzig?«

»So ungefähr.«

Maria stellt eine Menge Fragen, aber sie sind mehr rhetorischer Art, als ob sie rein routinemäßig Bestätigung erwartet.

»Sie war reich, nicht wahr?«

»Sie war von den Ralphs hier in Kalifornien, der Familie mit den Lebensmittelläden.«

»Aber sie war einsam, und in ihrer Kindheit fehlte ihr Liebe. Sie sagt, daß sie sich verzweifelt danach sehnte, geliebt zu werden.«

»Ihre Eltern waren geschieden, und sie ging dreitausend Meilen entfernt aufs Internat. Das hat sie wohl immer sehr bedrückt.«

»Sie sagt, daß Billy ihr am nächsten stand.«

Ich erinnere mich an Billys hübsches, lächelndes Gesicht und an seinen lebhaften, anziehenden Charme.

»Warum macht sie sich Sorgen um ihn?«

»Sie möchte nicht, daß er dieselben Fehler macht wie sie und im College in schlechte Gesellschaft gerät.«

Obwohl ich zuhöre und gelegentlich etwas dazu sage, kann ich das Ungeheuerliche dessen, was ich wahrnehme, nicht ganz erfassen: die Gegenwart eines Mädchens, vermutlich als Geist, mit dem ich sehr stark beschäftigt bin. Hat das Medium sie aus meinem Bewußtsein aufgenommen und den Rest aufgebauscht? Wenn es so ist, dann muß sie mit Sicherheit auch meinen Namen aufgegriffen haben. Außerdem hat sie mir Informationen geliefert, die mir zuvor unbekannt gewesen sind.

Etwas beschäftigt mich noch.

»Warum hat sie sich das Leben genommen?«

»Unter dem Einfluß der Drogen sind ihre emotionalen Reserven zusammengebrochen, wie sie schon sagte. Sie war sehr unglücklich; es quälte sie, daß sie die Liebe nicht finden konnte, die sie ihr ganzes Leben lang gesucht hat.«

Auf dieser Suche hatte das schöne Mädchen mit ihren fünfundzwanzig Jahren bereits drei Ehen hinter sich.

»Wird sie Frieden finden?« frage ich.

Claritas Stimme kommt deutlich: »Sie müssen für sie beten. Das sagt sie. Sie interessiert sich für das Übersinnliche und bittet Sie, Ihre Arbeit fortzuführen. Es könnte den Menschen helfen.«

Ich seufze, fast ohne es zu merken, und spreche vor mich hin: »Ihr hat es nichts geholfen.«

»Beten Sie für sie, und denken Sie an sie, und sie wird von Zeit zu Zeit zu Ihnen kommen.«

Maria Moreno holt jetzt tief Atem und öffnet die Augen. Sie scheint vor Energie zu bersten.

»War es eine gute Sitzung?« fragt sie.

Ich fühle mich merkwürdig leer, als ob jemand all meine Energie von mir abgezogen hat.

»Es war mehr, als ich erwartet habe.«

Sie schaut mich neugierig an. »Leben Sie in Kalifornien?«

Ich sage ihr, daß ich gerade hergezogen bin.

»Gut, Sie haben eine starke Schwingung.«

Ich habe keine Ahnung, was sie damit meint.

»Sie sind selbst Kanal für das Übersinnliche.«

Ich frage mich, ob sie das aus der Sitzung erfahren hat.

»Ich erinnere mich an nichts aus der Trance«, sagt sie und schaut mich wieder neugierig an. »Wie heißen Sie?«

Ich sage es ihr, und ihr Gesicht zeigt mir sofort ein erfreutes Lächeln.

»Sie werden eines Tages ein Buch über mich schreiben. Das kam mir in der Meditation, nachdem ich *Der schlafende Prophet* gelesen hatte.«

Es ist das Buch, das ich über den amerikanischen Mystiker Edgar Cayce geschrieben habe.

Im Laufe der Jahre wurden wir Freunde. Ich besuchte sie viele Male. Und eines Tages, als Diane Ralphs wieder sprach, um die Jugend Amerikas vor dem heimtückischen Übel Marihuana zu warnen, dämmerte mir, daß Maria Moreno sehr wohl ein Werkzeug sein konnte, um den ganzen Bereich des Lebens nach dem Tode zu erforschen.

Ich war verblüfft über ihre Geister: Pepe der Bucklige, der auf Finanzangelegenheiten spezialisiert war, hat mich beim An- und Verkauf eines bestimmten Besitzes erfolgreich beraten. Dr. Jallikete, das Haupt ihrer Gesundheitsberater, hat mir gegen eine schmerzhafte Schleimbeutelentzündung eine gekochte Mischung aus Weinstein, Grapefruitschalen, Grapefruitsaft und Wasser verschrieben. Die Entzündung ist in ein paar Tagen abgeklungen.

Jallikete war nur eine Stimme, mit japanischem Tonfall. Der bucklige Pepe jedoch war erstaunlich anzusehen. Vor meinen Augen versank Marias Kopf zwischen ihren Schultern, ihr Hals verschwand, und ihr Kopf ragte in einem Winkel aus einem ungestalten Höcker heraus, der sich auf ihrem oberen Rücken gebildet hatte. Ihr Gesicht bekam einen schlauen, wachsamen Ausdruck (vermutlich den des Finanzberaters), und ihre Stimme wurde rauh, wie die eines Mannes.

Trotz alledem fiel es mir schwer, an etwas zu glauben, was ich weder sehen noch riechen, schmecken, hören oder fühlen konnte. Vielleicht waren es Clarita oder Jallikete oder Pepe, die durch Maria sprachen, aber sicher war ich mir da nicht. Ich spürte keine andere Gegenwart im Raum. Als Diane Ralphs kam, war ich sprachlos vor Erstaunen, aber ich spürte ihre Nähe nicht, auch nicht, als Maria sie so genau beschrieb und darüber sprach, wie sie gestorben war; ich erfuhr später, daß es genau zutraf. Es machte mich natürlich nachdenklich, aber ich war immer noch nicht völlig überzeugt. Wenn es nicht Hellseherei war, was ausgeschlossen schien, so konnte es immer noch x sein, das Unbekannte, und für irgendeine Naturerscheinung stehen, die dem Menschen bis jetzt noch nicht begegnet war.

Paradoxerweise spürten andere die Gegenwart der Geister, die ich nicht spürte, ohne im geringsten zu wissen, wer sie waren. Der neununddreißigjährige Cam Atkinson, ein Grundstücksmakler aus Hollywood, fühlte lebhaft eine unsichtbare Gegenwart, die nur störend für ihn war, weil er sie sich nicht erklären konnte. Sie war fast wie eine Energieeinwirkung und übte, obwohl sie unsichtbar war, einen deutlichen Einfluß auf ihn aus. Er lebte vier Jahre lang damit und akzeptierte sie wie irgendeinen anderen Besucher: »Ich war manchmal gerade dabei, etwas zu sagen, dann brachte diese Kraft mich davon ab. Ich konnte spüren, wie sie zur Tür hereinkam, sich mir näherte, und sogar, wie sie zuhörte.« Es war in den meisten Fällen eine wohlwollende Gegenwart, die ihn unterbrach, wenn er dabei war, wütend zu werden oder eine schlechte Entscheidung zu treffen.

Er hatte keine Ahnung, was diese Gegenwart sein konnte. Eine Freundin, mit der er stürmisch zusammenlebte, hatte sich sechs Jahre zuvor das Leben genommen. Danach starb sein Großvater, dem er sehr ergeben war. Aber die Energie schien keine Persönlichkeit zu haben: »Sie schien mir etwas sagen zu wollen, aber ich wußte nicht, was.« Cam Atkinson aus Florida engagierte sich jahrelang in der New Yorker Finanzwelt. Er war groß, hager, direkt und ziemlich illusionslos. »Mir war klar, daß die Leute vielleicht dachten, ich bilde mir etwas ein, aber das war mir egal. Die Kraft selber war mir nicht egal. Mit der Zeit erwartete ich ihr Kommen schon, aber sie tauchte nicht auf, wenn ich mit ihr rechnete. Sie schien zu kommen und zu gehen, wie sie wollte, jeden dritten oder vierten Tag. Sie erwies sich jedoch eindeutig als hilfreich für mich. Manchmal war ich gerade dabei, einen Verkaufspreis für einen bestimmten Besitz zu notieren, und diese Kraft kam dann ganz akut in mein Bewußtsein. Ich fühlte mich für kurze Zeit abgelenkt, und das nächste, was ich wußte, war, daß der Käufer ein erheblich höheres Angebot machen würde, als ich selber zuvor beabsichtigte.«

Er brachte die Kraft nicht mit einem Geist in Verbindung, weil er nicht an Geister glaubte, wenn er auch beim Tod seiner Freundin Sally das vage Gefühl gehabt hatte, daß ihr gemeinsames Leben noch nicht beendet war. Manchmal empfand er das als einen tröstlichen Gedanken, manchmal war er unglücklich, daß er nicht mehr für sie getan hatte. »Wir liebten uns, aber wie so viele Menschen, die sich lieben, hatten wir scheinbar oft entgegengesetzte Ziele.«

Er sprach über seine Erlebnisse, weil er hoffte, sie dadurch besser zu verstehen. Schließlich fand er jemanden, der nicht skeptisch darüber lächelte. Diese Frau empfahl ihm Maria Moreno. Sie sagte, Maria habe ihr bei geschäftlichen Problemen geholfen und könne möglicherweise erklären, »ob diese Kraft nun«, sie zögerte, »etwas Greifbares ist oder etwas, das nur in Ihrem Kopf existiert«.

Das Treffen wurde vereinbart. Atkinson vermied es sorgfältig, die Kraft zu erwähnen. »Sie wollte auch gar nichts wissen, und ich sagte nichts.«

Dennoch schaut er neugierig in dem unordentlichen kleinen Raum herum. So sicher, wie er dasitzt, die Kraft ist auch da; er spürt sie an der Tür, am Fenster, hinter sich und neben sich. Er kneift sich in den Arm und schweigt.

Atkinson wartet gespannt. Dann beginnt Maria – Clarita – zu sprechen, und er kann nur noch über das staunen, was sich da ereignet. Es wird ihm schnell deutlich, daß das Medium einen bemerkenswerten Einblick in seine persönlichen Angelegenheiten hat. Maria spricht namentlich von einem Freund Atkinsons, der in San Diego lebt und an einer Baucherkrankung leidet. Erstaunt bestätigt er ihre Aussage. Und dann, als er sich noch hierüber wundert, nennt sie einen Namen, der ihn auffahren läßt.

»Sally«, sagt sie und buchstabiert den Namen. »Kennen Sie diese Sally?«

»Ja«, bestätigt er und beugt sich begierig vor.

»Sie erleidet Qualen.« Auch sie hat im Selbstmord keine Ruhe gefunden.

»Ich hatte gehofft, sie würde Frieden finden«, sagt er.

»Es tut ihr leid, was zwischen Ihnen geschehen ist, und sie hat versucht, mit Ihnen Kontakt aufzunehmen. Haben Sie das bemerkt?«

»Ich bin nicht sicher.«

»Sie sagt, sie hat viele Male versucht, mit Ihnen in Verbindung zu treten, hat aber nicht die Kraft, um Ihnen eine direkte Botschaft übermitteln zu können. Aber sie bemüht sich, Sie vor Fehlern zu bewahren, die Sie machen können, wenn Sie übereilt handeln. Das war ihr Problem, sie hat oft Dinge getan, ohne sie vorher zu überdenken.«

Das scheint ihm, im nachhinein betrachtet, auf sie beide zuzutreffen.

»Haben Sie ihre Gegenwart gespürt?« fragt Maria. »Sie war es, die Sie mehrere Male innehalten ließ, als Sie gerade dabei waren, hastig etwas zu sagen.«

Atkinson ist so berührt, daß ihm Tränen in die Augen steigen. »Danken Sie ihr, und sagen Sie ihr, daß ich immer an sie denke. Ich bin immer noch glücklich über ihre Liebe.«

»Das ist gut«, sagt Maria. »Sie ist froh darüber. Sie möchte nicht vergessen werden.«

Atkinson denkt an das intuitive Gefühl, das er gehabt hat, und fragt, ob es irgendeine Chance gebe, daß sie eines Tages wieder zusammensein können.

»Das hängt nicht von ihr ab. Aber es ist möglich, wenn es ihr Karma ist.«

Atkinson ist sich nicht sicher, ob er an Reinkarnation und an die karmische Schuld-und-Sühne-Lehre glaubt, wonach jemand von einem Leben zum nächsten geht, je nachdem, wie man mit den Herausforderungen und Möglichkeiten des Lebens umgegangen ist.

Aber da nun die Gegenwart dieser Energie, die ihn so beschäftigt hat, glücklich erklärt ist, kann er zum ersten Mal nach vier Jahren wieder frei atmen. Es besteht für ihn kein Zweifel, daß es Sally ist, und der Gedanke, daß sie ihm zu helfen versucht, macht ihn glücklich. Er spürt einen wachsenden Frieden in sich.

Eines Nachts träumte er dann, wie er und Sally, ähnlich wie vor Sallys Tod, in seiner New Yorker Wohnung zusammen waren. Er erwähnte den Traum einem Kollegen gegenüber.

»Warum quälen Sie sich?« sagte der. »Lassen Sie die Vergangenheit los.«

»Ich quäle mich nicht«, sagte Atkinson. »Zum ersten Mal seit Jahren fühle ich mich nicht mehr allein.«

Die universale Botschaft des Mediums Maria Moreno schien für die vielen Menschen, die zu ihr kamen, auch die quälendsten persönlichen Probleme in einen größeren Zusammenhang zu stellen. Ihre Arbeit begann zu einer Zeit, als die westliche Welt eine Welle der Enttäuschung erlebte. Die Jungen wandten sich östlichen Philosophien und Meditationen zu. Die Älteren, einst geschützt durch die Sicherheit der katholischen Kirche oder die praktische Ethik des Protestantismus, hatten Mühe, durch eine erschütternde Phase geschwächter Moral hindurch ihren Glauben aufrechtzuerhalten. Der konvertierte Katholik Graham Greene, dessen Bücher immer wieder das Thema der ewigen Hoffnung behandelten, symbolisierte die Desillusionierung der Intellektuellen. »Mit dem Nahen des Todes«, schrieb der alternde Autor in *Das Herz aller Dinge*, »werden mir religiöse Wahrheiten immer weniger wichtig.«

Von ihm stammt der ausdrucksvolle Ausspruch:
*»Wir, die Hoffnungsvollsten, sind jeder Hoffnung bar
und ohne Glauben, wir, die am meisten glaubten.«*
Während dieser brillante Beobachter den Negativismus der In-

tellektuellen angesichts der zügellosen, aus dem Osten herüberfegenden Tyrannei beschrieb, bot Maria Moreno, die einfache Bäuerin aus Mexiko, Einblick in eine wohlwollende, herausfordernde Ewigkeit.

»Wenn man ihr zuhört«, sagte Jussek, »muß man an Gott glauben.«

2   Geister oder übersinnliche Wahrnehmung

Dr. Eugene Jussek war nicht einfach ein gewöhnlicher Arzt. Er war ein außerordentlich fähiger Hypnotiseur und Akupunkteur, und seine Ausbildung war für einen Parapsychologen ungewöhnlich wissenschaftlich. Er hatte sich an der Universität Frankfurt auf innere Medizin spezialisiert und war in psychosomatischer Medizin der Jungschen Tradition ausgebildet. Nach seiner Graduierung arbeitete er an der New Yorker Universität und studierte außerdem im Orient, in Frankreich und Österreich weiter. Zwanzig Jahre lang praktizierte er in Kalifornien und Europa. Sein Interesse am Übersinnlichen, das er in seine Therapie häufig einbezog, unterschied ihn vom herkömmlichen praktischen Arzt.

Nach einer Sitzung mit Maria Moreno, im Interesse der parapsychologischen Forschung, war er fasziniert von ihren Geisterärzten. »Hier liegt sicherlich die Lösung für das Problem der Fehlbehandlung«, sagte er, und seine blauen Augen strahlten.

Er staunte, als Dr. Jallikete hoch in der Atmosphäre eine Bluttransfusion vornahm, Dr. Dermetz einen Luftröhrenschnitt und Dr. Karnacke einen gefährlichen Bluthochdruck durch eine unsichtbare Spritze senkte. Es war wild, verrückt und unverständlich, aber es schien zu funktionieren.

Er selbst – bisher immun gegen Krankheit – hatte von Marias Ärzten die Warnung bekommen, wenn er sich weiter überarbeite, würde er krank, und da er weiter schwer arbeitete, wurde er tatsächlich krank, zuerst mit heftigen Schmerzen in der Schulter und dann im Rücken. Er bekam auch Rat in einer ernsten juristischen Frage, und auch hier traf alles so ein, wie Clarita es geschildert hatte, im allerletzten Moment sprang der allgegenwärtige bucklige Pepe ein und rettete die Situation. »Wenn nicht alles genau so eingetroffen wäre, wie Maria es vorhersagte, hätte ich es nicht geglaubt«, sagte der verblüffte Arzt.

Er besuchte sie erneut und versuchte, etwas über die Quelle ihrer wunderbaren Gabe in Erfahrung zu bringen. Stammten diese Ärzte tatsächlich aus der Geisterwelt, oder waren es Produkte ihres dramatischen Unterbewußtseins, hellsichtig empfangen und dann in Übereinstimmung mit ihrem Glauben an übernatürliche Führer in Szene gesetzt?

Seine eigenen Eltern lebten in Deutschland, in Frankfurt, und nur wenige ihm vertraute Menschen waren gestorben. Es gab nur sehr wenige Geister, mit denen er sich hätte in Verbindung setzen können. Aber Maria begann unversehens von Vera zu sprechen.

»Vera ruft Sie«, sagt sie. »Sie will über ihr Testament sprechen. Sie hat die ganze Woche lang Impulse ausgeschickt und möchte Ihnen sagen, daß sie Sie und Ihre Familie liebt.«

Die einzige Vera, die Jussek kennt, ist eine ältere Ärztin, Vera de Fernando. Sie lebte in Boulder City, Nevada. Dort hat er zuletzt von ihr gehört. Er erinnert sich gut an sie. Er hat sie in Europa für ihr allgemeines Wohlbefinden mit Frischzellen behandelt, was ihr wunderbar bekommen ist. Es gibt für ihn keinen Grund zu der Annahme, daß sie gestorben sei, aber er hat seit fünf oder sechs Jahren die Verbindung zu ihr verloren.

»Wer ist diese Vera?« fragt er.

»Sie haben ihr früher einmal geholfen, und sie ist Ihnen dafür außerordentlich dankbar. Sie betrachtet Sie als ihren einzigen Freund und versucht verzweifelt, wegen ihrer letzten testamentarischen Verfügungen mit Ihnen in Kontakt zu treten. Sie haben sie mit Zellgewebe geheilt.«

Es gibt keinen Zweifel, von wem die Botschaft stammt. Er rechnet nach. Wenn Vera noch lebt, dann muß sie auf die Neunzig zugehen.

»Ist diese Vera tot?« fragt er.

Maria Moreno scheint zu zögern. »Der Geist ist noch nicht ganz hinübergegangen«, sagt sie schließlich. »Es ist wichtig, daß Sie sich sofort mit ihr in Verbindung setzen. Sie lebt in der Nähe von Las Vegas, nicht wahr?«

Jussek nickt. Vera wohnt offenbar noch immer in Boulder City, ungefähr eine Autostunde von Las Vegas entfernt. Aber wenn sie noch lebt, wie kann sie dann als Geist zu ihm sprechen, außer wenn Maria hellsichtig ist? Wie paßt das mit Marias Glauben zusammen, daß Geister durch sie sprechen?

Jussek ließ sich leicht verwirrt von Los Angeles aus telefonisch mit Boulder City verbinden, halb in der Erwartung zu hören, daß Vera gestorben sei. Er war angenehm überrascht, als sie selbst am Apparat sprach, wenn es auch kaum mehr als ein Flüstern war, was er hörte.

Sie erkannte seine Stimme sofort. »Ich habe an Sie gedacht«, sagte sie schwach. »Es ist mir nicht gutgegangen, und ich würde gern ein paar Dinge mit Ihnen besprechen.«

»Was ist los mit Ihnen?« fragte er, wohl wissend, daß in ihrem Alter alles geschehen konnte.

»Ich bin gerade aus dem Krankenhaus gekommen. Ich hatte einen Schlaganfall und war danach auf der Intensivstation. Ich lag eine Zeitlang im Koma.«

Ihre Stimme zitterte. »Kommen Sie bald, ich werde nicht mehr lange hiersein.«

Offensichtlich hatte Maria Moreno den unausgesprochenen Ruf der alten Ärztin aufgegriffen. Und wenn das so war, dann hatte sie ihn vermutlich telepathisch empfangen, was ein viel weniger bedeutsames Phänomen war als die Kommunikation mit Geistern.

Jussek war betrübt, aber auch ebenso neugierig. »Ist es möglich, daß der Geist den Körper eines Sterbenden in Etappen verläßt?« fragte er später.

Ich erinnerte mich an Leute, die offensichtlich ertrunken oder auf dem Operationstisch gestorben waren. Durch Wiederbelebungsmaßnahmen wieder zum Leben erweckt, erinnerten sie sich an eine Welt, die sich von der, die sie zuvor gekannt hatten, völlig unterschied.

Jussek sah nachdenklich aus. »Die Seele als eine Form von Energie verläßt den Körper vielleicht nach und nach.«

»Sie meinen, ein bißchen Energie jedesmal?«

»Oder auch viel auf einmal.«

Er schaute mich an, und es war zu sehen, daß er überlegte. »Vielleicht könnte Vera de Fernando etwas Licht in diese Frage bringen. Sie war fünfzig Jahre lang eine wissenschaftlich orientierte Ärztin, und doch hatte sie ein reges Interesse an der Metaphysik und beschäftigte sich mit Themen, für die die Wissenschaft keine Erklärung hat.«

Bevor ich mit Jussek wegging, beschloß ich, Maria Moreno zu befragen. Da sie nicht wußte, was sie in der Trance gesagt hatte, erzählte ich ihr, was sich mit Vera de Fernando ereignet hatte. »Es besteht doch sehr stark die Möglichkeit, daß Sie vielleicht nur Ihre übersinnliche Wahrnehmung benutzen.«

Maria sah mich mit einem fast mitleidigen Lächeln an.

»Nein, Jess Stearn«, sagte sie, indem sie meinen Namen wie zu einem Wort zusammenschob, »die Leute kommen von der anderen Seite.«

»Wie können Sie so sicher sein?«

»Weil sie den Menschen Dinge sagen, die diese nie zuvor gewußt haben und von denen sie erst später erfahren, daß sie stimmen. Bei übersinnlicher Wahrnehmung muß die Information jemandem bekannt sein.«

»Nicht unbedingt. Sie könnte Teil des universalen Bewußtseins sein, das Dr. Jung das kollektive Unterbewußtsein nennt.«

Sie hatte von Carl Gustav Jung, dem Humanisten und Parapsychologen, noch nichts gehört, aber sie verstand, was ich meinte.

»Als der Geist damals auf dem Friedhof auftauchte«, sagte sie, »das war nicht das universale Bewußtsein, sondern der Besuch einer Seele, die ihre Familie wissen lassen wollte, daß sie nicht tot sei. Das war noch nie zuvor geschehen, es war etwas Neues. Sie nannte ihren Namen und die Namen ihrer Familie und ließ ausrichten, daß sie aufhören sollten, zu weinen und Blumen auf ihr Grab zu legen. Und es war alles so, wie der Geist der toten Lydia es gesagt hatte, oder etwa nicht?« fügte sie mit erhobenem Zeigefinger hinzu.

Mir schien, Maria hatte einen wichtigen Punkt erwähnt. Wie konnte diese Information Teil der universalen Erinnerung sein, wenn sie noch gar nicht darin verzeichnet war? Und doch sagen viele Hellseher die Zukunft genau voraus, und zwar ohne die Hilfe von Geistführern.

»Manche Hellseher haben eine noch nicht geschehene Zukunft vorausgesagt, etwas, das noch niemandem bekannt war.« Ich sprach von dem bemerkenswerten Abend im Sommer 1965, als die Hellseherin Helen Stall aus Jupiter, Florida, vor einer kleinen Gruppe von skeptischen Zeitungsleuten zutreffend Präsident Johnsons Rückzug aus den Präsidentschaftswahlen von 1968, Richard Nixons Wahl, die Ermordung von Robert Kennedy, den Tod des Botschafters Adlai Stevenson auf einem öffentlichen Platz im Ausland und die Hochzeit Jacqueline Kennedys mit einem Fremden auf einer griechischen Insel vorausgesagt hatte.

»Und sie hatte keine Hilfe aus der Geisterwelt«, betonte ich.

Mußte Maria nicht zugeben, daß es noch etwas anderes gab?

»Oh, nein«, sagte sie, »es kommt trotzdem von außen. Was sagt denn diese Helen Stalls?«

»Sie sagt, die Information kommt durch Gott.«

Maria zuckte mit den Schultern. »Gott hat alle Führer und Geister unter sich. Er ist alles.«

»Aber sie nennt dennoch keine menschliche Quelle.«

»Weil die Hellseher nicht genug Kraft haben, um eine Offenbarung zu bewirken.«

»Hat das damit zu tun, daß sie nicht an Geister glauben?«

»Sie sehen sie und glauben doch nicht daran, und deshalb führen sie alles direkt auf Gott zurück.«

Hellseher können oft ohne die Hilfe von Geistern klar sehen, aber mit dieser höheren Hilfe ist die Vorausschau noch deutlicher, dessen war Maria sich ganz sicher.

Sie klopfte sich an die Brust. »Hier drinnen liegt die Zukunft eines Menschen verborgen. Ihm selber ist sie unbekannt, aber nicht dem Hellseher.«

»Dann trägt jeder Mensch von Geburt an sein eigenes Schicksal in sich?«

Maria lächelte ihr kindliches Lächeln. »Die Bibel sagt, unsere Tage sind gezählt wie die Haare auf unserem Kopf.«

Was war dann mit dem westlichen Konzept von Determinismus und freiem Willen? »Sie meinen, nichts kann geändert werden?«

»Nur die Reaktionen lassen sich ändern, und das entscheidet darüber, ob wir glücklich sind oder nicht. Ein Mensch kann Freude an seinem Leben haben oder es bejammern.«

»Also mit anderen Worten: Manche sehen die Flasche halb voll, und die anderen sehen sie halb leer?«

»Genau, Jess Stearn.«

Das ist ja alles schön und gut, aber damit war immer noch nicht erklärt, wie eine lebende Frau über ein paar hundert Meilen hinweg ohne Telepathie mit ihr in Verbindung treten konnte.

Vera de Fernando saß in ihrem Rollstuhl, als wir ankamen. Trotz ihrer mangelnden Beweglichkeit hielt sie sich mit Würde. In ihrer Kopfhaltung und in der Art, wie sie uns mit ruhigem, ernstem Blick anschaute, lag etwas Königliches. Sie war von Kopf bis Fuß eine Aristokratin, würdig, anmutig und um unsere Annehmlichkeit besorgt. Ihr biographischer Hintergrund war ungewöhnlich. Sie war gebürtige Weißrussin und als Kind nach Brasilien gezogen. Sie hatte Medizin studiert und einen begüterten Baron geheiratet, der nun schon lange tot war. Er hinterließ ihr seinen Namen und die Freiheit, als Ärztin zu praktizieren. Sie hatte ihre Praxis geführt, bis sie über achtzig war, und hatte sich erst vor fünf Jahren nach einem Herzanfall zurückgezogen.

Sie sprach in gemessenem Ton und nahm sich Zeit, ihre Zunge mit ihrem durch den Schlaganfall in Mitleidenschaft gezogenen Gehirn in Einklang zu bringen. Ich hielt mich ein wenig abseits, um den beiden Gelegenheit zu einem privaten Gespräch zu geben. Aber ich konnte nicht umhin, den sanften Druck auf Jusseks Hand und die Spur von Tränen zu bemerken, als sie sagte: »Ihre Familie ist alles, was mir bleibt.«

Jussek wandte sich schnell ab, aber ich sah die Tränen auch in seinen Augen.

Ich warf ihm einen fragenden Blick zu, denn ich wußte nicht, ob ich ihr Fragen stellen durfte.

»Vera«, sagte er, »mein Freund möchte Ihnen über die Botschaft, die Sie mir gesandt haben, gerne einige Fragen stellen.«

Ihr Gesicht war grau vor Erschöpfung, und ich wollte mich schon wieder entfernen, da kam ein langsames Lächeln über ihr zerfurchtes Gesicht, was ihr einen geisterhaften, ätherischen Ausdruck verlieh.

Sie nickte, und aus ihren grauen Augen blinkte ein Schimmer Humor.

»Formulieren Sie Ihre Fragen so, daß sie mit einer Kopfbewegung oder mit wenigen Worten antworten kann«, sagte Jussek.

Meine erste Frage war ziemlich grundsätzlich.

»Glauben Sie an ein Leben nach dem Tod?«

Ihr Kopf bewegte sich fast unmerklich nach vorn.

»Was für eine Form nimmt dieses Leben an?«

Sie zuckte ein wenig mit der Schulter.

»Sie weiß darüber auch nicht mehr als andere«, sagte Jussek.

»Glauben Sie, daß Menschen ein geistiges Leben haben?«

Sie nickte ruckartig.

»Und in welcher Form findet dieses Leben statt?«

Sie antwortete mit leiser Stimme: »Energie.«

»Sie meint«, warf Jussek ein, »daß bei unserem Tode eine Art Verschiebung der Energie von einer Dimension in eine andere stattfindet.«

Dr. de Fernandos Lippen bewegten sich: »Man stirbt nicht auf einmal.«

»Sie meinen, der Prozeß des Todes ist ein allmählicher?«

»In der Nähe des Todes, im Koma, kann der Geist beginnen, den Körper zu verlassen. Der Körper ist in die menschliche Aura eingehüllt, und wenn die Seele ihn verläßt, verändert sich diese Aura.«

»Wie?« fragte ich.

Sie räusperte sich und stieß einen kleinen Seufzer aus. »In eine andere magnetische Kraft, die das Medium vielleicht aufgefangen hat.«

Sie schien dem Tode so nahe, daß es nicht verwunderlich war, daß sie über das Leben hinausschauen konnte.

Sie atmete schneller, und ihr Gesicht bekam wieder Farbe. In ihren grauen Augen erschien ein neues Licht.

»Sie sind noch sehr gegenwärtig hier«, sagte ich.

Sie lächelte schwach. »Nicht alles von mir. Als Ärztin, der der Tod nichts Fremdes ist, bin ich überzeugt, daß der Übergang allmählich geschieht, daß die Aura als ektoplasmische Kraft noch verweilt. Es sei denn, es handelt sich um einen gewaltsamen Tod.«

Jussek überlegte. »Wenn Vera recht hat, dann kann Maria tatsächlich mit dem sich entfernenden Geist, der noch eine dünne Verbindung mit dem Körper hat, in Verbindung getreten sein. Es ist auch durchaus möglich, daß Maria sowohl hellsichtig ist als auch Verbindungen mit der Geisterwelt aufnehmen kann.«

Dr. Fernandos leichtes Nicken schien Zustimmung zu bedeuten. »Wenn der überlebende Geist Energie ist, wie es ja sein muß, dann kann die freigesetzte Energie durch ein Medium manifestiert werden.«

Sie lächelte dem Arzt langsam zu. »Wir Ärzte wissen intuitiv, daß in einer einzigen Körperzelle die vollständige Geschichte der Mystik des Individuums verborgen ist. Wir müssen lernen, sie richtig zu lesen. In derselben Weise ist die Aura der Schlüssel zur Seele.«

Ich war nicht ganz überzeugt: »Es läßt sich wirklich nichts von alledem beweisen, einfach deshalb, weil es keine Methode gibt, solches nachzuweisen.«

Dr. de Fernando lehnte sich in ihrem Rollstuhl zurück. Ihre Augen waren geschlossen, und eine süße Heiterkeit lag auf ihrem glatten, ovalen Gesicht. Wenn ihr Geist schon teilweise hinübergegangen war, dann genoß sie offensichtlich den Übergang.

Wir hatten nichts Endgültiges. Veras Meinung war gewiß noch kein Beweis, ebensowenig wie der frühere Glaube der Leute, die Erde sei flach, ein Beweis dafür sein konnte, daß sie tatsächlich flach ist. Ich erinnerte mich an ein Gespräch mit dem verstorbenen Medium Arthur Ford, einem Schützling Sir Arthur Conan Doyles, über seinen Geistführer, den berühmten Fletcher. »Wäre das nicht ein Witz«, sagte er, »wenn es gar keinen Fletcher und keine Geisterwelt gäbe und wenn die Kommunikation mit ihm eine Dramatisierung meines eigenen hellsichtigen Unterbewußtseins wäre?«

»Würde Ihnen das etwas ausmachen?« hatte ich gefragt.

Sein Gesicht nahm einen pfiffigen Ausdruck an. »Kampflos würde ich Fletcher nicht aufgeben«, sagte er. »Er war mehr von mir als ich selber.«

Fletcher hatte ihn fast in Schwierigkeiten gebracht. »Ein paar Tage bevor die erste Atombombe Hiroshima zerstörte, verkündete Fletcher dem verstörten Publikum ganz plötzlich genau den Tag, an dem die Bombe fallen würde.« Nicht einmal die Wissenschaftler, die an diesem Projekt gearbeitet hatten, wußten, was sie da erschaffen hatten, und es war deshalb wirklich eine peinliche Enthüllung. »Ein paar Tage lang, bevor die Bombe gezündet war, hatte ich ziemliche Angst«, erinnerte sich Ford. »Fletcher hätte mich noch auf die Anklagebank bringen können, damit ich seine Ankündigungen erkläre.«

Warum sollten Geister mehr wissen, als sie im Körper wußten?

»Sie sehen die Dinge aus einer anderen Perspektive«, sagte Ford. »Es ist, wie wenn man vom Berg herunter ins Tal schaut. Man sieht alles in Bewegung, auch die Richtung der Bewegung und ebenso ihr Ziel.«

Was hatte der Mystiker Edgar Cayce, der Weise von Virginia Beach, zur Kommunikation mit Geistern zu sagen?

»Die Seele lebt weiter. Bei der Befreiung des Seelenkörpers aus seiner irdischen Hülle verändern sich seine Aktivitäten in der Welt der Materie nur in ihren Beziehungen zu dem, was der physische Körper in materieller oder dreidimensionaler Form sieht.«

Er wurde nach der Form gefragt, die die Seele annimmt.

»Die Form, die die Seele sich auf der Ebene ihrer vergangenen Existenz schafft.«

Und was war der Tod?

»Der Tod ist, wie man allgemein hört, nur der Übergang in eine andere Welt Gottes. Daß das Bewußtsein weiterbesteht, ist dadurch bewiesen, daß Geister auf das Bewußtsein von entsprechend begabten Menschen etwas projizieren oder gewisse Eindrücke hinterlassen können.«

Ein Bild sagt oft mehr als tausend Worte. Hochwürden Douglas Johnson, ein Spiritist aus Los Angeles, saß in Pasadena in einem Café, als eine Frau mittleren Alters hereinkam und sich am Nebentisch niederließ. Als sie das Café betrat, sah Johnson das Bild eines Mannes über ihrer Schulter schweben. Der Eindruck war so stark, daß er sich genötigt fühlte, der Frau zu sagen, ihr Mann – er war überzeugt, daß es ihr Mann war – versuche ihr mitzuteilen, daß mit ihm alles in Ordnung sei.

»Ich war schon fast dabei, es ihr zu sagen«, meinte er, »da kam ich mir plötzlich komisch vor. Vielleicht lebte ihr Mann und war ganz normal und gesund und irgendwo bei der Arbeit.«

Er setzte sich wieder zu seinem Kaffee, aber das Bild des Mannes ging ihm noch nicht aus dem Kopf. Dann, beim Aufstehen, hörte er die Bedienung zu der Frau sagen: »Sie sind eine ganze Woche nicht dagewesen.« Und die Frau antwortete: »Sie haben wahrscheinlich nicht gehört, daß mein Mann gestorben ist. Ich komme gerade von seinem Begräbnis.«

Als Junge, bevor er überhaupt wußte, was ein Hellseher ist, hatte Johnson den Tod seiner Mutter vorhergeahnt. Er hatte sie aus einer großen Entfernung gehört, und als er zum Krankenhaus fuhr, in dem sie lag, war sie schon gestorben. »Ich wußte es«, hatte er gerufen, »ich wußte es.«

Seine Freundin, Vina Skaug, mit der er einst in Daytons Kaufhaus in Minneapolis zusammengearbeitet hatte, lag in einem Krankenhaus im Sterben, doch eine Geistererscheinung rettete ihr offensichtlich das Leben. »Sie erlitt mit zweiundsechzig einen Schlaganfall«, erinnerte sich Johnson, »und die Ärzte meinten, sie würde die Nacht nicht überleben. Ich eilte ins Krankenhaus, in der Hoffnung, sie noch lebend zu sehen.« Sie war bewußtlos, atmete nur mühsam, und er hielt eine Weile ihre Hand und betete um ihre Genesung.

Als er am nächsten Tag eilends wieder zur ihr fuhr und das Schlimmste befürchtete, fand er die Freundin lächelnd im Bett sitzend.

»Was ist denn mit dir los?« rief Johnson. »Es sah aus, als müßtest du sterben.«

»Ich war dabei zu sterben«, sagte sie, »und mir kam es vor, als ob ich ins All schwebte. Ich fragte mich gerade, ob das wohl der Tod sei. Dann wurde ich plötzlich ins Zimmer zurückgezogen, und da stand eine einsame Gestalt an meinem Bett, mit einem Bart und einem traurigen Lächeln auf dem Gesicht: ›Ich bin auf die Gebete des jungen Mannes hin gekommen‹, sagte er. ›Du wirst wieder gesund werden und noch lange leben.‹«

Vina Skaug sehnte sich nach der Euphorie zurück, die sie erlebt hatte. Plötzlich fühlte sie sich jedoch von einer neuen Wärme durchströmt, und nach ein paar Tagen konnte sie das Krankenhaus ohne fremde Hilfe verlassen.

In ihrem Alter war allerdings zu erwarten, daß sie bestenfalls noch ein paar Jahre zu leben hatte. Aber sie lebte bis über neunzig, wie es ihr vorhergesagt worden war.

Johnson fragte sie, ob sie die Erscheinung erkannt hätte.

»Du weißt ja, wie er aussah«, antwortete sie.

Er schaute sie zweifelnd an: »Du meinst ...«

Sie nickte. »Jemand anderer ist mir nicht eingefallen.«

Johnsons eigenes Leben war von einem spirituellen Erlebnis geprägt, das ihm auf einer Parkbank in Minneapolis widerfuhr. Er hatte dort gesessen und sich gefragt, was er mit seinem Leben anfangen sollte. Schon im Alter von sechzehn Jahren hatte er einen Herzanfall erlitten, und nun sorgte er sich um seine körperliche Gesundheit. Plötzlich schaute er jedoch wie von einer magnetischen Kraft gezogen auf und sah im hellen Tageslicht einen großen, schwarz gekleideten Mann vor sich stehen.

»Eines Tages«, sagte der Fremde, »werden Sie die Wahrheit finden, nach der Sie suchen.«

Die nächsten fünfzehn Jahre waren ein Alptraum der Angst für ihn, hervorgerufen durch ein furchterregendes Herzflimmern. Dann zog er eines Tages, als er zufällig in einer Bücherei stand, ein Buch aus dem Regal, das ihn in die Welt des Okkulten einführte.

»Da fühlte ich mich auf einmal mit dem Universum in Einklang«, sagte er, »und meine Ängste waren weg. Noch in derselben Woche wachte ich an einem Morgen auf, und das beunruhigende Herzflattern war verschwunden. Ich hatte die Wahrheit gefunden, die mir die Erscheinung in Schwarz prophezeit hatte.«

Maria hatte die Wahrheit ihrer Kommunikation mit Geistern nie in Frage gestellt, und auch Jussek hatte einen positiven Eindruck erhalten. »Es kommt alles durch sie hindurch. Sie selber weiß nichts. Clarita spricht mit einer ganz anderen Stimme als Maria, und Pepe, wenn er seinen Buckel macht, ist lebendiger als irgend jemand, den ich je getroffen habe. Wenn Maria aus ihrem eigenen Unterbewußtsein schöpfen würde, dann kämen nur Botschaften für die Leute, denen sie die Sitzung gibt. Aber es kommen immerzu andere Namen herein, die mit dem jeweiligen Klienten nichts zu tun haben.«

Ich dachte daran, wie eines Tages die Sängerin Janis Joplin durch Maria gesprochen hatte. Für mich war sie nur ein Name, und Maria hatte nie von ihr gehört. Ich wußte nur, daß der Tod der Rocksängerin für ihre Hippie-Fans ein harter Schlag gewesen war, aber das war auch alles.

»Sie ist verwirrt«, sagte Maria, »denn es war für sie noch nicht an der Zeit zu gehen. Sie sucht Hilfe, denn wegen ihres Selbstmordes ist ihre Seele noch an die Erde gebunden. Sie hat Drogen genommen, aber sie hätte nicht Selbstmord begangen, wenn jemand anderer sie nicht dazu gebracht hätte. Die Unzufriedenheit mit sich selber hat sie überwältigt, und dabei meinten viele, was für ein Glück sie hatte, so reich und berühmt zu sein in ihrem jugendlichen Alter.«

Maria seufzte mitfühlend: »Die Meister sagen, sie werden ihr Lebenslicht geben, so daß Janis so bald wie möglich zurückkommen kann. Sie hat ihr Karma auf der Erde noch nicht abgeschlossen.«

Janis Joplins Erscheinen bewies sicherlich nichts. Wir konnten noch nicht einmal feststellen, ob die Beschreibung ihres Todes den Tatsachen entsprach. Aber, wie Jussek bemerkte, zeigte es, daß Maria von der Gegenwart desjenigen, für den sie die Sitzung hielt, nicht beeinflußt wurde.

Gelegentlich wurde durch ihre rhetorischen Fragen auf bemerkenswerte Weise neues Licht auf die Verläßlichkeit ihrer Quellen geworfen. Einmal befand sie sich gerade in einer Sitzung für eine Mrs. James Yeno aus Venice, Kalifornien, als Clarita plötzlich mit dem Namen Joyce daherkam.

»Wer ist Joyce?« fragte sie. »Joyce Yeno?«

»Joyce bin ich«, sagte Mrs. Yeno.

»Sie sagen mir, daß Joyce in ein paar Wochen Schwierigkeiten mit ihrem Blutdruck und ein Muttermal im Gesicht haben wird.«

Joyce Yenos Blutdruck war normal. »Interessant«, meinte sie nur.

Ungefähr sechs Wochen später hatte sie jedoch Gelegenheit, sich daran zu erinnern, was Clarita gesagt hatte. Ihre Schwägerin, die mit Jim Yenos Bruder Joe verheiratet war, hatte nämlich plötzlich von hohem Blutdruck gesprochen und von einem ganz neuen Muttermal im Gesicht. Und was hatte das mit Maria Morenos Voraussage zu tun?

»Da ich ja hier saß«, sagte Joyce Yeno, »bin ich nicht auf die Idee gekommen, daß auch jemand anderer gemeint sein könnte.« Aber Joe Yenos Frau hieß auch Joyce, Joyce Yeno, und offenbar war sie diejenige, die Marias Führer gesehen hatten.

Jussek und ich rätselten daran herum, wie die verblüffende Botschaft von Vera zu erklären sei. War sie, wie Vera sagte, aus einer auraähnlichen, odischen Kraft gekommen, die allmählich aus dem sterbenden Körper austrat und die offenbar, wenn die Lebensprozesse sich wieder belebten und erneuerten, ersetzbar war? Oder war Maria einfach telepathisch mit Vera in Nevada in Verbindung getreten?

Wir kamen fast gleichzeitig zu einer Lösung für unsere Frage.

»Wir werden Maria hypnotisieren«, meinte Jussek, »dann können wir sehen, was für Antworten sie uns zu unserer Frage gibt.«

Ich wies darauf hin, daß sie sich ja nie an das erinnerte, was sie in Trance sagte.

»In der Hypnose kann sie die ganze Sitzung aus ihrem Unterbewußtsein heraufholen.«

»In ihrem eigenen Trancezustand auch.«

»Stimmt«, sagte Jussek, »aber in der Hypnose kann ich ihr ganz gezielte Fragen stellen.«

Maria scheute zunächst vor einer Hypnose zurück: »Meine Führer können Ihnen alles sagen, was Sie wissen wollen.«

Jussek beruhigte sie: »Wir können Sie vielleicht in eine tiefere Schicht des Unterbewußtseins bringen, die direkt in das universale Bewußtsein hineinreicht.«

Sie schaute ihn zweifelnd an, streckte sich dann aber folgsam auf der Couch aus und war auf seine mit sachlicher Stimme gesprochene Suggestion hin bald in tiefer Hypnose.

»Erinnern Sie sich an Vera?« fragte Jussek.

»Die Frau, die eine Botschaft an Dr. Jussek übermitteln ließ.«

»Hatten Sie das Gefühl, daß sie tot war?«

»Die Vitalität war sehr schwach, aber sie lebte noch. Der Körper war noch nicht hinübergegangen.«

»Wie konnten Sie dann ihre Botschaft aufnehmen?« fragt Jussek. »War es auf hellsichtige Weise?«

Sie schüttelt den Kopf: »Sie verstehen nicht, wie der Geist arbeitet. Wenn ein Mensch bewußtlos oder im Koma ist, dann geht der Astralkörper, der die Seele umhüllt, ins All hinaus. Er ist so etwas wie die Energieform des Geistes. Und diese Energieformen sind es, die mit meinen Führern kommunizieren.«

»Und diese Energieformen sind Geister?«

»Sie sind dasselbe wie alle anderen Energieformen aus dem Astralkörper. Der einzige Unterschied ist der, daß sie, wenn es dem Kranken bessergeht, zurückkommen, bis derjenige stirbt oder eine weitere Astralreise unternimmt.«

»Und wann geschieht das?«

»Wenn er dem Tode wieder nahe ist.«

Maria bewies die geistige Quelle ihrer Botschaft, aber es gab noch etwas, was uns offenbar beide beschäftigte.

»Wie können Sie denn sicher sein, ob Ihre Botschaft von einem Lebenden kommt oder von einem Toten?«

Sogar in dieser tiefsten Trance schnaubt sie verächtlich.

»Zwischen den Lebenden und den Toten gibt es nur eine hauchdünne Trennung. Und meine Führer, die in der spirituellen Dimension mit Vera auf einer Schwingung waren, konnten sich auf die astrale Kraft einstellen und die Botschaft weiterleiten.«

Bemerkenswerterweise stimmten Vera mit ihrer ärztlichen Intuition und Maria in dieser Frage überein.

3 Mae West:
Kommen Sie mich ab und zu besuchen

Ich dachte, Mae West sei jedem ein Begriff. Sie war schon zu ihren Lebzeiten eine Legende, und nicht nur ihre Zeitgenossen verehrten sie, sondern auch die Jugend. Vermutlich gab es niemanden, der so viel Vergnügen bereitet hat wie sie. Als ich den Namen jedoch Maria Moreno gegenüber erwähnte, schaute sie mich völlig ausdruckslos an: »Was macht sie?«

»Was sie macht?!« rief ich. »Also, Mae West kennt doch jeder! Haben Sie nicht ihre alten Filme im Fernsehen gesehen?«

Maria schüttelte den Kopf. »Ich sehe nicht fern.«

In dem einsamen mexikanischen Dorf, wo sie den größten Teil ihres Lebens verbrachte, gab es kein Fernsehen und kein Kino, und demnach auch keine Mae West.

»Sie ist eine sehr berühmte Filmschauspielerin«, sagte ich.

Sie erhob die Hand. »Sagen Sie mir nichts! Möchte sie eine Sitzung haben?«

Die gefeierte Schauspielerin, die lange ein Sexsymbol gewesen war, wollte eigentlich nichts über sich selber erfahren. Sie war an der Möglichkeit interessiert, mit einem sehr lieben Freund im Jenseits in Verbindung zu treten, nicht nur wegen des Rates und Beistands, den er ihr möglicherweise geben konnte, sondern auch, weil sich auf diese Weise vielleicht irgendeine Beweisgrundlage für ein Leben nach dem Tode herstellen ließ.

In mancher Hinsicht unterschied sich die Schauspielerin wenig von gewöhnlichen Sterblichen, die älter wurden und sich fragten, ob sie außer dem Dunkel der Vergessenheit noch irgend etwas anderes erwartete. Ein paar Jahre zuvor war ihr Freund, Jack Kelly aus Buffalo, ein bemerkenswertes Medium, gestorben, und Miss West glaubte, wenn irgend jemand zurückkommen konnte, dann müßte es Jack sein. Er schien zu jedem übersinnlichen Wunder fähig.

Sie erinnerte sich daran, wie einmal zwei Detektive aus Los Angeles sie und ihre Schwester wegen eines mordverdächtigen Mannes verhörten, den sie aus Unwissenheit in ihrer Wohnung aufgenommen hatten. Mae hatte die Untersuchung unterbrochen, um Jack Kelly in Buffalo anzurufen. Noch bevor sie überhaupt etwas erklären konnte, sagte Jack, der Mann, den sie suchten, sei vor zwanzig Minuten in Long Beach in Kalifornien festgenommen worden.

Die Detektive nahmen diese Nachricht mit spöttischem Lächeln auf. Als sie aber ihre Zentrale anriefen, machten sie lange Gesichter. »Die Festnahme kommt gerade über den Fernschreiber«, sagte der eine.

Miss West vermißte ihren Freund Kelly sehr. »Es gibt weit und breit niemanden wie ihn«, sagte sie. »Er konnte alles.« Sie war eine Verehrerin des Rev. Richard Ireland, Metaphysiker aus Phoenix, Arizona. Bei einer ihrer Einladungen hatte ich ihn arbeiten sehen. Es war verblüffend, wie er mit fest verbundenen Augen von den Zuschauern auf Papierstreifen geschriebene Fragen beantwortete, die er gar nicht gelesen hatte. Mae hatte Ireland bereits konsultiert, aber ich nahm an, sie meinte, es könne nichts schaden, eine zweite Stimme zu hören.

Sie hatte viele Fragen an Kelly, aber wie ich hielt sie es für das beste, das Medium nicht von ihrer Absicht in Kenntnis zu setzen, sondern sozusagen blind in die Sitzung zu gehen.

»Das wäre was, wenn sie mit Kelly in Kontakt käme«, meinte sie.

Ich kannte die Schauspielerin seit Jahren, und durch unser gemeinsames Interesse am Metaphysischen trafen wir uns gelegentlich. Ich kannte sie als hochintelligente, erdverbundene Frau, die mit ihren achtzig oder mehr Jahren gegenüber dem normalen Alterungsprozeß immun zu sein schien. Sie sah nicht nur viel jünger aus, als sie war, sondern auch ihr Tun und Denken und ihre Reaktionen auf ihre ganze Umgebung erschienen wunderbar jung und lebendig.

Ihr ergebener Begleiter, Paul Novak, ein gutaussehender, kräftiger Mensch, war viel jünger als sie, aber sie paßten offenbar gut zusammen. Für ihr Alter war sie wunderbar in Form. Sie hatte eine makellose Haut, ohne jedes Zeichen der Welkheit. Ihren scharfen blauen Augen entging nichts. Ihre Hände waren wunderbar, klein und wohlgeformt und so weich und beweglich wie Kinderhände. Sie sprach leise, fast sanft, mit einer Höflichkeit und Zurückhaltung, die ihr verführerisches Leinwandimage Lügen straften. Ich nannte sie aufgrund unserer langjährigen Bekanntschaft Mae. Sie sprach mich jedoch mit »Mister« an, so daß ich mich manchmal fragte, ob sie vielleicht lieber »Miss West« genannt werden wollte.

Maria Moreno und sie boten einen interessanten Gegensatz im Aussehen. Beide waren nicht besonders groß, aber da hörte die Ähnlichkeit auch schon auf. Mae war blond und hellhäutig, ihr Haar sorgfältig oben auf dem Kopf arrangiert, und sie besaß noch immer die ideale Figur, die ihren Namen zu einem Synonym für die Schönheit einer Frau gemacht hatte. Maria hingegen, linkisch in ihrem besten Sonntagskleid, sah eher birnenförmig aus, und ihr Haar war dunkel wie gesponnene Seide, ohne eine Spur von Grau.

Unser Treffen fand in der geräumigen Wohnung im obersten Stock eines Hauses statt, das der Schauspielerin seit einiger Zeit gehörte. Wir wurden ins Wohnzimmer geführt, in dem Teppiche, Sofas, Sessel und Wandbehänge eine Symphonie in Weiß und Gold bildeten. In ihrem bodenlangen weißen Gewand fügte die Schauspielerin sich wunderbar in diese Umgebung ein. Ich schaute mich um und erinnerte mich an meinen letzten Besuch, als wir uns Filme über die immer jungen Honzas in ihrer primitiven tibetanischen Umgebung angeschaut hatten. Sie sahen mit neunzig noch ziemlich jung aus, mit sehnigen Körpern, glatten, faltenlosen Gesichtern und schwarzem Haar. Sie spannen und webten, bestellten die Felder und flickten kunstfertig ihre Kleider, nicht viel anders, als sie es vor zweitausend Jahren getan haben mochten. Ich erinnerte mich daran, wie langweilig mir das vorkam, als Mae hinter vorgehaltener Hand leise zu mir sagte: »Vielleicht scheint es nur so wie neunzig Jahre.«

Jetzt verteilten wir uns in einem kleinen Kreis im Zimmer – Miss West, Paul Novak, Dr. Jussek, Maria und ich. Die beiden Frauen saßen sich gegenüber, und das Gesicht der Schauspielerin drückte deutliche Reserviertheit aus. Ich war sicher, daß Maria, stolz und sensibel wie sie war, das nicht entging. Sie starrte mit steinernem Gesicht vor sich hin und sagte gar nichts; dann schloß sie die Augen und schien zu meditieren. Wir hatten es sorgfältig vermieden, ihr irgendeinen Hinweis auf den Anlaß unserer Sitzung zu geben. Ich bemerkte, daß Dr. Jussek, der in der Schweiz mit Frischzellentherapie als Verjüngungsmittel gearbeitet hat, die Schauspielerin mit unverhohlener Bewunderung ansah.

»Sie hat den Teint einer fünfzig Jahre jüngeren Frau«, sagt er erstaunt vor sich hin.

Die Schauspielerin hat die Bemerkung offenbar gehört. Sie tätschelt ihr Kinn und neigt kokett ihren Kopf. »Ich hatte nie irgendwelche kosmetischen Operationen«, sagt sie. »Das hatte ich nie nötig.«

Maria ist so versunken, daß sie offensichtlich nichts von dem Wortwechsel mitbekommt.

»Also gut«, verkündet sie, als sei sie zu einem plötzlichen Entschluß gekommen. »Ich werde Ihnen eine Sitzung geben.«

Sie rutscht in ihrem Stuhl näher an die Schauspielerin heran und wedelt mit den Händen um ihren Kopf herum, als ob sie ihre Führer herbeiwinkt.

Mae West betrachtet sie mit einem Anflug von Lächeln in den Mundwinkeln. »Ich bin bereit«, sagt sie.

Genausowenig wie Maria weiß, was die Schauspielerin von ihr will, weiß Mae, was ihr da bevorsteht.

Sie ist daher sichtlich erschrocken, als Maria mit immer noch geschlossenen Augen plötzlich die Hand gegen ihren Magen drückt – gerade unterhalb der wohlgeformten Kurven, die dazu führten, daß bestimmte aufblasbare Rettungswesten den Namen Mae West erhielten.

Die Schauspielerin weicht erschrocken zurück, aber Marias Finger kommen mit. Sie beruft den Geist Dr. Jallikates und verkündet, ihr japanischer Arzt nehme jetzt eine gründliche Untersuchung vor. »Er findet«, sagt sie in dem harten Stakkato des japanischen Akzents, »daß Sie an chronischer Magenverstimmung leiden. Stimmt das?«

Mae West nickt unsicher und windet sich noch immer unbehaglich unter der prüfenden Hand. »Ja«, antwortet sie, »mein Magen ist nicht in Ordnung, weil ich zu schnell esse. Ich bin ein sehr hastiger Esser.«

Maria neigt ihren Kopf zur Seite. »Sie essen kein Fleisch?«

»Nur Gemüse und gelegentlich etwas Fisch.«

Maria nickt zustimmend.

»Gut. Essen Sie mehr Fisch. Sie brauchen den Phosphor.«

Die hellen Augen der Schauspielerin blitzen auf. »Das ist es also, was ich brauche«, sagt sie mit einem Abglanz ihres Bühnenlächelns.

Maria läßt sich nicht ablenken. »Dr. Jallikete bringt den Magen in Ordnung«, sagt sie und wedelt in ihrer eigentümlichen, windmühlenähnlichen Art mit den Armen. Dann wendet sie sich der Untersuchung von Mae Wests Bauch zu, während ihr Opfer ziemlich hilflos um sich schaut.

»Besser?« fragt sie.

»Ja, wirklich«, sagt die Schauspielerin, als Maria ihre Hände wegnimmt, »ich fühle mich jetzt besser.«

Die Untersuchung geht weiter, und ich spüre, wie der Verlauf der Sitzung Mae zunehmend unbehaglicher wird. Jussek macht es offensichtlich Spaß, aber Miss West ist kurz davor, verärgert zu sein und die ganze Sache ins Lächerliche zu ziehen.

Ich bete im stillen, daß Maria irgendwie zu der gewünschten Information kommen möge, da fragt sie: »Sie haben Schwierigkeiten mit den Augen?«

Mae schüttelt den Kopf.

Marias Gesicht nimmt einen erstaunten Ausdruck an, sie runzelt die Stirn. »Aber der Doktor sagt, Sie tragen Kontaktlinsen, stimmt das nicht?«

Mae nickte: »Ja.«

Maria atmet auf: »Dann müssen Sie ja Schwierigkeiten haben.«

Die Schauspielerin und Paul wechseln bei dieser einfachen Folgerung vielsagende Blicke, und ich stöhne innerlich. Aber Maria fährt unbeirrt fort.

»Der Doktor sagt, Sie schlafen schlecht und stehen mitten in der Nacht auf.«

Mae nickt, und ich sehe einen neuen Schimmer von Interesse in ihren Augen.

»Ich habe zuviel Energie«, erklärt sie. »Deshalb stehe ich auf, wenn ich nicht schlafen kann, und meditiere eine Weile, anstatt mich im Bett herumzuwälzen. Dann lege ich mich wieder hin.« Sie lacht. »Ich weiß nicht, was es heißt, eine Nacht durchzuschlafen.«

Paul Novaks Interesse scheint nun auch geweckt. »Was kann sie dagegen tun?« erkundigt er sich mit einem fragenden Blick.

»Lassen Sie die Blätter des Orangenbaumes ein paar Minuten in kochendem Wasser ziehen«, sagt Maria, »und trinken Sie das als Tee. Sie können auch die Blüten verwenden. Trinken Sie diesen Tee während des Tages und bevor Sie zu Bett gehen.«

In den benachbarten Hinterhöfen stehen viele Orangenbäume – dieses Rezept ist also leicht zu befolgen. Aber ich bin enttäuscht, und ich weiß, es muß Dr. Jussek ebenso gehen, da Maria die Erwartung an einen erstklassigen Hellseher noch nicht erfüllt hat: zu wissen, warum der Klient gekommen ist und automatisch auf diese unausgesprochene Frage zu antworten. Die Untersuchung nähert sich ihrem Ende, indem Dr. Jallikete Miss West eine außerordentlich gute Gesundheit bestätigt. »Ihr Körper und Geist sind die einer viel jüngeren Frau«, sagt er durch Maria. »Sie werden immer jugendlich bleiben.«

Das Medium legt die Hände zur Betonung um ihren eigenen Hals und macht die rätselhafte Bemerkung: »Sie sind hier wie Zwillinge, nicht wahr?«

Mae wirft ihr einen durchdringenden Blick zu, als ob sie sie jetzt zum ersten Mal sieht. »Das stimmt. Mir ist einmal gesagt worden, daß ich eine doppelte Schilddrüse habe.«

Dr. Jussek, der bis jetzt geschwiegen hat, beugt sich herüber und flüstert: »Das ist erstaunlich. Die doppelte Schilddrüse ist sehr selten. Das erklärt zu einem gewissen Grad ihre jugendliche Erscheinung und ihre grenzenlose Energie.«

Ich schaue wieder auf ihre Hände, die für gewöhnlich die ersten Anzeichen der fortschreitenden Jahre erkennen lassen. Sie sind von einer jugendlichen Frische.

Vermutlich ist es nur natürlich, auf die natürliche Konsequenz der Jugendlichkeit zu sprechen zu kommen.

»Die Führer sagen, Sie hatten viele Liebhaber«, betont Maria mit feierlicher Stimme.

Der berühmte, feurige Mae-West-Blick blitzt zum ersten Mal auf, und die Schauspielerin sagt gedehnt: »Das ist die Vergangenheit, was ist mit der Zukunft?«

Wir sind aus dem Wohnzimmer ins Schlafgemach gegangen, und als mein Blick zur Decke wandert, erblicke ich über dem stattlichen Bett einen massiven Spiegel. Die Schauspielerin folgt meinem Blick. Sie lächelt, und ihr Lächeln sagt mehr als tausend Worte. Sie würde immer lebenslustig bleiben.

»Sie werden immer jung sein«, wiederholt Maria. »Die goldenen Jahre sind für Sie in jeder Hinsicht golden.«

Mae scheint erfreut, auch wenn die Sitzung nicht so verläuft, wie sie es sich erhofft hat. Wir haben vereinbart, daß es auch in diesem Fall keine gezielten Fragen geben solle. Die Atmosphäre ist jedoch nicht mehr so geladen, da Maria wenigstens so viel mitbekommt, daß sie die Schauspielerin über ihre Gesundheit beruhigt und ihre Eitelkeit angesprochen hat. Mae ist jetzt nicht mehr so nervös und scheint das Ganze eher zu genießen. »Sie macht eine gute Show«, murmelt sie anerkennend.

Maria liefert tatsächlich eine beachtliche Darbietung. Sie gestikuliert mehr als irgendein Hellseher, den ich je gesehen habe, und sogar in Trance rollt sie mit den Augen, was eine bemerkenswerte Leistung ist.

Jetzt richten sich ihre Augen auf einen Punkt hinter Mae Wests Kopf und bleiben, während die Schauspielerin aufmerksam zuschaut, dort hängen. Maria starrt auf den Punkt, als ob sie versucht, dort eine undeutlich sichtbare Gestalt zu erkennen.

Wir schauen alle dorthin, sehen jedoch nichts.

»Ich sehe eine Sarah, Sarah B.«, sagt Maria. »Den Familiennamen habe ich noch nicht.« Sie wendet sich Mae zu: »Sie waren in einem früheren Leben gute Bekannte.«

Ich weiß nicht, was Mae West von Reinkarnation hält. Maria glaubt, Beziehungen in der Gegenwart stammen oft aus vergangenen Verbindungen, wenn es irgendwelche karmischen Schulden oder Guthaben zu verarbeiten gibt.

»Diese Sarah kannte Sie in einem früheren Leben«, fährt sie fort. »Es ist lange her, in einem anderen Jahrhundert.« Sie schließt die Augen.

»Sie haben sie auch in diesem Leben gekannt, aber nicht so gut. Sie hat nur ein Bein und war auch eine berühmte Schauspielerin und ein großes Vorbild für Sie, auch wenn Ihnen das nie richtig bewußt geworden ist. Sie schrieb viele ihrer Stücke selber und schrieb sogar ihre Bühnenrollen um, wie Sie auch.«

Mae überlegt eine Weile. »Ich weiß wirklich nicht, wer das sein könnte«, sagt sie schließlich.

»Überlegen Sie noch einmal, dann werden Sie es wissen«, betont Maria.

»Sarah B.«, murmelt Mae. Dann erhellt sich ihr Gesicht, »ja, natürlich, die große Sarah Bernhard. Sie hatte ein Holzbein, wegen einer Amputation, und sie hielt sich auch für eine Schriftstellerin!«

»Sie kannten sich früher«, sagt Maria. »Sie kennt Sie und hat Ihre Karriere mit Vergnügen beobachtet. Damals war sie eine große Schauspielerin in Frankreich.«

Es ist offensichtlich, daß Mae West die Beziehung lieber auf die jetzige weltliche Ebene begrenzen will.

»Ich kannte sie nicht wirklich. Ich habe sie nur als Kind auf der

Bühne gesehen. Sie war eine beachtliche Darstellerin. Sie wurde die göttliche Sarah genannt und war Frankreichs größte Dame.«

Maria schüttelt den Kopf. »Das meine ich nicht. Sie kannten sie, als Sie Ninon waren«, sie zögert ein wenig, »Ninon de Lenclos.«

»Ninon was?«

»Ninon de Lenclos.« Maria scheint ganz sicher. »Damals haben Sie Sarahs Schriftstellerei bewundert.«

Ausdruckslose Gesichter in der ganzen Runde. Als ich jedoch ein wenig nachdenke, kommt mir der Name irgendwie bekannt vor. Ich murmele ihn ein paarmal vor mich hin, und dann dämmert es mir: Ninon de Lenclos, der Star von Paris. Natürlich! Sie hatte das siebzehnte Jahrhundert durchlebt, und noch mit neunzig brach sie, schön und verführerisch, die Herzen von Paris.

»Das war eine französische Schönheit«, erkläre ich, »die wegen ihrer ewigen Jugend und Anmut gefeiert wurde. Die jungen Männer von Paris waren noch Hals über Kopf in sie verliebt, als sie schon auf die Hundert zuging. Ihr Salon war ein Treffpunkt für alles, was Rang und Namen, Geld oder Talent hatte.«

Mae zieht die Augenbrauen hoch: »Das klingt gut.«

Wie ich hat Gene Jussek ein wissenschaftliches Interesse an Reinkarnation. »Sollte es möglich sein«, fragt er, »daß die ewige Jugendlichkeit ein Merkmal ist, das von einer Inkarnation zur nächsten erhalten bleibt?«

»Theoretisch könnte es sich sogar in einem weiteren Leben zu noch größerem Vorteil entwickeln«, meine ich, »wenn in dem einen Leben gut damit umgegangen wurde.«

Mae West könnte tatsächlich eine Personifikation ihrer Vorgängerin sein, alterslos wie diese, mit derselben Leidenschaft für Komödie und Geist und derselben Anziehungskraft auf die im Herzen Jungen.

Im Salon der Ninon de Lenclos, die unter der Herrschaft des Sonnenkönigs Ludwig des Vierzehnten lebte, hatten dem Thron nahestehende Prinzen und die für ihren gallischen Witz bekannten Schriftsteller Saint-Evremond und La Rochefoucauld verkehrt.

»Dies hier sind auch französische Stilmöbel, wissen Sie«, flüstert Jussek mir zu und läßt seine Augen in der Wohnung umherschweifen.

Wir haben die unsichtbare Sarah fast vergessen, aber nicht so Maria. »Sarah sagt, sie kannte Sie als Ninon de Lenclos sehr gut; sie waren gute Freunde und halfen einander. Sie war damals ein Mann.«

Ich muß sagen, daß Mae nicht beeindruckt scheint. Sarah hat jedoch noch mehr zu sagen.

»Sie werden immer jugendlich sein, genau wie Ninon«, sagt sie, »und werden viele Liebhaber haben.«

Maes Zähne blitzen. »Das möchte ich hoffen.«

Wie aus einer Entfernung, als ob sie mit der göttlichen Sarah spricht, sagt Maria: »Sarah war nicht ihr wahrer Name.« Sie hieß eigentlich Rosine Bernhard und änderte ihren Namen, als sie zum Theater ging. 1915 wurde ihr ein Bein amputiert; sie verfolgte jedoch bis zu ihrem Tode acht Jahre später mutig ihre Karriere weiter und schrieb ihre eigenen Stücke.

Sarah verschwindet nun, ohne groß vermißt zu werden, aus dem Zentrum der Aufmerksamkeit. Mae ist ganz offensichtlich mehr mit ihrer gegenwärtigen Inkarnation beschäftigt: »Was sehen Sie für mich in der Zukunft?« fragt sie, und Clarita erscheint nun.

»Sie haben ein Angebot, auf der Broadwaybühne zu spielen«, sagt Clarita-Maria.

»Es ist gerade diese Woche gekommen«, bestätigt Mae.

»Sie werden es nicht annehmen, weil Sie nicht fliegen, wegen eines Feuers.«

Die Schauspielerin und Paul schauen sich an, diesmal jedoch etwas ungläubig.

»Ich fliege nie«, bestätigt Mae, »seit 1958 das Flugzeug im Flughafen Feuer fing und wir alle in Sicherheit gebracht werden mußten.« Sie faltet die Hände im Schoß. »Was noch?«

»Sie werden einen Preis von der Filmakademie bekommen, nicht für irgendeinen speziellen Film, sondern für alles, was Sie für Filme getan haben. Sie werden endlich anerkannt sein.«

Mae scheint erfreut, sagt jedoch nichts.

»Das war schon lange überfällig«, bemerkt ihr Freund Paul.

Das Gespräch wendet sich wieder alltäglicheren Dingen zu.

»Sie sind Löwe, nicht wahr?«

Mae nickt. »Vierzehnter August.«

»Sie haben einen Spürsinn dafür, etwas zu machen, fürs Dramatische.« Das ist vermutlich die Untertreibung des Tages.

»Manche Leute meinen das«, ergänzt die Schauspielerin.

»Sie sind übersinnlich begabt«, sagt Clarita, »Sie hören Stimmen.«

Mae grinst. »Sie wissen ja, was man von Leuten hält, die Stimmen hören. Aber«, stimmt sie zu, »ich habe intuitive Eingebungen, denen ich oft folge.«

»Sie waren in einer Gerichtsverhandlung«, sagt Maria, »und die Stimmen haben Ihnen geholfen.«

Mae runzelt die Stirn. »Das weiß ich nicht.«

Ich erinnere sie daran, daß sie mir vor Jahren von einem Verfahren gegen zwei Männer erzählt hat, die sich eines ihrer Originaldrehbücher angeeignet hatten. »Eine Stimme riet Ihnen, eine bestimmte Frage zu stellen«, erinnere ich sie, »dadurch haben Sie das Verfahren gewonnen.«

»Stimmt«, sagt sie verwundert, »das habe ich ganz vergessen.«

Clarita gleitet noch immer von einem Thema zum anderen. »Clarita sagt, Sie sollen auf den Fahrstuhl aufpassen.«

»Welchen Fahrstuhl?«

»Den hier im Haus.«

Als wir heraufgefahren sind, schien er in Ordnung. Aber Paul und Mae sind beide sichtlich erschrocken. »Der Fahrstuhl hat immer wieder gestreikt«, sagt Paul, »wir haben jemanden hier gehabt, um ihn in Ordnung zu bringen.«

»Seien Sie vorsichtig«, sagt Maria, »er kann jederzeit zusammenbrechen.«

Als Beweis für Marias Kräfte ist die Sitzung sehr aufschlußreich. Aber zum eigentlichen Grund für die Sitzung – dem erhofften Erscheinen Jack Kellys aus dem Jenseits – sind wir noch gar nicht gekommen.

»Wenn es Geister gibt«, sagt Jussek leise, »dann tun sie nicht unbedingt, was wir uns wünschen, noch messen sie den Dingen dieselbe Wichtigkeit bei wie wir.«

Ich weise darauf hin, daß bis jetzt bei jeder Sitzung die richtigen Personen aufgetaucht sind. »Dies wäre das erste Mal, wo sie es nicht schafft.«

Mae scheint nicht besonders besorgt; sie hat offenbar nicht viel erwartet. Ich ärgere mich ein bißchen. Ich habe mir gewünscht, daß Maria eine eindrucksvolle Vorstellung gibt und außerdem Beweise für das Weiterleben nach dem Tode liefert. Aber Maria ist noch in Trance, atmet rhythmisch und ist noch nicht zu Ende. Sie späht jetzt in eine Ecke des Zimmers, als ob sie nach einem alten Freund Ausschau hält.

Clarita scheint irgendwie eine Dramatik zum Ausdruck zu bringen, ein Ableger von Marias eigenem Temperament. »Clarita«, verkündet das Medium, »wird Ihnen jetzt sagen, weshalb Sie hier sind.« Sie runzelt die Stirn und zieht die Augenbrauen zusammen. »Was heißt das denn?« fragt sie, mehr zu sich selbst gewandt. »Clarita sagt, sie sieht ein Kleeblatt. Hat das etwas mit Ihnen zu tun?« Sie wendet sich fragend an die Schauspielerin.

Mae schüttelt langsam den Kopf und sagt dann hilfsbereit, es könne vielleicht Glück bedeuten, wie das vierblättrige Kleeblatt.

Ich weise darauf hin, daß das Kleeblatt das Pflanzensymbol der Iren sei.

Marias Kopf macht eine nickende Bewegung. Sie starrt wieder in die Ecke und gibt dann einen triumphierenden Laut von sich.

»Koly«, ruft sie schließlich, zärtlich, als spreche sie den Namen eines Freundes aus. Sie wiederholt den Namen mit anderer Aussprache, so daß Kally daraus wird.

Ihre Aussprache ist wegen ihres starken mexikanischen Akzents für gewöhnlich unvollkommen, und sie verzerrt die Wörter ständig. Sie hat Schwierigkeiten mit dem Namen, deshalb macht sie sich daran, ihn mühsam zu buchstabieren. »K-O-E-L-Y«, sie wälzt den Namen auf der Zunge. Dann, mit einem Lächeln, hat sie ihn. »Kelly«, sagt sie. »Jack Kelly steht da.«

Ich fahre zusammen, und als ich mich umschaue, kann ich sehen, daß es den anderen genauso geht. Die Schauspielerin hat einen merkwürdigen Ausdruck in den Augen, aber hinter ihrem lebhafter werdenden Interesse kann ich spüren, daß sie reserviert bleibt. So ohne weiteres kann man ihr nichts erzählen.

Maria scheint verzückt und sehr konzentriert.

»Kelly weiß, daß Sie mit ihm in Kontakt treten wollten«, sagt sie. »Er ist daran interessiert, daß es Ihnen gutgeht und möchte Ihnen helfen. Er wacht über Sie und ist Ihr guter Freund.«

»Wir waren gute Freunde«, bestätigt die Schauspielerin. »Er war ein so unglaublicher Hellseher, daß die Polizei von Buffalo ihn in Mordfällen konsultierte, obwohl sie nie davon sprach, aus Angst, die Leute würden sie auslachen. Ich spielte einmal am Theater in Buffalo, als die Polizei ihn bat, ihnen in diesem wichtigen Mordfall zu helfen. Er nannte ihnen im Handumdrehen den Mörder und sagte ihnen, wo sie ihn und die Mordwaffe finden konnten. Sie fuhren hin und fanden alles genau so, wie er gesagt hatte.« Sie seufzte.

»Niemand war wie er.«

Kelly ist offensichtlich noch sehr stark mit uns verbunden.

»Er freut sich über Ihr spirituelles Wachstum«, sagt Maria, »und er dankt Ihnen dafür, daß Sie sich um seine Familie kümmern und das Buch über ihn schreiben.«

Ich wußte nicht, daß Mae West dabei ist, ein Buch zu schreiben, wenn sie auch eine natürliche Begabung zur Schriftstellerei hat und all ihre Sketche für die Bühne und für berühmte Filmrollen, einschließlich der klassischen Komödien mit W. C. Fields, selbst geschrieben hat.

Ich schaue sie fragend an.

»Ich schreibe ein Buch über Jack: *Der erstaunliche Mister Kelly*. Mein Honorar wird Jack Kellys Verwandten zugute kommen. Sie können es gebrauchen.«

Maria scheint zu horchen. »Das ist nicht das einzige. Sie schreiben insgesamt an drei Büchern.«

Das halte ich für sehr unwahrscheinlich, aber die Schauspielerin nickt und schaut das Medium mit großen Augen und einem ganz anderen Blick an.

»Das stimmt«, sagt sie. »Ich schreibe an dem Buch über Kelly, an einem anderen, das *The Pleasure Man* heißt, und über mein eigenes Leben.«

»Mit Hilfe der anderen Seite werden sie sehr erfolgreich sein«, sagt Maria. Später, als *The Pleasure Man* in die Bestseller-Listen kam, erinnerte ich mich an diese Voraussage.

In dem Maße, wie sie tiefer in Trance kommt, wird Marias Englisch merklich besser, und sie gleitet mit Leichtigkeit von einem Thema zum anderen. Immer, wenn sie Jack Kellys Namen ausspricht, lächelt sie zustimmend.

»Er vermißt seine Church of Life«, sagt sie, »aber es gab keine Möglichkeit, wie er sie nach seinem Tode hätte weiterführen können.«

Ich werfe Mae einen fragenden Blick zu, aber sie wendet sich gerade an Paul Novak. »Er hatte wirklich eine Kirche«, sagt sie stirnrunzelnd, »aber ich wußte nie, wie sie heißt.«

»Ich kann mich auch nicht erinnern«, antwortet Paul, »aber ich kann in seinen Briefen nachsehen. Vielleicht steht sie auf einem Briefkopf.«

»Die Church of Life«, wiederholt Maria. »Er sagt es mir immer wieder. Er war ein guter Mensch.«

Mae strahlt. »Da gibt es überhaupt keine Frage! Er war ein Wunder von einem Menschen. In Chicago habe ich gehört, wie er die Ereignisse von Pearl Harbor voraussagte, das genaue Datum, 7. Dezember 1941, und niemand hat es geglaubt.«

Nach diesem Bericht ist klar, warum die Schauspielerin mit ihm in Kontakt treten wollte. Aber nun ist er leider wieder verschwunden, ohne uns allzuviel gesagt zu haben. Mae West scheint aber zufrieden mit der Sitzung – sie bewirtet uns anschließend mit Tee und Gebäck.

»Er hatte nicht viel zu sagen«, meine ich.

Maria schaute von ihrem Tee auf. »Wer?« fragt sie mit großen Augen.

Sie erinnert sich natürlich an nichts.

»Ihr Mann ist erschienen«, sage ich, »aber wenn man bedenkt, welch große Kluft er überbrückt hat, dann sagte er eigentlich wenig.«

»Nächstes Mal werde ich sie hypnotisieren«, versprach Dr. Jussek. »Dann dürfte die Verbindung klarer sein.«

Im Gang warten wir auf den Aufzug.

Eine winzige Frau mit besorgtem Gesichtsausdruck huscht aufgeregt dem Treppenhaus zu; dann kommt sie ein paar Schritte zurück.

»Fahren Sie hinunter?« fragt sie.

Wir nicken.

»Gut. Ich möchte nicht allein in dem Aufzug steckenbleiben. Er bleibt immer zwischen den Stockwerken hängen.«

Bei der zweiten Sitzung war Mae wie üblich in königliche Gewänder gekleidet, und sie begrüßte Maria herzlich. Sie schien erwartungsvoller als beim ersten Mal. Als Maria ein paar Minuten draußen war, sprach Mae über ihre Freundschaft mit Jack Kelly. »Er war ein erstaunlicher Mensch. Er konnte Stimmen herbeirufen, er konnte sich materialisieren, wie er wollte, und schweben.« Sie hatte dies alles mit eigenen Augen gesehen. »Er war das größte physische Medium, das ich je erlebt habe.«

Er war zehn Jahre zuvor im Alter von achtzig Jahren gestorben, und seither war sie niemals mehr einem physischen Medium begegnet.

»Sie sind selten«, meinte auch Dr. Jussek. Er fand allerdings die geistige Arbeit, die Maria mit ihren Geisterärzten lieferte, viel eindrucksvoller, weil sie mehr Gutes bewirkte. »Materialisationen und Levitationen bekehren Leute zum Glauben an das Geistige, weil man diese Phänomene nicht anders erklären kann, aber der Wert eines Hellsehers sollte danach bestimmt werden, wieviel Gutes er bewirkt.«

»Jack Kelly hat vielen Menschen geholfen«, sagte Mae. »Wenn wir ihn nur herbekommen könnten, dann wäre er so hilfreich wie eh und je.«

Ich wußte, daß sie selbst eine sehr starke übersinnliche Wahrnehmung besaß und sowohl hellsichtig war als auch Stimmen hören konnte, und fragte sie deshalb, ob sie jemals nach Kellys Tod seine Gegenwart wahrgenommen hätte.

»Ich habe ihn nach seinem Tod nur einmal gesehen.« Sie zeigte auf das elegante Sofa. »Er saß da auf der Couch, als ich ins Zimmer kam. Ich war so erschrocken, daß ich kein Wort sagen konnte.«

»Haben Sie sich das nicht möglicherweise eingebildet?« fragte ich. »Sie waren vielleicht in Gedanken mit ihm beschäftigt, und da erschien sein Bild vor Ihren Augen. Das geschieht doch manchmal.«

Sie schüttelte den Kopf. »Das war aber anders. Ich hatte an ihn gedacht, das stimmt, und ich hatte gedacht, wie sehr er mir fehlte. Aber trotzdem, er saß leibhaftig, lebensgroß auf dieser Couch.«

Es geschah ungefähr um acht Uhr abends, gleich nachdem sie ins Zimmer gekommen war. »Ich hatte gerade den Fernseher angeschaltet und saß auf dem einen Ende des Sofas, als ich jemanden zu mir flüstern hörte. Ich schaute mich um und sah meinen Freund Jack Kelly.«

Sie war überwältigt. »Ich kann mich nicht erinnern, jemals so fürchterlich erschrocken gewesen zu sein. Ich habe schon viele übersinnliche Erlebnisse gehabt, aber das war das erste Mal, daß ich tatsächlich etwas sah.«

Sie überwand ihre Angst schnell und faßte die Erscheinung näher ins Auge. »Er sah phantastisch aus. Er trug einen Frackanzug aus einem wahrhaft überirdisch schönen Stoff. Ich kann mich nicht erinnern, ihn je so faszinierend gesehen zu haben.«

Sie hatte nur ein paar Tage zuvor mit Freunden über Jack gesprochen und gesagt, daß sie sich wunderte, warum Jack mit all seinen großen Fähigkeiten nicht einmal kam und sich bei ihr sehen ließ.

Und drei Tage später tat er es. Er sagte tatsächlich: »Du hast dich gewundert, warum ich nicht gekommen bin. Hier bin ich!«

Jussek versuchte eine Erklärung: »Die Energie aus unseren Gedanken oder aus der Atmosphäre ist, wie einige Metaphysiker sagen, genug, um eine Materialisation herbeizuführen. Im Grunde ist es eine Energieform.«

Maria war jetzt im Raum, bereit, sich hinzulegen und sich hypnotisieren zu lassen. Im Vertrauen auf Dr. Jussek entspannte sie sich rasch und war bald in tiefer Trance. Jussek führte sie, wie er es in privatem Rahmen schon zuvor getan hatte, in die Vergangenheit zurück, in Erfahrungen aus früheren Leben. »Wenn wir ihr Unbewußtes in eine Zeit großer übersinnlicher Entwicklung zurückführen, dann könnte das einen ganz neuen Kanal öffnen«, meinte er.

Sie war bald in Sikkim, wo sie Meister Rampa kannte und unter diesem großen Weisen ein hohes Maß an Entwicklung erreicht zu haben schien. Von da ging sie zu einem dramatischen Erlebnis über, das sie als kleines Mädchen, Heidi, In Liebsig (wir nahmen an, das war Leipzig) gehabt hatte. Es war ein schreckliches Erlebnis; sie befand sich in einem Weinkeller, und hinter ein Faß geduckt wurde sie Zeuge der Ermordung ihrer eigenen Eltern.

Als sie von diesen Greueln spricht, blicke ich auf und sehe Mae West ungeduldig die Daumen drehen. Sie zuckt mit den Achseln. Ich schreibe schnell eine Notiz für Dr. Jussek und bitte ihn, Maria wieder in dieses Leben zurückzuholen. »Mae West möchte etwas über dieses Leben oder das nächste erfahren«, schreibe ich, »nicht das letzte. Das ist vorbei.«

Jussek bringt Maria freundlich aus der Hypnose zurück, und sie fällt schnell wieder in ihren natürlichen Trancezustand. Der Übergang ist kaum zu erkennen; sie sitzt jetzt lediglich aufrecht auf einem Stuhl. Anstatt wie tot dazuliegen, scheint sie jetzt wie eine Erweiterung ihres eigenen lebendigen Ich. Bald ist Clarita wieder erschienen, und Maria bestätigt kurz ihre Anwesenheit.

Jussek betrachtet sie mit einem zufriedenen Grunzen. »Sie ist jetzt lebhafter; ich glaube, die Hypnose hat geholfen, ihr tieferes Unbewußtes zu klären.«

Als wolle sie diese Behauptung bestätigen, streckt Maria die Hand aus und zeigt auf den Eingang zum Wohnzimmer; sie spricht einen Namen aus, dessen sie sich noch nicht voll bewußt ist.

»Kelly steht da«, sagt sie.
Wir drehen uns alle um, sehen aber nichts.
»Sie sind nicht auf seiner Schwingung«, erklärt das Medium.
»Er ist klein und untersetzt, nicht wahr?«
Paul Novak nickt. »Stimmt«, sagt er.
Sie scheint immer auf unheimliche Weise zu lauschen, und da wir nichts hören, können wir nur dasitzen und uns dumm anschauen.
Dann spricht sie wieder. »Er war in Tibet, in Nordindien. Er sagt mir, daß er einige Zeit dort verbracht hat.«
Zunächst erscheint es mir unwahrscheinlich, daß Jack Kelly, in Wales geboren und in Buffalo aufgewachsen, in einer so weit entfernten Gegend gelebt haben soll.
Aber Paul nickt mit großen Augen. »Jack Kelly hat in seiner Jugend bei den Bengalischen Lanciers in Nordindien gedient.«
»Ja«, sagt Maria, »es war eine gute Zeit für ihn, und er hat damals von östlichen Lehren gelernt.«
Kellys Interesse an Esoterik und seine fortgeschrittene Entwicklung werden plötzlich erklärlich. Die Waliser sind das übersinnlichste Volk – sie haben vielleicht durch ihre isolierte Lage bezüglich Sprache und Bräuche die Gaben ihrer primitiven Vorfahren bewahrt–, und sicherlich sind diese Fähigkeiten in Kelly durch den Kontakt mit dem östlichen Wissen und den übernatürlichen Kräften der alten Yogis verstärkt worden.
»Vielleicht war es auch andersherum«, sagt Jussek, als Paul zu meinen Worten nickt. »Der Osten zog ihn an, und er fuhr hin, so gut es damals ging, um der aufkeimenden Kraft in seinem Inneren zu folgen.«
Maria horcht noch. »Er sagt mir, er hatte eine größere Operation, und kurz vor seinem Tode erlebte er einen schlimmen Sturz.«
»Das stimmt«, bestätigt Paul mit fast ehrfürchtiger Stimme.
Bei allem, was er sagt, scheinen wir uns dennoch von genaueren Informationen zu entfernen. »Warum erzählt er uns das alles?« frage ich.
»Damit Sie wissen, daß er da ist, weil Sie ihn nicht an der Tür stehen sehen.« Maria verzieht den Mund, wie immer, wenn die Anwesenheit eines Geistes in Frage gestellt wird. »Er weiß, warum Miss West den Kontakt mit ihm gesucht hat, und er möchte ihr in einem sehr ärgerlichen persönlichen Problem helfen.«
Bei diesen Worten richtet die Schauspielerin sich plötzlich auf

und heftet ihre Augen unverwandt auf das Medium.

»Es geht um einen Ring«, sagt Maria, »einen großen Diamanten.«

Ich verstehe nicht, wie die Schauspielerin wegen eines Schmuckstückes so besorgt sein kann, daß sie Hilfe aus dem Jenseits sucht. Bei der Erwähnung des Ringes schauen ihre Augen ärgerlich.

»Es ist ein großer, reinweißer Diamant«, sagt sie, »und er ist ein kleines Vermögen wert. Aber das ist es nicht, was mich geärgert hat, sondern daß es möglicherweise ein sehr guter Freund war, der ihn mitgenommen hat.«

»Der vermißte Ring wird zurückkommen, keine Angst«, sagt Maria. »Die Leute, die ihn genommen haben, werden ihn zurückgeben. Sie wagen nicht, ihn zu verkaufen und damit auf sich aufmerksam zu machen. Er ist so groß, daß er bestimmt auffallen würde. Deshalb werden sie ihn bei Gelegenheit zurückgeben. Sie haben es getan, um Sie zu kränken.«

Paul schaut auf. »Wer war es?«

»Ein Mann und eine Frau.«

»Ich hätte ihnen den Ring gegeben, wenn sie mich darum gebeten hätten«, sagt Mae empört.

»Es war Rache. Sie hatten geschäftlich mit Ihnen zu tun, und es ist nicht so gelaufen, wie sie es sich vorgestellt haben.«

Mae nickt. »Ja, sie hätten ihr Geschäft verloren, wenn ich nicht die Rechnungen bezahlt und den Laden übernommen hätte.«

Maria wiegt weise ihr Haupt. »Freunde vergeben nicht so leicht, wenn einer ihnen hilft.«

Jack Kelly ist offenbar immer noch da. »Kelly sagt, daß Miss West ihm sehr am Herzen liegt, und er möchte, daß sie die Sache mit dem Ring vergißt. Er ist etwas sehr Materielles, und sie hat sich um wichtigere Dinge zu kümmern.«

Plötzlich ist das Gespräch von dem Ring abgekommen und auf die Geheimnisse des Lebens übergegangen, an denen, wie ich weiß, Miss West ein lebendiges Interesse hat.

»Was macht Jack auf der anderen Seite?« fragt sie.

»Er sagt mir, er hat die Aufgabe, mit den Meistern zu arbeiten und von ihnen zu lernen. Er hat die sechste Dimension erreicht, den wirklich spirituellen Bereich, und wird nicht wieder inkarnieren, bis er das Studium aller zwölf Dimensionen vollendet hat. Es gibt so viele Dimensionen wie Tierkreiszeichen«, sagt sie.

Dr. Jussek ist an dem Thema Wiedergeburt interessiert.

»Was entscheidet darüber, wann wir zurückkommen?«

»Die Art, wie wir leben, unsere Entscheidungen, das Karma, das wir mit unseren guten oder schlechten Handlungen erzeugen. Manche Menschen kommen gleich wieder zurück«, sagt sie. Und erstaunlicherweise sind das nicht die guten Menschen, sondern die schlechten. »Es sind die Menschen, die große Verbrechen hervorgerufen haben. Sie kommen blind, verkrüppelt oder krank zurück, oft mit einem angeborenen Leiden.«

Gene, der als Jugendlicher in Hitlers Wehrmacht eingezogen worden ist, fragt mit verständlicher Neugier: »Ist Hitler schon zurückgekommen?«

»Er ist der Antichrist«, sagt Maria mit leichtem Schaudern.

»Ist er in der Hölle?« fragt Gene hartnäckig.

»Es gibt keine Hölle«, antwortet sie, »außer in den Gedanken der Menschen.« Aber Hitler erlebt diese Hölle, dessen ist sie sicher.

Wenn Kelly tatsächlich die sechste Dimension erreicht hat, ist er ein Quell esoterischer Informationen. Was würde er in der zwölften erst alles tun können? Jussek ist schnell dabei, diese offensichtliche Allwissenheit auszunützen. Er stellt eine Frage, die sich viele an Reinkarnation Interessierte über die Jahrhunderte hinweg gestellt haben.

»Behält das Individuum von einem Leben zum nächsten seine Identität bei?«

Wir sind alle gespannt auf die Antwort.

»Es gibt viele Körper, aber nur ein Leben, sagt er. Die Seele, die das Geschenk Gottes ist, durchläuft zahllose Kreisläufe. Deshalb gibt es Seelenpartner, die immer wieder, von einem Leben zum nächsten, ihr Karma miteinander verarbeiten.«

Ein Geist kommt aus der Seele hervor, ist eine von dem Individuum beigesteuerte vibrierende Kraft, die als Energie oder Gedankenform auftritt. »Diese Geistenergie manifestiert sich, wenn ein Geist erscheint.«

Ich frage, was der Unterschied zwischen Geist und Seele ist.

»Der Geist ist Teil der Seele, so wie ein Gedanke Teil des Verstandes ist. Das eine kann ohne das andere nicht sein, aber die Seele ist die Essenz und der Geist ihre Widerspiegelung.«

»Gibt es in der geistigen Welt Freunde und Familien?«

Sie seufzt. »Nicht so wie hier. Sie sind sich anderer Geister bewußt, aber es gibt keine Probleme oder Aktivitäten des Fleisches, nur einen Austausch von Energien.«

Paul sucht nach einer Erklärung für das Geschehen, das sich vor unseren Augen abspielt.

»Wie kommt es, daß Jack Kelly seine Anwesenheit hier und jetzt so leicht spürbar macht?«

»Es ist eine Manifestation von Energie. Indem wir uns auf ihn konzentrieren, stellen wir, die wir hier sind, eine Energie zur Verfügung, die es ihm ermöglicht, sich zu manifestieren.« Sie überlegt einen Augenblick. »Er sagt mir, daß Mae West sehr stark an ihn gedacht hat. Aber als sie ihn auf dem Sofa sitzen sah« – wir stutzen alle ein wenig bei diesen Worten –, »verließ sie diese Energie und die Manifestation verschwand. Drücke ich mich deutlich aus?«

Warum tauchen die Geister dann nicht immer auf, wenn jemand intensiv an sie denkt?

»Ha«, sagt Maria, »das ist eine gute Frage. Alles kommt darauf an, ob man die richtige Schwingung hereinbringen kann, wie bei der Elektrizität oder beim Radio oder Fernsehen. Die Energie ist da, aber man braucht das passende Signal und die passende Frequenz, den Strahl, um sie zu kanalisieren. Deshalb ist das Medium der Kanal.«

»Das ist alles schön und gut, aber es gibt viele Leute, die berichten, sie hätten einen Geist gesehen, ohne ein Medium zu Hilfe zu haben. Ich erinnere mich an die Rundfunkpersönlichkeit Arthur Godfrey, einen ungläubigen Menschen. Er erzählte mir, daß er auf einem amerikanischen Zerstörer einmal mitten in der Nacht aufwachte und am Fußende seines Bettes eine Erscheinung stehen sah. Es war sein Vater, von dem er nur ein paar Tage zuvor gehört hatte. Er sagte mit ganz normaler Stimme, er sei gerade gestorben, aber er wolle nicht, daß sein Sohn um ihn trauere. Er sei nicht unglücklich. Godfrey kniff sich in den Arm, weil er dachte, er träumte, – dann machte er Licht und schaute auf die Uhr. Es war zwei Uhr morgens. Es dauerte eine Weile, bis er wieder einschlief, und am Morgen war er immer noch nicht sicher, ob er nicht geträumt hatte. Am nächsten Tag kam jedoch ein Telegramm über Funk; es war von seiner Familie: »Vater ist um 2 Uhr morgens gestorben.«

Maria hat dafür eine prompte Erklärung. »Er muß seinem Vater nahegestanden haben und denkt sogar im Schlaf an ihn, wenn das Unterbewußtsein offen ist. Aber wenn der Geist stark ist, kann er auch Energie aus der Atmosphäre beziehen und genug Ektoplasma bilden, um ohne die Energie von anderen Menschen sichtbar zu werden.«

Maria scheint so gut in Form zu sein, so voller Wissen, daß wir sie mit Fragen überhäufen.

»Warum sind wir überhaupt auf der Erde?« fragt Paul. »Was ist unser Ziel in diesem Leben?«

Diese Frage hat Maria vermutlich schon hundertmal gehört.

»Wir sind hier, um Gottes Auftrag für uns erfüllen zu helfen. Danach gehen wir in neue und höhere geistige Dimensionen weiter, bis wir schließlich zu Begleitern Gottes werden.«

»Und dann müssen wir nicht mehr zurückkommen?«

»Dann ist unsere Arbeit getan, und wir können uns ausruhen.«

Eine Frage beschäftigt Dr. Jussek wohl zwanzigmal am Tag: »Warum muß es Krankheit geben?«

»Sie ist Teil unserer Entwicklung. Manche Krankheiten entstehen psychisch, aus widersprüchlichen Schwingungen, die eine innere Dissonanz widerspiegeln – Körper und Bewußtsein sind uneins miteinander. Manche Krankheiten werden von außen verursacht, wie z. B. Unfälle auf der Autobahn. Aber alles ist Teil des Wachstumsmusters eines Menschen.«

Es gibt immer welche, die einem erzählen, daß man an Schwierigkeiten wächst. Aber ich habe trotzdem Mitgefühl mit dem Mann, dessen Frau mit seinem besten Freund durchbrennt und dessen Geschäft pleite geht. »Ich bin also stark«, jammert er, »aber weshalb kann ich nicht auch glücklich sein?«

Wir alle haben uns mit der Bedeutung der Träume beschäftigt, besonders derer, die Ereignisse aus unserem täglichen Leben zu spiegeln schienen. Daher fragt Jussek:

»Sagen Träume uns irgend etwas über unser Leben?«

»Es gibt drei Arten von Träumen. Die eine ist ein Rest aus vergangenen Leben und hat mit Menschen aus diesen Leben zu tun. Wir erkennen diese Menschen nicht, weil sie in diesem Leben nicht dieselbe Identität haben. Manche Träume kommen aus körperlichen Verstimmungen, z. B. wenn wir zuviel gegessen oder getrunken haben, und sind nur die Reaktion des Nervensystems auf einen Körperzustand. Diesen sollte man nicht zuviel Bedeutung beimessen.«

Paul lacht. »Das müssen die Alpträume sein.«

»Die dritte Gattung von Träumen«, fährt sie fort, »ist prophetischer Art. Sie enthalten Enthüllungen, die dem einzelnen helfen, mit seinem Leben umzugehen. Sie sind die Ursache für Situationen, die wir als *déjà vu* bezeichnen: Da ist uns ein Mensch oder ein Ort so vertraut, als hätten wir ihn schon einmal gesehen oder gekannt. Wenn die im Traum erlebte Situation dann in der Realität geschieht, hat der Mensch ein vage vertrautes Gefühl. Aber da der Traum schon längst aus seinem Bewußtsein verblaßt ist, kann er sich nicht daran erinnern.«

Seit mir vor Jahren ein Hellseher den unerwarteten Verlauf meines Lebens richtig vorhergesagt und ich dann angefangen hatte, mich mit Metaphysik zu beschäftigen, fragte ich mich, wie irgend jemand ein Ereignis voraussehen kann, von dem noch nicht das geringste plausible Anzeichen zu sehen ist. Telepathie kann ich verstehen – das Bewußtsein stellt sich mit radioähnlichen Antennen auf etwas ein – und auch, daß man Situationen, die in dem von Carl Gustav Jung so bezeichneten kollektiven Unbewußten oder im Rassengedächtnis verzeichnet sind, daraus hervorgraben kann. Aber wie der Nobelpreisträger Alexis Carrel bemerkt hat: Wenn wir einmal verstanden haben, wie jemand die Zukunft voraussagen kann, dann stehen wir vielleicht an der Schwelle zur Lösung des Rätsels des Universums überhaupt, – fragte ich: »Wie können manche Menschen die Zukunft vorhersagen, wenn diese Zukunft noch gar nicht geschehen ist und es auch gar keine Anzeichen dafür gibt?«

Vermutlich hat sie diese Frage auch schon oft gehört.

»Alles geschieht gleichzeitig, und es ist alles auf derselben Ebene. Es kann sich jedoch nicht unmittelbar in einer Aktivität oder Handlung ausdrücken, weil die Menschen in physischen Grenzen, in Raum und Zeit leben. Aber im Denkbewußtsein eines Menschen, das mit dem größeren Denkbewußtsein des Universums eins ist, geschieht es schon. So stimmt sich also der Hellseher, dessen Unterbewußtsein keine räumlichen und zeitlichen Begrenzungen kennt, in das Denkbewußtsein ein, das sich dann allmählich im bewußten Rahmen von Zeit und Raum ausdrückt.«

Diese Erklärung ist schwer zu verstehen, weil wir die Beziehung zwischen dem universalen und dem persönlichen Unterbewußten nicht voll verstehen und auch nicht die Wirkung der Vorhersage auf unseren freien Willen. Was ist denn mit unserem gepriesenen freien Willen, wenn ein Hellseher jedes Ereignis, das in zwei Tagen, zwei Wochen, zwei oder zwanzig Jahren geschehen mag, vorhersagen kann – wie die Hellseherin Maya Perez aus Balboa, Kalifornien, es vor zwanzig Jahren in meinem eigenen Leben getan hat?

Ich grübele über Marias Antwort nach, ohne sie intellektuell zu begreifen. Das Verstehen muß sicherlich aus der Intuition kommen, die dem Unterbewußten untersteht. Und es bedarf der Meditation, um die übernatürlichen Kräfte des Unterbewußten voll zu entwikkeln. Und doch werden der Intellekt und der Intellektuelle nichts annehmen, was außerhalb seiner eigenen begrenzten Reichweite liegt.

Paul sitzt mir schräg gegenüber, auf dem Sofa, wo Mae West nach ihrer Erzählung ihren Freund Kelly in Lebensgröße gesehen hat. Und als die Sitzung zu Ende ist und Maria die Arme ausstreckt und ein bißchen gähnt, da meine ich zu sehen, wie Paul unerklärlicherweise seine Hand zu einem Abschiedsgruß hebt.

Dr. Jussek ist meinem Blick gefolgt. »Haben Sie die Hand gesehen, die da vom Sofa gewinkt hat, genau vor der Lampe?« fragt er.

»Ja«, sage ich, »das war Paul.«

Paul schaut auf, als ich seinen Namen nenne. »Ich habe niemandem gewinkt«, sagt er, »ich habe mich überhaupt nicht bewegt.«

Außer ihm ist niemand in Reichweite des Sofas.

Wir schauen uns alle unsicher an.

»Das kann sehr wohl Jack gewesen sein, der da gewinkt hat«, sagt Mae West. »Sein Humor war wundervoll.«

4 Das Erbe aus dem Jenseits

Rita Pittman hatte genügend eigene Probleme, als daß sie sich noch die ihrer Tochter aufladen wollte. Sie schrieb gerade an einem Buch. Sie versuchte, etwas von ihrem Besitz zu verkaufen, und sie war auch noch jung genug, um wissen zu wollen, was sie für ihr persönliches Leben unternehmen sollte.

»Seit Monty gestorben ist, bin ich nicht mehr dieselbe«, sagte sie. Monty war ihr Mann; er hatte Fernsehdrehbücher geschrieben.

Sie hatte jedoch zu ihrer erwachsenen Tochter, dem früheren Kinderstar Sherry Jackson, eine besonders enge Beziehung. Die langjährige Verbindung ihrer Tochter mit dem Millionär und Sportler aus Los Angeles, Fletcher Jones, hatte sie untätig mitansehen müssen.

»Ich habe immer gesagt, er geht nicht gut mit ihr um«, erinnerte sie sich, »und sie hat in all den Jahren für seine persönlichen Launen ihre eigene Schauspielkarriere geopfert.«

Sherry hatte die Sorgen ihrer Mutter achselzuckend abgetan. »Mach dir keine Sorgen deswegen«, sagte sie. »Fletcher liebt mich, und er sagt, er wird immer für mich sorgen. Außerdem bin ich in ihn verliebt, und das ist das einzige, was zählt.«

An dem Tag, als sein Privatflugzeug auf dem Weg zu seiner 400-Morgen-Ranch bei Santa Barbara abstürzte, war er allein geflogen. Sherry hatte das Unglück vorhergeahnt und versucht, den Zweiundvierzigjährigen von einem Start abzuhalten. Er hatte sie wie immer ausgelacht: »Die Strecke von Los Angeles kenne ich wie meine Westentasche.«

Alle Hoffnungen, die Sherry für die Zukunft hatte – Heirat, Sicherheit, Liebe – waren mit Fletcher Jones gestorben. »Er starb gerade zu dem Zeitpunkt, als er Sherry finanziell absichern wollte«, sagte Rita.

Sherry war in der Klemme. Während ihrer fünf gemeinsamen Jahre hatte sie materiell sehr wenig verlangt, und nun nach Fletchers

Tod war sie eher geneigt, alle Ansprüche auf seinen Besitz aufzugeben.

Fletcher hatte ihr erzählt, daß er sein Testament ändern wollte, aber offenbar war nichts geschehen. Er sprach davon, daß er an dem bewußten Wochenende an seinem Testament arbeiten wolle, aber in dem Wrack wurden keine Papiere gefunden. »Wenn ich nur wüßte, was er wirklich vorhatte«, seufzte Sherry.

Ihre Mutter hatte da weniger Befürchtungen. »Er hat dich geliebt und wollte für dich sorgen. Sonst hätte er ja nicht beschlossen, dich in sein Testament aufzunehmen«, meinte sie.

Trotzdem scheute Sherry davor zurück, einen Anspruch geltend zu machen. Sie war eine eher zurückhaltende Person, und ihre Ausrichtung auf geistige Dinge bedeutete auch, daß sie dem Materiellen wenig Gewicht beimaß und ihr Schicksal in die Hände Gottes legte, an den sie glaubte. Auch war sie den beiden Söhnen aus Fletchers zerbrochener Ehe sehr zugetan und wollte irgendwelche Vorkehrungen, die für diese getroffen sein mochten, nicht anfechten.

So kam es, daß Rita Pittman, als sie das Medium Maria Moreno aufsuchte, hauptsächlich mit ihren eigenen Problemen beschäftigt war. »Natürlich hatte ich keine Ahnung, was mein Unterbewußtsein beschäftigte, aber bewußt dachte ich nicht im entferntesten an Sherrys Probleme. Ich war zur Abwechslung mal mit mir beschäftigt.«

Maria ermunterte Rita, ein Tonbandgerät mitzubringen, wie es auch andere taten, damit sie später nach Belieben Einzelheiten aus der Sitzung überprüfen konnte.

Aber Rita wußte wirklich nicht, was sie da erwartete. Sie war zweimal verheiratet, und beide Ehemänner, Montgomery Pittman und Curtis Jackson, waren gestorben. Sie hatte keine Ahnung, wer oder was ihr da begegnen mochte, obwohl Freunde ihr gesagt hatten, daß Maria Moreno ständig Namen und Botschaften von Verstorbenen übermittelte, die oft hilfreich und zutreffend waren. Das erhoffte sie sich auch. Aber als Maria die Augen schloß und anfing, ein wenig keuchend zu atmen, kam es ihr fast vor wie die Parodie einer spiritistischen Sitzung, etwas für einen Film an einem stillen Samstagnachmittag.

Dann ist ihre Aufmerksamkeit plötzlich gefangengenommen. Wie angenagelt, die Augen fest auf das Medium geheftet, sitzt sie auf ihrem Stuhl. Denn als das schwere Atmen nachläßt, beginnt Maria, einen vertrauten Namen zu buchstabieren. Sie spricht bedächtig jeden Buchstaben aus und macht dann eine kleine Pause. Rita Pittman lauscht überwältigt.

»F-L-E-T-C-H-E-R.«

»Was ist mit Fletcher?« flüstert Rita.

»Er ist hier«, sagt Maria, »und möchte Ihnen sagen, daß es ihm leid tut.«

Rita ist – was sehr selten geschieht – eine Zeitlang sprachlos.

»Was tut ihm leid?« bringt sie schließlich heraus.

»Er sagt, Sie wissen schon.«

Das war nicht besonders aufschlußreich.

»Was weiß ich?«

Maria scheint nichts gehört zu haben.

»Ich sehe diesen Mann mit Pferden. Er macht Geld damit und gibt Geld aus. Verstehen Sie?«

Natürlich. Fletcher Jones war ein millionenschwerer Industrieller, ein Computergenie und Pferdeliebhaber, der einen der angesehensten Rennställe im Lande besaß. Kurz bevor er verunglückte, hatte sein Vollblut »Typecast« in einem 200 000-Dollar-Rennen gegen den Rivalen »Convenience« Schlagzeilen gemacht. Er hatte Millionen in dieses Hobby gesteckt, und auf seinem beinahe fertiggestellten Besitz in Santa Ynez waren Ställe für zweihundert Pferde geplant.

Rita kommt es wie Ironie vor, daß ausgerechnet Fletcher Jones verkündet, er sei auf der anderen Seite lebendig und wohlauf. Es gibt wohl niemanden, der allem, was mit Übernatürlichem zu tun hat, kritischer gegenüberstand. Er hat Rita wie auch Sherry mehr als einmal wegen ihres Interesses an diesen Dingen verspottet. »Wenn man tot ist, ist man tot«, sagte er.

Mußte er sterben, um zu erfahren, daß es wirklich keinen Tod gibt? Das setzt natürlich voraus, daß es wirklich Fletcher Jones ist, der da spricht.

Wie um ihr Mißtrauen zu zerstreuen, macht Maria sich nun an eine Beschreibung des pferdebegeisterten Millionärs. »Er ist groß und schlank, mit blauen Augen und hellem Haar. Er ist nervös und doch außerordentlich selbstsicher und erwartet, daß alles nach seinem Willen geschieht.«

Rita kichert. »Das ist allerdings der Fletcher, den ich kannte. Es gab für ihn überhaupt nur einen Willen, nämlich seinen.«

Sie hatten nie auf gutem Fuß gestanden. Sie nahm ihm übel, daß er Sherry in ihren Augen nicht gut behandelte. Und er war eifersüchtig auf ihre enge Beziehung zu Sherry. »Er hätte seiner Schwiegermutter bestimmt kein Häuschen auf seinem Grundstück gebaut, das ist sicher.«

Aber der Tod hatte vermutlich eine besänftigende Wirkung. »Er möchte über etwas sprechen, was ihm sehr am Herzen liegt«, sagt Maria Moreno. »Es tut ihm leid, daß er sein Testament nicht vor dem Flug geändert hat, denn die Papiere, an denen er arbeitete, gingen bei dem Absturz verloren. Er wollte Ihre Tochter finanziell unabhängig machen, damit es ihr, falls ihm irgend etwas passieren sollte, freistünde, zu arbeiten oder nicht.«

Das ist alles schön und gut, denkt Rita, aber was kann er jetzt machen?

Und dann kommt die Sensation.

»Fletcher sagt, er ist bereit, alles zu tun, damit Sherry bekommt, was ihr von seinem Besitz zusteht.«

Rita kneift sich in den Arm, um sich zu versichern, daß sie nicht träumt. Aber da ist nur das gemütliche kleine Zimmer, mit dem Kruzifix an der einen und einem Christusbild an der anderen Wand, und Maria, die mit ihren Händen im Schoß still dasitzt.

»Wie will er ihr denn helfen?« fragt Rita.

»Geduld«, sagt Maria. »Er wird es Ihnen sagen.«

Rita fragt, wie Fletcher sich in seinem realen Aussehen zeigen kann, wenn er vermutlich nur eine Energieform ohne Substanz ist.

»Sie erscheinen nur dem Medium als sichtbare Form, oder den Menschen, die ihnen die Energie dafür liefern. Energie macht sie wiederum nur diesen Menschen sichtbar.«

Wie Rita es verstanden hat, gibt es also mit anderen Worten eine unsichtbare Verbindung zwischen dem Geist und demjenigen, der den Kontakt wünscht, und daraus entsteht ein ektoplasmisches Abbild des betreffenden – geliebten oder ungeliebten – Wesens.

Die praktisch denkende Mutter überlegt die Chancen ihrer Tochter. Sie erinnert sich daran, daß Sherry erwähnt hat, Fletcher Jones habe seine Notizen für die Testamentsänderung auf über DIN-A4-große gelbe Blätter geschrieben, die er im Flugzeug bei sich hatte.

»Was ist aus den gelben Papieren geworden?« fragt sie.

Maria nickt. »Er ist sehr ärgerlich darüber. Er möchte, daß Sie diese Blätter finden und damit zu einem Rechtsanwalt gehen.«

Rita zuckt ratlos mit den Schultern. »Sherry hat danach gefragt, und Fletchers Testamentsvollstrecker haben abgestritten, daß solche Papiere existieren. Sie sind vielleicht in dem Wrack verbrannt.«

»Er sagt, sie soll immer wieder nach diesen Papieren fragen.«

»Kann er ihr raten, was sie tun soll?«

»Er sagt, sie soll sich einen guten Rechtsanwalt nehmen und ein Verfahren gegen den Nutznießer anstrengen. Er hat ein Vermögen hinterlassen, und sie soll daran teilhaben.«

Rita denkt daran, wie sehr Sherry Fletchers Kinder liebt. »Ich glaube nicht, daß sie etwas gegen die Familie unternehmen würde.«

»Sie soll den Nutznießer belangen, nicht die Familie, sagt er. Er hat den größten Teil seines Vermögens gemeinnützigen Vereinen hinterlassen.«

Rita ist zwar überrascht darüber, wie Fletcher Jones sich verändert hat – daß er im Jenseits weiterlebt, kann sie jedoch ohne weiteres akzeptieren. Sherry und sie glauben schon seit langem an ein immerwährendes Leben und betrachten den Tod nur als ein Zwischenspiel.

»Es geht eigentlich mehr darum, nützliche Informationen darüber zu bekommen«, meint sie.

Am Ende der Sitzung wird ihr bewußt, daß für sie sehr wenig dabeigewesen ist. Aber sie freut sich für Sherry, die allerdings wenig Neigung zeigt, durch langwierige Rechtsstreitereien wieder irgendwelche schmerzhafte Erinnerungen wachzurufen. Rita gibt nicht so schnell auf.

»Fletchers Wünsche sollten dir etwas bedeuten. Du enttäuschst ihn bestimmt, wenn du seine Hoffnungen für dich zunichte machst.«

Sherrys feingeschnittenes Gesicht sieht nachdenklich aus.

»Wenn sein Wunsch nach Wiedergutmachung nicht erfüllt wird«, beharrt Rita, »dann muß sein Geist vielleicht an die Erde gebunden bleiben, und er wird von Schuldgefühlen geplagt, bis er sich von dem getanen Unrecht gereinigt hat.«

Sherry war nicht weniger daran gelegen als ihrer Mutter, daß Fletcher friedlich in neue Bereiche hinübergehen konnte. Außerdem war sie neugierig, ob Fletcher Jones, nachdem er mit ihrer Mutter in Verbindung getreten war, wohl auch mit ihr kommunizieren würde. Dennoch war sie sich nicht sicher, ob sie wirklich alte Wunden wieder aufreißen sollte.

Sie überlegte, welche Berechtigung sie für ein gerichtliches Vorgehen hätte. Bis zum Alter von zehn Jahren hatte sie ungefähr dreißig Filme gedreht und war sechs Jahre lang in Danny Thomas' Fernsehshow aufgetreten. Vieles von dem, was sie in ihrem Beruf erreicht hatte, war jedoch verlorengegangen, nachdem sie ihre Karriere Fletchers Wünschen geopfert hatte. Es war deshalb kein Wunder, wenn Fletcher, nach dem Zitat ihrer Mutter, sagte: »Sherry soll ihre Ansprüche damit begründen, daß sie auf meine Forderungen hin ihre Karriere vernachlässigt hat.«

Trotzdem konnte sie sich nicht entschließen. Inzwischen rückte der letzte Termin für eine Testamentsanfechtung näher, und ihre Mutter drängte, sie solle wenigstens Maria Moreno aufsuchen. »Wenn Fletcher mir schon so viel gesagt hat, was wird er dir erst sagen wollen?«

Schließlich gewann ihre Neugier die Oberhand, und Sherry erklärte sich zu einem Treffen mit Maria Moreno bereit, verpflichtete sich jedoch nicht zu irgendwelchen Maßnahmen. Rita vereinbarte den Termin, ließ jedoch nichts über Sherrys Identität verlauten. »Maria wußte ihren Namen nicht«, sagte sie, »und sie wußte auch nicht, daß wir etwas miteinander zu tun haben. Wir wollten die Sitzung in keiner Weise beeinflussen.«

Als Sherry sich Maria gegenübersetzt, beschließt sie, ihr keinerlei Anhaltspunkte zu liefern.

Zuerst erscheint, von Maria wortreich angekündigt, Clarita. »Es ist die Zigeunerin Clarita«, verkündet sie, »sie versichert Ihnen, daß alles, was sie sagt, von den Geistern im Jenseits kommt.«

Sherry schweigt.

Maria nickt mit dem Kopf, als sei sie in ein Gespräch verwickelt. »Robert, Robert ist hier, wer ist das?«

»Mein Bruder«, sagt Sherry.

Maria schüttelt den Kopf. »Sie sagen mir, er ist Ihr Halbbruder.«

»Das stimmt.« Sherry ist insgeheim beeindruckt.

»Er hat Schwierigkeiten.«

»Schwierigkeiten hat jeder.«

Clarita weicht Dr. Jallikete, der beginnt, Sherry auf Herz und Nieren zu untersuchen.

»Sie sind blutarm und allergisch gegen Penicillin. Achten Sie auf eine ausgewogene Ernährung, und seien Sie vorsichtig mit Antibiotika.« Dann fährt er fort: »Sie haben eine Zyste. Gehen Sie zum Arzt und lassen Sie sie entfernen.«

Offensichtlich haben Marias Ärzte an diesem Tag andere Dinge zu tun, denn Dr. Jallikete verschwindet und macht einem mehr persönlichen Berater Platz. »Halten Sie Abstand von einem Sänger mit Namen Andy (nicht Andy Williams), der Sie immer aus Las Vegas anruft.«

Das hat Sherry selber schon beschlossen.

Dann kommt die Anweisung: »Seien Sie vorsichtig mit der Lenkung Ihres Wagens. Sie werden einen Unfall haben, aber es wird Ihnen nichts geschehen.«

Das ist alles ganz interessant, aber die Verbindung, auf die sie gehofft hat, läßt noch auf sich warten.

»Curtis ist hier, Sie kennen ihn. Er möchte Ihnen sagen, wie sehr er Sie liebt.«

»Mein Vater hieß Curtis Jackson. Er ist 1948 gestorben. Ich kann mich kaum an ihn erinnern.« Sie ist entschlossen, sich von niemand anderem als Fletcher beeindrucken zu lassen.

»Aber er erinnert sich an Sie und hat sehr zärtliche Gefühle für Sie. Damit Sie wissen, wer er ist, sagt er Ihnen ein Familiengeheimnis: Er wurde als Kind in seine Familie adoptiert.«

Das wußten nur ganz wenige Menschen, aber mit dem Grund ihres Hierseins hatte es trotzdem nichts zu tun.

Maria hat bis jetzt in alltäglichem Ton gesprochen, aber auf einmal zittert ihre Stimme und bekommt eine neue Eindringlichkeit. »Sie werden von jemandem im Jenseits, der Sie sehr geliebt hat, beschützt, sagen meine Führer.«

Sherry läuft es kalt den Rücken hinunter.

Sie stellt zum ersten Mal eine Frage: »Wer beschützt mich?«

»Der Mann, mit dem Sie früher Motorrad gefahren sind. Er sagt Ihnen jetzt, Sie sollen nicht mehr fahren, es kann zu gefährlich werden.«

Das kann nur Fletcher sein. Sie sind mit den Motorrädern auf seiner Ranch über Stock und Stein gefahren, manchmal um die Wette, um die Rivalität, die ihre Beziehung prägt, auszuleben.

»Pepe ist hier«, verkündet Maria, »und er wird versuchen, Ihnen bei Ihren Geschäftsangelegenheiten zu helfen. Sie müssen zu Ihrem eigenen Schutz an die geschäftlichen Dinge denken. Sie empfinden immer noch großen Schmerz. Sie haben einander geliebt, auch wenn Sie manchmal davongelaufen sind, weil er schrecklich eifersüchtig war.«

Fletchers Namen zu nennen ist nicht nötig. Die Beschreibung ihrer Beziehung genügt, diese Haß-Liebe, die aus Fletchers Verlangen entstanden war, sie ganz zu besitzen.

»Außer dem Namen nach waren Sie in jeder Hinsicht seine Frau. Und er versprach, das eines Tages für Sie in Ordnung zu bringen.«

Sherrys Augen verschleiern sich. Trotz der nicht gehaltenen Versprechen ist sie dem Mann, den sie liebte, immer treu gewesen. Sie nimmt sich wieder zusammen und versucht, seine Gegenwart zu spüren, aber da ist nur Maria, eindeutig in Trance und gerade dabei, etwas zu sagen:

»Fletcher Jones, kennen Sie ihn?«

Sherry bringt ein kaum hörbares »Ja« heraus.

»Er läßt Sie wissen, daß es ihm sehr leid tut, daß er nicht besser für Sie gesorgt hat. Er hat beschlossen, daß Sie für die Opfer, die Sie ihm gebracht haben, eine Million Dollar bekommen sollen. Und er will, daß Sie sie bekommen, selbst wenn das heißt, daß Sie den Nutznießer des Erbes verklagen müssen.«

Tränen laufen über Marias Wangen. »Er wird immer für Sie sorgen. Es tut ihm leid, daß er so launisch war; er weint darüber, daß er grausam zu Ihnen war.«

Sherry hat einen Kloß im Hals, aber sie wird abgelenkt, denn Maria hat ihre Hände genommen, und die Tränen tropfen aus Marias Händen auf ihre.

»Es sind Fletchers Tränen«, erklärt Maria, »meine Tränen sind die seinen.«

Wieder so eine unerklärliche Materialisation von Energie aus der Atmosphäre.

Fletcher erholt sich offensichtlich rasch und erinnert sich nun an ein Gespräch, von dem nur die beiden wissen. Kurz vor seinem Tode hat er sie gebeten, eine Liste der Gelder aufzustellen, die sie meint, dadurch verloren zu haben, daß sie sich ausschließlich ihrer Beziehung widmete. Er hat sie auch um eine Aufstellung ihrer monatlichen Ausgaben gebeten und hat als Grundlage für seine geplante Regelung die Summen miteinander verglichen.

»Ich habe diese Zahlen auf das gelbe Papier geschrieben und sie akzeptiert«, zitiert Maria. »Aber das Papier ist bei dem Absturz verschwunden. Ich wollte auf der Ranch mit meinen Rechtsanwälten über mein Vorhaben sprechen.«

Dieses Zeichen von Fletchers Interesse macht Sherry Mut, aber sie weiß noch immer nicht, wie sie vorgehen soll. Die Entscheidung soll lieber direkt von Fletcher kommen. Zunächst hat Pepe jedoch noch eine Warnung für sie.

»Menschen, die Sie für gute Freunde halten, sind nicht wirklich Ihre Freunde«, sagt Maria. »Sie werden Dinge aussagen, die Ihrer Sache schaden. Nehmen Sie sich in acht vor ihnen. Sie haben einen neuen Freund, nicht wahr?«

»Nach Fletchers Tod habe ich jemanden kennengelernt.«

»Lassen Sie nichts davon verlauten, sonst werden die Testamentsvollstrecker zu beweisen versuchen, daß Sie Fletcher nicht treu waren.«

»Es ist ein Jahr her, seit Fletcher gestorben ist, und ich habe mich sehr einsam gefühlt.«

Das beeindruckt Pepe nicht.

»Sie lassen Sie von Detektiven beobachten, um zu beweisen, daß es in Ihrem Leben andere Männer gegeben hat. Bis jetzt haben sie nichts gefunden.«

»Da gibt es auch nichts zu finden«, empört sich Sherry.

Fletcher hat ihr offensichtlich mehr zu sagen als ihrer Mutter.

»Er sagt, Sie sollen nicht traurig sein, fassen Sie Mut und handeln Sie klug. Sie müssen um das Geld und die Rücklagen kämpfen, die er für Sie bestimmt hat. Die Testamentsvollstrecker werden zu verhindern versuchen, daß Sie etwas von dem Erbe bekommen, sie begünstigen die Institutionen, denen das Erbe zugute kommt. Wenn Sie bereit sind, hilft Ihnen Fletcher. Aber Sie müssen in Ihrem persönlichen Bereich vorsichtig sein.«

»Wie will er mir helfen; er ist doch gar nicht hier?«

»Er hofft, daß er die Testamentsvollstrecker durch seine bloße Willenskraft beeinflussen kann, damit sie Ihr Anliegen mit freundlicheren Augen betrachten.«

Um seine Söhne solle sie sich keine Sorgen machen. »Deine Klage hat auf das Treuhandvermögen, das ich vor meinem Unfall für sie festgelegt habe, keinen Einfluß.« Er macht genauere Angaben zu den Hauptnutznießern seines Erbes: »Die Klage kann sich nur auf die Fonds auswirken, die ich der Heilsarmee, den Pfadfindern und einigen Krankenhäusern hinterlassen habe, du kannst also bedenkenlos klagen.«

Fletcher war im November 1973 gestorben, und Sherrys Testamentsanfechtung kam gerade noch rechtzeitig vor Ablauf der Frist vor Gericht. Sie klagte auf eine Million Dollar.

»Sie hat nur getan, was Fletcher ihr gesagt hat«, meinte ihre Mutter.

Ihre Freundschaft mit Fletchers Kindern bestand weiter. Sie schenkte dem jüngeren Sohn zu seinem High-School-Abschluß goldene Manschettenknöpfe, die Fletcher extra für sie hatte anfertigen lassen. »Ich wußte, daß Fletcher das gefallen hätte.«

Nach Beginn des Gerichtsverfahrens stellte ich Sherry viele Fragen, um herauszufinden, was für ihren Entschluß ausschlaggebend gewesen war.

»Ganz im Vertrauen – wie nahe steht Ihnen dieser neue Freund?«

Sie zögerte einen Augenblick. »Bis über meine Klage entschieden ist, möchte ich das nicht publik machen, aber ich treffe mich regelmäßig mit jemandem.«

»Was ist aus der Zyste geworden?«

»Ich bin zum Arzt gegangen, er hat eine Weile gesucht und sie tatsächlich gefunden.«

»Hat er die Zyste entfernt?«

»Er hat sie unter Beobachtung.« Sie zwinkerte mit den dunklen Augen. »Aber sie muß vielleicht nie operiert werden. Maria sagt, daß es bald ein neues Medikament geben wird, das diese Art von Zysten schmerzlos auflöst.«

Den Autounfall hatte Sherry schon hinter sich. Mit dem Steuermechanismus des Wagens war etwas nicht in Ordnung, wie Maria es vorhergesagt hatte. Der Wagen kam auf einer kalifornischen Autobahn ins Schleudern und rutschte knapp an einigen vorbeifahrenden Autos vorbei von der Straße, sprang dann noch über einen Graben und kam kurz vor einem Brückenpfeiler zum Stehen.

Wie durch ein Wunder war ihr nichts geschehen. »Wenn ich gegen diesen Pfeiler gefahren wäre, wär's aus gewesen. Aber so hatte ich nicht einmal Verletzungen.«

»Glauben Sie, daß Sie beschützt wurden?«

»Was kann ich sonst glauben?«

Sie hoffte, auf dem richtigen Weg zu sein. »Alles, was Maria Moreno gesagt hat, stimmt mit unserem letzten gemeinsamen Tag überein. Fletcher sagte mir damals, ich solle mir keine Sorgen machen, er würde für mich sorgen, und ich mache mir auch keine Sorgen.«

Rita war von der Sitzung ihrer Tochter mit dem Medium ebenso begeistert wie von ihrer eigenen. Sie hatte gehofft, etwas von ihrem Mann, dem Drehbuchautor Montgomery Pittman, zu hören und wunderte sich, daß keiner ihrer Ehemänner mit ihr in Verbindung getreten war, wo doch Curtis offenbar mit Sherry gesprochen hatte.

Aber sie hatte die Hoffnung noch nicht aufgegeben. »Wenn ein Mensch als Geist weiterlebt, dann muß das bei allen so sein.« Wenn Fletcher erscheinen konnte, dann gab es keinen Grund, warum Monty und Curtis das nicht auch tun sollten.

»Monty war so neugierig«, sagte sie. »Er hat nie so richtig an das Übersinnliche und an ein Leben nach dem Tod geglaubt, aber interessiert hat es ihn doch.«

So kam Rita zu einer weiteren Sitzung mit Maria Moreno. Wie gewöhnlich begann diese mit ein bis zwei Fragen, wie um sich selber über die Identität des Geistes klarzuwerden, dessen Anwesenheit sie gerade wahrnahm.

Maria wiegt den Kopf ein paarmal hin und her, legt ihn dann schräg auf die für sie typische Weise und fragt:

»Wer ist Jack?«

Rita durchforscht ihr Gedächtnis. »Ich kenne keinen Jack.«

»Jack ist hier. Er sagt, er kennt Sie gut.« Wie so viele Geister, die durch Maria sprechen, scheint Jack vergangene Missetaten zu bereuen. »Es tut ihm leid, und er bittet Sie um Vergebung.«

Rita kann diesen Jack immer noch nicht einordnen, aber es amüsiert sie, daß er so schuldbewußt ist. Das kennt sie, daß die Leute Reue zeigen, wenn es zu spät ist.

Maria versucht es noch einmal.

»Er ist bei einem schrecklichen Autounfall ums Leben gekommen.«

»Ja natürlich!« Wie konnte sie so vernagelt sein! Sie verdrängte offensichtlich etwas. Jack ist früher ihr Name für Curtis Jackson gewesen, Sherrys Vater. Sie hat ihm nach ihrer Hochzeit diesen Kosenamen gegeben und ihn erst wieder »Curtis« genannt, als Verwandte pedantisch ihr Mißfallen an solcher Mißachtung ihres Familiennamens zum Ausdruck brachten.

»Jack«, sie genießt den Namen, »war Alkoholiker. Sie können sich sicher vorstellen, was das heißt.«

Curtis hat an gar nichts geglaubt, und es ist deshalb ziemlich komisch, daß er jetzt durch ein Medium zu ihr spricht.

Er scheint sehr schuldbewußt.

»Ich konnte nicht anders«, zitiert Maria. »Ich war wirklich krank. Bitte verzeih mir.«

Wie bekannt ihr das alles vorkommt. Wie Hunderte Male zuvor antwortet Rita folgsam: »Sagen Sie ihm, daß ich ihm verzeihe.«

Sie hat Jack geliebt, wie eine Mutter ihr hilfloses Kind. Obwohl er sie entlastete, hat sie seinen Tod betrauert und noch zusätzlich gelitten, weil sie seinen Tod voraussah.

Zwei Wochen vor dem Unfall, bei dem er ums Leben kam, war sie in der Nacht schluchzend aufgewacht.

Curtis schreckte aus dem Schlaf hoch und wollte wissen, was los war. Sie wollte ihm zuerst nichts davon erzählen, aber er bestand darauf: »Wenn du darüber sprichst, geht deine Angst weg.«

So sprudelte sie schließlich hervor: »Ich habe geträumt, daß du in zwei Wochen tot bist.«

Er nahm es gut auf. »Immerhin hast du geweint«, sagte er lächelnd und versuchte, sie zu trösten: »Wenn eine Tür sich schließt, tut eine andere sich auf.«

»Ja«, meinte Rita, »aber zwischen den Türen kann ein langer Weg sein.«

»Ich werde Gott einfach sagen, daß ich nie auf eine Spinne getreten bin und keinem Tier je etwas zuleide getan habe.«

Das war alles gewesen. Und nun sagt Maria:

»Er wußte, daß er sterben würde. Er wußte es durch einen Traum.«

Dieses Echo aus der Vergangenheit erschreckt Rita nicht wenig, aber sie findet Trost in dem Gedanken, daß Jack den Sprung über den großen Abgrund geschafft hat. »Er mußte es erst selber sehen, um glauben zu können.«

»Er war ein guter Mensch«, sagt Maria, »er hat nie einem Tier etwas zuleide getan.«

»Und ist auch nie auf eine Spinne getreten«, ergänzt Rita.

Sie hat auf Monty gewartet und auf Fletcher. Statt dessen tauchen andere Namen auf, von Menschen, die sie vor langer Zeit gekannt hat.

»Carl ist hier, wissen Sie, wer das ist?«

»Onkel Carl Stephens wohnte in Moberly, Missouri, neben uns, als ich klein war.«

»Er spielte gern Gitarre.«

Rita lächelt. »Er konnte nie aufhören.«

»Er spricht von Argonne und Château-Thierry.«

»Er sprach unaufhörlich über den Ersten Weltkrieg.«

Ritas ältere Schwester Bernardine hat sich in einem depressiven Anfall das Leben genommen.

»Ich spüre ihre Schwingungen«, sagt Maria, »sie hatte große Schwierigkeiten mit ihren Nerven.«

»Ja«, bestätigt Rita und erinnert sich schmerzlich. »Sie ist mit Elektroschock behandelt worden; davon hat sie sich nie erholt.«

»Sie ist immer noch verwirrt«, sagt Maria. Auch Bernardine hat entdeckt, daß Selbstmord die nagenden Probleme nicht aus der Welt schafft, sondern sie nur aufschiebt.

»Mack ist auch hier. Er war mehr als ein Vater für Sie, erinnern Sie sich?«

»Er war seit meinem sechsten Lebensjahr mein einziger Vater, mein Stiefvater.«

Ihre Mutter ist nun auch im Raum. »Sie hatte einen schweren Herzanfall«, sagt Maria und atmet krampfhaft, als ob sie den Todeskampf nacherlebt. »Aber sie war bereit zu sterben. ›Ich weiß nicht, warum sie mich noch hierbehalten‹, sagt sie immer.«

Das hat Rita ihre Mutter Hunderte Male sagen hören.

»Wie geht es ihr jetzt?«

»Sie ist glücklich, hat keine Schmerzen und ist Ihrem Stiefvater sehr nahe.«

Offensichtlich bleiben manche Geister in Kontakt miteinander, während andere ihrer eigenen Wege schweben und abwarten, bis es schließlich Zeit ist, in neuem und leuchtenderem Gewande wiederzukehren.

Die Sitzung endet, ohne daß Monty oder Fletcher erscheinen. Rita ist enttäuscht; aber sie weiß, daß sie über die Geister nicht bestimmen kann.

»Es genügt nicht, etwas zu wollen. Man muß es zu dem Zeitpunkt geschehen lassen, den Gott dafür vorgesehen hat.«

Ein paar Tage später klingelte bei ihr zu Hause das Telefon. Es war Maria Moreno. »Sie müssen augenblicklich zu einer Sitzung kommen. Ich habe noch nie jemanden deshalb angerufen, aber da ist eine Botschaft für Sie.«

Das Medium war von Kopf bis Fuß durchnäßt aus tiefem Schlaf aufgewacht. Als sie sich trockene Kleider anzog, klang ihr immer Mrs. Pittmans Name im Ohr, und sie hatte das Gefühl, daß sie sie sehen mußte. Die Nässe war eine Botschaft.

Rita dachte, als sie das hörte, daß es sich sicher um Schweiß oder eine nervöse Blase handelte. Aber Maria sagte, Kissen und Decken seien völlig durchnäßt. Und es war niemand sonst in der Wohnung.

Maria war zum ersten Mal gespannt auf ihre eigene Sitzung. »Ich habe noch nie eine Botschaft bekommen, irgend jemanden zu rufen.«

Wie gewöhnlich versenkte sie sich rasch in Trance und brachte ihre Botschaft hervor.

»Monty, Monty«, rief sie, »er war es. Er hat das Wasser materialisiert. Kennen Sie diesen Monty? Er sagt, er kennt Sie. Er hört nicht auf zu lachen, wie über einen tollen Witz.«

»Ob ich einen Monty kenne?« sagt Rita. »Er war ein Weltmeister für solche Scherze.«

»Er fragt, ob Sie sich an Bonnie Jane erinnern.« Maria knipst mit den Fingern. »Sie ist einfach so gestorben.«

»Ja, sie kam bei einem Autounfall ums Leben.«

»So jung, es war so schade um sie.«

»Sie war ein hübsches Mädchen, erst zweiundzwanzig.«

Bonnie Janes Mutter war Ritas beste Freundin, und es war erstaunlich, daß sie nicht selber erschien, sondern durch Monty Pittman.

»Es war Montys Art, sich immer in Szene zu setzen«, meint Rita. »Er hätte Schauspieler werden sollen statt Schriftsteller.«

Bonnie Jane scheint dazusein. »Ihr Vater ist gelähmt«, sagt Maria Moreno, »und sie weiß, daß er nicht mehr lange leben wird. Sie weiß, sie kann ihm nicht helfen, deshalb liegt ihr Bruder Larry ihr mehr am Herzen. Ist das nicht sein Name?«

Bonnie Janes Vater war durch die Folgen eines Schlaganfalles seit Jahren bettlägerig, aber Larrys Problem ist neu für Rita.

»Was stimmt mit Larry nicht?«

»Er soll sich von einem jungen Mann namens Paul fernhalten, der einen schlechten Einfluß auf ihn ausübt.«

»Können Sie das genauer erklären?«

»Es handelt sich um etwas Geschäftliches, und es könnte zu einer Anklage wegen Betruges führen. Er muß aufpassen, damit er nicht mit dem Gesetz in Konflikt kommt.«

Von Monty kommt nichts mehr, und Bonnie Jane verschwindet schnell wieder. Die Sitzung geht zu Ende. Nach all den Ankündigungen von Maria ist sie sehr harmlos gewesen.

Rita rief folgsam Bonnie Janes Familie an. Larry war am Telefon. »Du wirst das alles für Unfug halten«, meinte sie, »aber sag mir, ob es etwas mit deinen Aktivitäten zu tun hat.«

Larry hörte eine Weile zu. »Ich kenne einen Paul, der versucht, mich aus dem Geschäft rauszuwerfen. Er hat alle Register gezogen, die man sich von einem Konkurrenten vorstellen kann, aber ich sehe nicht, wie er mich in Schwierigkeiten bringen könnte.«

Er schien nicht beeindruckt. Rita bekam jedoch später einen Anruf von Larrys Mutter. »Larry hatte noch mit einem anderen Paul zu tun«, erklärte sie. »Er hat noch einmal darüber nachgedacht, was du gesagt hast, und Gott sei Dank ist er aus der Sache ausgestiegen.«

Alles in allem schien mir der Zwischenfall eigentlich nicht so bedeutsam, eine Materialisation zu rechtfertigen: die Projektion eines Objekts, in diesem Falle Wasser, ohne sichtbare physische Mittel.

Rita Pittman war jedoch anderer Meinung. »Sie vergessen etwas sehr Wichtiges«, sagte sie.

»Nämlich?«

»Ich weiß jetzt, daß Monty in eine glückliche Dimension übergegangen ist.«

»Und woher wissen Sie das?«

»Ich habe gesehen, daß er Leute ins Wasser taucht. Er war immer am glücklichsten, wenn er mir einen Streich spielen konnte.«

Ohne daß Fletcher noch etwas sagte, geriet Sherrys Gerichtsverfahren immer mehr in Schwierigkeiten. Die Testamentsvollstrecker dachten nicht daran, einer jungen Schauspielerin nachzugeben, die nichts als ihr durch keinerlei Beweise gestütztes Wort vorzuweisen hatte. Das Verfahren führte zu Untersuchungen, die Sherrys Beziehung zu dem Millionär und Pferdenarren bagatellisieren sollten. »Sie behandeln sie wie eine Kriminelle«, sagte Rita entsetzt.

Rita war jetzt besorgter um Sherrys Gemütsverfassung als um das Vermögen. »Ihr Glück ist wichtiger. Sie hat noch ihr ganzes Leben vor sich.«

Es gefiel ihr nicht, wie das Verfahren sich entwickelte. »Ich war schon zu Fletchers Lebzeiten überzeugt, daß er ihr nicht guttut, und ich bin nicht sicher, ob er ihr jetzt guttut.«

Sherry kam noch einmal zu Maria Moreno. Zum einen wollte sie sich versichern, daß sie wirklich mit Fletcher selbst in Verbindung war, zum anderen rückte der Termin der Gerichtsverhandlung näher, und die Aussicht, ihr persönliches Leben vor Gericht auseinandergenommen zu sehen, quälte sie. Sie wollte auch wegen ihrer Liebe zu Fletchers Kindern nicht gerne Einzelheiten ihres stürmischen Lebens mit Fletcher aufdecken. Von Natur aus still und in sich gekehrt, legte sie großen Wert darauf, daß ihr persönliches Leben von ihrem professionellen Image getrennt blieb. »Es gab viele Dinge, über die Fletcher und ich geteilter Meinung waren; diese Klage ist offenbar auch so etwas.«

Maria Moreno hatte bis jetzt keine Informationen über Fletcher Jones und den Prozeß, der aus dem Kontakt entstanden war; man konnte also davon ausgehen, daß auch bei dieser Sitzung keine Suggestion mitspielen würde.

Es gibt keine der üblichen Vorankündigungen. »Fletcher ist hier«, sagt Maria sofort. »Damit Sie wissen, daß er es wirklich ist, erinnert er Sie an die kleinen Narben in seinem Gesicht; sie kommen davon, daß er sich als Kind gekratzt hat.«

Sherry fährt ein wenig zusammen. »Ja, er hat mir gesagt, sie kommen davon, daß er sich als Kind die Windpocken aufgekratzt hat.«

»Gut, sagt er, daß Sie wissen, mit wem Sie sprechen.«

Fletcher geht zu dem Gerichtsverfahren über. Er erwähnt den Namen ihres Rechtsanwalts und sagt dann: »Dein Rechtsanwalt muß wirklich kämpfen. Gib dich nicht mit einem Treuhandvermögen oder einem kleinen Ausgleich zufrieden.«

Das Gespräch kommt wieder auf die Beziehung zurück, darauf, wie sehr er ihre letzte Europareise kurz vor seinem Tode genossen hat, und auf seine Pläne für ihr gemeinsames Leben auf der Ranch in Santa Barbara.

»An dem Tag, als der Unfall passierte, hatte ich getrunken, aber ich hatte das Gefühl, daß ich das Flugzeug mit verbundenen Augen fliegen könnte. Du hattest recht, daß du nicht mitgeflogen bist.«

Marias Gesicht nimmt einen besorgten Ausdruck an.

»Er möchte Ihnen noch einmal sagen, wie leid es ihm tut, daß er zeitweilig so hart zu Ihnen war. Er weint, weil er so gemein war.«

Sherry denkt daran, wie oft sie ihn verlassen hat, nur um auf seine Besserungsversprechen hin wieder zurückzukehren.

Sie seufzt. Ihre eigene innere Stimme steht im Widerstreit mit dem, was andere für ihr Bestes halten. Sie ist selten sie selber gewesen. Schon vor der Schulzeit war sie leinwandgerecht aufgeputzt im Film aufgetreten, zu beschäftigt für die sorglosen Teenagerromanzen, die andere Mädchen hatten. Und dann, als sie kurz davor stand, ein Star zu werden, hatte sie sich mit Fletcher verbunden und ständig Kompromisse gegen ihre eigene Freiheit gemacht. Es war Zeit, daß sie ihr Leben selber in die Hand nahm. Hatte nicht sogar der Reinkarnationsfachmann Edgar Cayce gesagt, das einzige Leben, das zähle, sei die Gegenwart? Denn wenn die Erfahrung dieses Lebens nicht wichtig sei, dann sei überhaupt kein Leben wichtig.

Fletchers Stimme wird plötzlich ganz schwach, nur verschwommen und dunkel zu hören.

»Er ist nicht glücklich darüber, was sie mit dem Geld machen«, sagt Maria, »und es gefällt ihm nicht, daß seine Söhne Mangel leiden.«

Sherry nickt automatisch. »Die Kinder bekommen das Treuhandvermögen erst, wenn sie volljährig sind, und das ist noch eine Weile hin.«

»Er läßt Sie wissen, daß er über Sie wacht.«

»Ich habe ihnen geholfen, wann immer ich konnte«, sagte Sherry.

Die Sitzung endet in einer emotionalen Sackgasse, und Sherry ist verwirrter als je zuvor. »Meine ganze Auffassung, die ich aus den metaphysischen Studien gewonnen habe, ist, daß man sein Leben weiterleben muß. Man kann nicht in der Vergangenheit leben. In der Gegenwart begegnen wir unseren Herausforderungen und errichten unser karmisches Muster.«

Fletcher hatte die Situation vermutlich klar überblickt, indem er seine Nutznießer identifizierte, ihr sagte, wie sie vorgehen solle, und ihr den Rechtsanwalt nannte. Trotz alledem waren ihre Zweifel nicht aufgelöst. Sie mochte den Prozeß nicht.

Ich war überhaupt nicht überrascht, als ihre Mutter mich anrief und berichtete, daß Sherry den Prozeß außergerichtlich beigelegt hatte.

»War es ein guter Vergleich?«

»Nicht, was ihr zustand.«

»Sie hat den Rat wohl nicht sehr ernst genommen.«

Ritas Stimme verriet eine gewisse Resignation.

»Damit hat es nichts zu tun.«

»Womit dann?«

»Es wäre so viel schmutzige Wäsche gewaschen worden, und das wollte sie einfach nicht. Das Geld war ihr das alles nicht wert. Sie wollte nicht, daß auf für sie kostbaren Erinnerungen herumgetrampelt wurde.«

Ich fragte mich, wie Fletcher Jones auf Sherrys Entscheidung reagieren würde.

Sherrys Mutter war darum nicht sonderlich besorgt.

»Er hätte das alles vermeiden können, wenn er sich zu Lebzeiten um Sherrys Bedürfnisse gekümmert hätte«, sagte sie mit gewisser Schärfe.

Hatte Rita nicht akzeptiert, daß es wirklich Fletchers Stimme gewesen war?

»Oh doch, es hat sich ganz nach Fletcher angehört. Immer voller Versprechungen, ohne ganz dahinterzustehen.«

5   Marilyn Monroe tritt auf

Ich hatte keine Ahnung, daß Paula Petrie Marilyn Monroe persönlich kannte. Die Grundstücksmaklerin aus Hollywood hatte eigentlich wegen ihres Mannes angerufen. Jack Petrie war Musiker und todkrank.
»Ich habe gehört, Maria hat wunderbare Heilkräfte.«
»Sie meint, das machen alles ihre Geisterärzte«, sagte ich.
»Wie auch immer; ich möchte gern, daß Jack eine Sitzung bei ihr bekommt. Die Ärzte haben ihn schon aufgegeben.«
Maria war jedoch auswärts, und als Paula Petrie sie endlich erreichte, war Jack schon tot. Paula, die sich nun mit den Problemen einer Witwe befassen mußte, vereinbarte einen Termin für sich selber.
»Ich bin so verzweifelt, ich weiß überhaupt nicht, was ich tun soll. Ich arbeite in einer Werbeagentur, aber das ist nicht mehr das Richtige. Kalifornien ist ohne Jack auch nicht mehr dasselbe. Am liebsten möchte ich in seine Heimat zurück, nach Hannibal, in Missouri, und als Einsiedler leben. Ich bin noch nicht alt, aber den Gedanken an eine Wiederheirat finde ich abstoßend.«
Sie wußte nicht, was sie von Maria erwarten sollte, war aber offen für alles. Und das war genauso gut. »Stellen Sie sich vor, mein Mann käme, um mir zu sagen, er liebt mich und will nicht, daß ich mein Leben alleine beende!« meinte sie.
Paulas dunkles Gesicht fing an zu strahlen. »Ich bin dort hingegangen und glaubte gar nichts; ich dachte nur, ich hätte nichts zu verlieren. Maria nannte Jacks Namen und beschrieb haargenau seine Persönlichkeit. Jack wollte, daß ich ins Maklergeschäft einsteigen solle; er hatte vor seinem Tode da gearbeitet, wenn auch seine Liebe in erster Linie der Musik galt. Als er sagte, er würde mir helfen, in seine alte Firma hineinzukommen, da fragte ich mich wirklich, weshalb ich eigentlich da saß und mir solchen Unfug anhörte! Maria sagte mir allen Ernstes sogar, wer mich daraufhin ansprechen

würde – Joe Castagna –, sie buchstabierte den Namen! Und es war wirklich Joe Castagna, der Besitzer der Firma, der mir den Job angeboten hat, ein Freund von Jack.«

»Und vermutlich hat Jack auf ihn eingewirkt?«

»Das meinte Maria.«

Mit der Zeit, hatte Jack gesagt, würde sie in der Werbung und im Maklerwesen gleichzeitig arbeiten. Das schien sehr unwahrscheinlich, aber Maria hatte in allen anderen Dingen auch recht gehabt. Es war offensichtlich, daß da etwas Übernatürliches vor sich ging. Wer da durch Maria sprach, war nicht so offensichtlich.

»Was ließ Sie glauben, daß es Jack war, der sprach?«

»Wenn etwas gesagt wird, was nur diese eine Person wissen kann, dann muß man sich doch sehr ernsthaft fragen, woher diese Information kommt. Maria beschrieb, als sie für Jack sprach, seine Lungenkrebsoperation und die letzten Tage, als er mir sagte, daß er mir für meine Hilfe immer dankbar sein würde.«

»Das kann sich jeder denken, daß er diese Einstellung haben mußte«, meinte ich.

»Maria hörte auch schöne Musik, und sie wußte vorher nicht, daß Jack Musiker war. Ich fragte mich deshalb, ob begabte Menschen sich wohl auf Energieformen einstellen können, die Musik, Geschmäcke oder sogar Gerüche vermitteln. Ich hatte mir geschworen, nie wieder zu heiraten, aber Jack sagte, wie auch in seinen letzten Tagen immer wieder, daß ich mir jemanden suchen solle.«

Jack war nicht der einzige Besucher. Es erschien auch eine Schauspielerin, die er ganz gut kannte und die ihn bei ihren kleinen Festen immer gedrängt hatte, Klavier zu spielen. Sie hieß Norma Jean.

»Diese Norma Jean hat ein lächelndes Gesicht und schönes blondes Haar«, sagte Maria. »Sie hat eine Botschaft für Sie.«

Paula lief es kalt den Rücken herunter. Norma Jean Dougherty war der Name, unter dem sie Marilyn Monroe kannte. Was für eine Norma Jean gab es denn sonst noch?

»Wir nannten sie auch noch Norma Jean, als sie schon berühmt war«, erinnerte sich Paula. Sie verband mit dem Namen so etwas wie Familiengefühl.

Ich hatte bei Marias Arbeit beobachtet, daß es oft eine Verbindung gibt zwischen dem Geist und demjenigen, für den die Sitzung war. Trotzdem fragte ich mich, warum die berühmte Schauspielerin, die mit sechsunddreißig Jahren auf tragische Weise ums Leben kam, Paula Petrie erscheinen sollte, wo es so viele andere gab, die sie besser kannte?

Paula Petrie lächelte. »Vermutlich war ich die einzige, die zu einem Medium ging.«

Sie hatten sich getroffen, als Marilyn, Norma Jean, noch hart um jede kleine Rolle kämpfte und in Hollywoods Studio Club wohnte.

»Sie war mit Freddie Karger befreundet, der die Musik zu *From Here to Eternity* geschrieben hat. Wir sind uns bei Anne Karger begegnet, Freddies Mutter, die meine Patentante war. Wir standen uns nicht sehr nahe, aber wir waren befreundet und mochten beide Anne Karger sehr gern. Marilyn betrachtete Anne fast als Mutter, die sie nie gehabt hatte. Bei den sonntäglichen Treffen im Hause der Kargers wurde Marilyn immer sehr vertraulich. Sie war wie ein kleines Mädchen, naiv und leichtgläubig und schrecklich vertrauensvoll. Sie machte einen frohen und glücklichen Eindruck, aber hinter der kindlichen Fassade verbarg sich eine schreckliche Angst, verrückt zu werden. Ihre Mutter war geisteskrank gewesen, und sie war besessen von der Angst, daß sie diese Schwäche vielleicht geerbt haben könnte.«

Auch als Freddie Karger die Schauspielerin Jane Wyman, die frühere Frau Ronald Reagans, heiratete, blieb Marilyn den Kargers nahe und besuchte Anne Karger und Freddies Schwester Mary regelmäßig.

»Sie betrachtete sie als ihre Familie. Manchmal rief sie uns an und bat Jack, auf einem Fest zu spielen. Sie mochte seine Musik so gern und sang immer dazu. Auf diese Weise blieben wir auch während ihres Aufstiegs zu Starruhm in Kontakt mit ihr. Sie sprach mit Vergnügen darüber, wie sie bei ihrem ersten Bildschirmtest durchgefallen war. Es war nicht leicht für sie, zum Film zu kommen, aber nach all den früheren Mißerfolgen freute sie sich dann um so mehr an ihrem Erfolg. Aber sie war ein Naturtalent, und nichts hätte sie aufhalten können. Sie hatte herrliche veilchenblaue Augen und einen wunderbaren Humor. Sie war so warmherzig, daß jeder, der Zugang zu ihr hatte, an ihr Mitgefühl appellieren konnte. Sie hat Norma Jean nie vergessen.«

Paula hatte sich gefreut, als Marilyn in *Asphalt-Dschungel* zum ersten Mal im Film auftrat und dann, als sie mit *Alles über Eva* voll herauskam und ein berühmter Star wurde. Während Marilyns Ehe mit Joe Di Maggio trafen sie sich noch, aber als Marilyn Arthur Miller heiratete, verlor Paula sie aus den Augen.

»Sie hätte bei Joe bleiben sollen«, meinte sie. »Sie brauchte Geborgenheit.«

Paula war, wie so viele damals, schockiert von der Nachricht, daß Marilyn in ihrer Wohnung in Los Angeles offenbar durch Selbstmord ums Leben gekommen sei.

»Es war unglaublich. Sie war so jung, so schön, so begabt, so voller Leben.«

Immer wieder gingen ihr Bilder von der lächelnden, lachenden, fröhlich auf Partys herumwirbelnden Marilyn durch den Kopf. Mit der Zeit verblaßten die Erinnerungen jedoch, und sie hatte schon eine Weile nicht an Marilyn gedacht, als Marias Botschaft sie überraschte.

»Ja, ich kannte eine Norma Jean«, sagte sie mit plötzlich ganz trockenen Lippen.

»Sie ist hier«, sagte Maria, »und freut sich, Sie zu sehen.«

»Sagen Sie ihr, ich freue mich auch, daß sie hier ist«, murmelte Paula.

Paula hatte nicht verstanden, warum Marilyn, der doch die Welt offenstand, sich das Leben genommen hatte. Gut, sie hatte drei gescheiterte Ehen hinter sich, aber von ihrem gewinnenden Charme hatte sie nichts eingebüßt.

Oft schien es so, als ob die Geister nur mal eben vorbeischauten, aber Norma Jean hatte einen besonderen Grund für ihr Kommen.

»Ich möchte der Welt sagen, daß ich nicht Selbstmord begangen habe.«

Als Paula die Worte wiederholte, lächelte sie fast entschuldigend. »Ich war gespannt, wie die Welt das durch mich erfahren sollte. Ich wußte ja nicht, daß einmal jemand darüber schreiben würde.«

Um Marilyns Tod hatten sich hartnäckige Gerüchte bezüglich einer zerbrochenen Romanze mit einer hohen Regierungspersönlichkeit gerankt. Stunden vor ihrem Tod hatte sie vergeblich versucht, ihn zu erreichen. Sie hatte viel getrunken und war deprimiert. In Anbetracht ihrer gefühlsmäßigen Verfassung hatte man auf Selbstmord als vermutliche Todesursache geschlossen.

Aber Paula Petrie fühlte sich gedrängt zu fragen: »Wie ist es geschehen?«

Maria räusperte sich und sprach, um Norma Jeans Authentizität zu unterstreichen, in der ersten Person weiter.

»Ich bin benommen mitten in der Nacht aufgewacht. Ich dachte nicht daran, daß ich kurz zuvor schon Schlaftabletten genommen hatte, und nahm noch ein paar. Ich wollte einfach nichts mehr hören und sehen. Es war ein Mißgeschick. Ich war im Grunde religiös und hätte mir niemals mit Absicht das Leben genommen, ganz egal, wie oft ich davon gesprochen oder es anscheinend versucht habe.«

Bei allem, was sie getrunken hatte, konnte ihr Tod sehr wohl ein Unfall sein. Schlaftabletten haben in Verbindung mit Alkohol eine beschleunigte und erhöhte Wirkung, die die Toleranzschwelle des Körpers gegen Barbiturate aufhebt und dann oft tödlich wirkt.

»Ich hatte meine Schwierigkeiten«, sagte sie weiter, »aber ich wußte, daß das kein Ausweg ist, und das weiß ich jetzt noch besser.«

Die Geister von Selbstmördern, wie auch der Sohn des Bischofs Pike, bedauerten ihre Tat unweigerlich. Der Selbstmord hatte nichts gelöst, sondern bewirkte nur, ihre Seelen länger an die Erde gefesselt zu halten, als das normalerweise der Fall war.

»Sie sagt«, Maria wechselte aus der ersten Person wieder in die dritte über, »sie hatte so viel, wofür sie leben konnte, und das Leben beenden heißt nicht, daß auch die Probleme beendet sind.«

Maria hatte das alles rasch hintereinander hervorgebracht und Norma Jean und ihre Freunde so akzeptiert.

Ihr Kopf hatte nun das vertraute vogelähnliche Nicken: »Wer ist Joe? Sie möchte wissen, wie es ihm geht.«

»Das muß Joe Di Maggio sein, ihr früherer Mann. Er war ihr auch nach ihrem Tod sehr ergeben.«

Paula schien fast verlegen, als sie sich an diesen vertraulichen Teil des Gesprächs erinnerte.

»Ich wollte wirklich nicht in ihren persönlichen Angelegenheiten herumschnüffeln. Ich kam mir vor wie ein Voyeur.«

Vor Marilyns Tod waren starke Gerüchte über sie und Präsident Kennedy und auch dessen Bruder, Senator Robert Kennedy, in Umlauf. Außer ihrem Erscheinen bei offiziellen Anlässen im Weißen Haus hatte es jedoch keinen konkreten Anlaß dafür gegeben. Ich fragte mich, wie weit Marias Durchgaben wohl auf dieses heikle Thema eingegangen waren.

»Haben Sie sie nach ihrer Freundschaft mit den Kennedys gefragt?« fragte ich Paula Petrie.

»Das habe ich nicht gewagt. Aber Norma Jean hat etwas Merkwürdiges gesagt.«

»Was war das?«

»Ich könnte dir ein paar saftige Geheimnisse verraten, aber das Tonband läuft, und es wäre nicht gut für das Land.«

Ich schaute Paula fragend an. »Hätten Sie das Gerät nicht abstellen können?«

»Ich war so schockiert, daß ich gar nicht auf den Gedanken kam.«

Norma Jean kam schnell auf etwas anderes zu sprechen. Und Paula war das gar nicht unrecht, denn das Gespräch drehte sich jetzt um sie.

»Nimm sieben Blütenblätter von sieben verschiedenen Blumen, und trage sie als Glücksbringer in einer kleinen Schachtel bei dir.«

Paula wollte lachend darüber hinweggehen, aber als sie darüber nachdachte, fiel ihr ein, daß die Sieben tatsächlich eine sehr bedeutsame Zahl für sie war. »Ich habe am 7. Februar geheiratet, Jacks Geburtstag war am 7. April, und wir haben uns an einem 7. Oktober kennengelernt.«

Paula schaute mich unsicher an. »Am nächsten Tag geschah etwas äußerst Seltsames. Ich wachte aus einem Traum auf, in dem ein Nelkenstrauß vorgekommen war. Und den ganzen darauf folgenden Tag über war das Haus von Nelkenduft erfüllt. Andere Leute haben es auch gerochen.«

Der Duft war so stark, daß sie in den Garten ging, um an den Wikken zu riechen. Aber das war ein ganz anderer Duft.

Ich sagte nichts, und Paula lachte etwas nervös.

»Das klingt vielleicht eigenartig, aber es war wirklich so. Normalerweise würde ich so etwas nicht glauben. Zu Maria bin ich nur gegangen, weil ich nicht mehr weiterwußte.«

»Aber was haben diese Nelken zu bedeuten?«

»Es waren Marilyns Lieblingsblumen.«

»Trotzdem, wo kam denn der Duft her? Gibt es außer Geisterschauspielerinnen vielleicht auch Geisterblumen?«

»Es war ein Zeichen, das ihren Besuch bestätigte.«

Während ich das in meinem Kopf herumwälzte, schaute sie mit einem Lächeln: »Wissen Sie, ich bin ein sehr praktischer Mensch. Ich habe in der Werbung gearbeitet, und mit dem Maklerberuf komme ich gut zurecht. Aber es gehört sicher mehr zum Leben, als wir mit bloßem Auge sehen können. Übersinnliche Erscheinungen können nicht einfach deshalb abgetan werden, weil wir sie nicht verstehen.«

Sie war dennoch ein wenig unsicher. »Es kam auch eine Kay oder Kathy vor, die ich nicht einordnen konnte. Es war ein hübsches Mädchen, das nur kam, um guten Tag zu sagen. Sie kam mit siebenundzwanzig bei einem Autounfall ums Leben. Ich wußte nicht, wer sie war. Als ich hinterher das Band abhörte, kam mir, daß es Kay oder Kathy Dalton sein mußte. Sie war vor zwei Jahren gestorben.«

Ich dachte noch immer an Norma Jean und mochte hierzu jetzt nichts sagen.

»Das ist aber noch nicht alles«, sagte Paula schnell. »Gerade als mir das klar wurde, klingelte das Telefon. Es war Jack Dalton, ein Freund meines Mannes, der in Detroit wohnt, Kathys Mann. Er hatte seit einem Jahr nicht mehr angerufen. ›Ich hatte so ein komisches Gefühl, daß ich Sie anrufen soll‹, sagte er. ›Nichts Besonderes. Es war nur so, als ob irgend jemand wollte, daß ich Sie anrufe.‹«

Nach kurzem Zögern erzählte Paula ihm, daß sie bei einem Medium gewesen war und daß Kathy mit ihr gesprochen hatte.

Dalton war gleich sehr interessiert. »Ich habe sehr stark an sie gedacht«, meinte er. »Ob es tatsächlich so etwas wie ein Jenseits gibt?«

Von Norma Jean war in dieser Sitzung nicht mehr die Rede gewesen. Ich hatte jedoch bemerkt, daß bei wiederholten Sitzungen oft dieselben Geister noch einmal kamen, um weitere Informationen zu geben. Was würde Norma Jean wohl sagen, wenn kein Tonband lief?

Zu dieser Sitzung kam Paula mit einer Freundin, Merle Fortier, einer begeisterten Anhängerin Marias. Wir warteten darauf, daß Maria ins Zimmer kam, derweil Merle unaufgefordert berichtete:

»Mein Blutdruck war auf 230 mm Hg, und ihr Dr. Dermetz hat eine geistige Venenoperation mit mir gemacht. Er hat ein imaginäres Ventil eingesetzt, um den Druck abzuleiten.«

Ihr Hausarzt hatte sie am nächsten Tag untersucht und festgestellt, daß der Blutdruck um 40 mm Hg gesunken war.

»Nehmen Sie nur weiter Ihr Medikament«, hatte er erfreut gesagt.

Merle hatte ihrem Arzt nichts von Maria oder Dr. Dermetz erzählt: »Er hätte bestimmt gedacht, ich bin nicht ganz richtig im Kopf.«

Paula arbeitete inzwischen nicht nur für das Maklerbüro Castagna, sondern machte auch Fernsehprogramme für ihre alte Werbeagentur Doyle Dane Bernbach, wie Maria es vorausgesagt hatte.

»Es ist wirklich verblüffend, wie sie diese Dinge voraussieht«, meinte sie.

Ich dachte an den Nelkenduft und fragte leichthin, ob es in letzter Zeit irgendwelche neuen Zeichen gegeben hätte.

»Sie werden nicht glauben, was ich Ihnen jetzt erzähle«, sagte sie. »Aber Merle kann es bezeugen.« Paula war aus der Dusche gekommen und hatte erschrocken ein großes M auf dem Badezimmerspiegel entdeckt, das ein paar Minuten vorher noch nicht dagewesen war. Die Badezimmertür war von innen verschlossen.

»Es sah so aus, als sei das M mit einem dicken Stengel oder ähnlichem auf den Spiegel geschmiert worden.«

»Vielleicht kam es vom Wasserdampf«, sagte ich.

Sie schüttelte den Kopf. »Nein, es war ganz gleichmäßig geschrieben.«

Das große M kam und verschwand immer wieder, bis sie das Tonband an mich abschickte.

»Was halten Sie davon?«

Ich hatte keine Ahnung, was das heißen sollte – falls es überhaupt etwas bedeutete.

»Vielleicht wollte sie mich nur wissen lassen, daß sie noch in der Nähe war.«

»Es konnte kein Zeichen sein, das nur zufällig wie ein M aussah«, meinte Merle Fortier, »es war ganz sorgfältig geschrieben. Wir haben es beide gesehen. Es war ein paar Minuten zuvor noch nicht da, und es war sonst niemand im Haus.«

Inzwischen war Maria hereingekommen und brachte sich rasch in Trance. Sie griff sich mit den Händen an ihren Kopf und sagte mit sichtbarem Erstaunen: »Ich spüre, daß jemand mich berührt. Er seufzt und ist sehr traurig, daß Sie noch einen Menschen verloren haben. Es ist Ihr Mann Jack.«

»Sagt er, wer das war, den ich verloren habe?« fragt Paula.

»Anne. Sie haben Sie sehr gut gekannt.«

»Ja, meine liebe Patin Anne Karger. Sie ist vor einer Woche gestorben.«

Ich erinnere mich, daß Anne Karger Marilyns gute Freundin und Vertraute war, aber ich habe nichts von ihrem Tod erfahren.

»Ich sehe sie in der Ecke«, sagt Maria und deutet mit dem Finger in die Richtung.

Wir schauen alle hin, können aber nichts sehen. »Mit einer Kamera könnten Sie sie fotografieren«, sagt Maria.

Es müßte eine Kamera sein, die Ektoplasma aufnimmt, habe ich den Eindruck.

»Sie klagte über Krämpfe in ihren Beinen«, fährt Maria fort.

»Ja«, Paula nickt. »Sie hatte Schwierigkeiten mit ihren Beinen.«

»Gibt es noch andere Geister, die von Annes Hinübergehen wissen?« frage ich vorsichtig.

Die Antwort kommt prompt: »Norma Jean und Patty.« Ich schaue fragend zu Paula.

»Patty war Anne Kargers Tochter. Sie ist vor einiger Zeit gestorben.«

Paula sieht sehr traurig aus. Ich wundere mich, warum die Leute so über den Tod trauern, wenn sie wissen, daß das Leben weitergeht.

»Wenn einer Ihrer Freunde wegzieht, vermissen Sie ihn dann nicht?« fragt Maria.

»Das ist ein sehr guter Vergleich«, meint Paula.

»Anne trifft andere schöne Seelen«, fährt Maria fort. »Z. B. Judy Garland, und sie freut sich, daß Judy endlich den Frieden gefunden hat, den sie auf Erden nie kannte.«

Wie kann eine Energieform, denn das ist der Geist doch, glücklich oder unglücklich sein?

»In dieser Schwingung sind Gedanken und Energie dasselbe«, erklärt Maria. »Die einzelnen Seelen sind eine Personifizierung des betreffenden Menschen und sterben nie. Bei seinem Tod verliert der Mensch die Begrenzungen von Zeit und Raum, denn der Tod befreit die von der Seele hervorgebrachte Energieform. Aber er projiziert sich und seine Persönlichkeit weiterhin.«

Wie bei der Sitzung bei Mae West bin ich auch jetzt unerträglich müde und habe alle Mühe, meine Augen offenzuhalten. Ich bin gerade dabei einzunicken, als Maria die Augen öffnet und mir ein vielsagendes Lächeln zuwirft.

»Was gibt's da zu lachen?« frage ich.

»Wir nehmen Energie von Ihnen.«

»Wird mir deshalb erst kalt, und dann schlafe ich ein?«

»Sie sind wie ein Medium, deshalb nehmen sie von Ihrer Energie.«

Bevor ich etwas dazu sagen kann, ist sie wieder in Trance.

»Joe, Joe, Joe«, wiederholt sie. »Sie fragt nach drei Joes.« Maria wedelt mit den Händen. »Norma Jean ist hier. ›Joe, Joe, Joe‹, sagt sie. ›Wie geht es ihnen?‹«

»Ich weiß von zwei Joes«, sagt Paula, »Joe Di Maggio und sein Sohn, Joe junior, den mochte sie schrecklich gern. Wer der dritte ist, weiß ich nicht.«

»Wie wär's mit Joe Schenck, dem Boß von ›Twentieth Century Fox‹, der Marilyn mit *Alles über Eva* zum Durchbruch verholfen hat?«

»Oh ja, genau«, erinnert sich Paula, »das war ihr großer Gönner und auch ein guter Freund. Sie haben oft zusammen zu Abend gegessen, wenn Marilyn im Studio fertig war.«

Die nächste Botschaft läßt mich meine schläfrigen Augen aufreißen.

»Sie konnten Normas Energie spüren, nicht wahr? Sie hat ihren Namen für Sie buchstabiert.«

Paula schaut sie ungläubig an. »Nur das Anfang-M.«

»Sonst war nichts?«

»Der Blumenduft.«

Marias Gesicht zeigt ein glückliches Lächeln. »Ja, das sagt sie.«

Warum war dieses Monogramm M und nicht NJ?

»Sie mochte ihren Namen Marilyn Monroe«, sagt Maria. »Sie hat ihn sich selber ausgesucht.«

Paula meint, es sei an der Zeit, nach dem Gerücht zu fragen, wonach Marilyn etwas mit den Kennedys zu tun gehabt habe.

Maria schüttelt traurig den Kopf. »Die Leute reden viel über sie, aber sie möchte damit nichts zu tun haben. Sie achtet die schöne Seele ihres Freundes, und sie ist in Verbindung mit ihm. Sie möchte Frieden haben.«

»Sagen Sie ihr, daß kein Tonband läuft«, erwidert Paula. »Sie kann sagen, was sie will.«

»Sie ist verwirrt. Die Leute sagen, sie hätte Selbstmord begangen, aber es war ein Unfall, wie sie ihn schon beschrieben hat. Sie war dreimal verheiratet und hatte viele Abenteuer, aber der einzige Mann, den sie je geliebt hat, hält sie noch immer in liebevollem Andenken.«

»Das muß Joe Di Maggio sein«, sagt Paula. »Er bringt jedes Jahr Blumen auf ihr Grab.«

Sie fragt nicht nach ihrem dritten Mann, dem Schriftsteller Arthur

Miller, und auch nicht nach ihrem ersten, Jim Dougherty. Aber um Millers Vater sorgt sie sich, für den sie zu Lebzeiten eine echte Zuneigung gehabt hat.

»Sie läßt ihn wissen, daß seine Freundlichkeit ihr gutgetan hat.«
»Was ist mit Miller?«
Es kommt keine Antwort.

»Er hat sie nach ihrem Tod in seinem Stück *Nach dem Sündenfall* auseinandergenommen«, meint Paula. »Und wie ich Marilyn kenne, möchte sie sicher niemanden kritisieren.«

Maria hat einen guten Tag. »Ich sehe sie Arm in Arm mit einem gutaussehenden Mann mit einem Schnurrbart. Es ist Clark Gable.« Sie erhebt aufgeregt die Stimme. »Er starb vor ihr, sagt sie, und das tut ihr leid.«

Marilyn war mit Gable zusammen in seinem letzten Film *Nicht gesellschaftsfähig* aufgetreten. Es gab ihretwegen endlose Verzögerungen. Gable war ungeduldig und verärgert. Er hatte sich bei den Außenaufnahmen übernommen. Seine Frau Kay hat Marilyn nach seinem Herzanfall Vorwürfe gemacht, wie ich mich erinnere.

»Norma Jean verehrte Gable sehr und hätte ihn niemals absichtlich verletzen wollen«, sagt Maria.

Gable, Garland, Jack Petrie, alle sind drangekommen. Aber Norma Jean bleibt merkwürdig schweigsam über die Kennedys.

»Beide sind auf traurige Weise ums Leben gekommen«, sagt Maria, »und das machte sie sehr traurig.«

»Wen meint sie mit beide?«

Maria zögert. »Den Präsidenten der Vereinigten Staaten.«

»Ob das John Kennedy ist?«

»Und der andere?«

Norma Jean bleibt merkwürdig still.

»Sie möchte niemanden verletzen.«

Wie soll es Robert Kennedy verletzen, wenn sein Name genannt wird?

»Sie sagt, sie hat nichts Unrechtes getan. Sie hatte große Achtung vor Präsident Kennedy. Und es ist ihr unangenehm, jetzt über ihn zu sprechen.«

»Sieht sie einen zweiten Mann?« fragt Paula.

»Ich werde sie fragen. Aber ich sehe jetzt nur noch ihren Kopf. Ihre Energie zieht sich zurück.«

»Fragen Sie bloß, wer es war.«

Maria lächelt ein wenig. »Sie sagt, beide waren in Washington, und Sie sollten wissen, wer es war.«

»Kann sie es uns nicht sagen?« frage ich.

»Sie sagt: Sie fragen wie bei einem Verhör. Sie sagt, er sei ihnen im Jenseits wichtig und lieb, und sie wollen, daß ihm seine Stellung erhalten bleibt.«

»Aber er hat diese Stellung doch gar nicht mehr.«

»In den Herzen der Menschen hat er sie noch. Sie war in jemanden verliebt, für den die Menschen große Achtung hatten, und sie möchte seinem Ruf nicht schaden. Sie hat nichts Unrechtes getan.«

Marilyn hatte kurz vor ihrem Tod versucht, den Mann, den sie liebte, telefonisch zu erreichen.

»Hätte dieser Mensch ihr nicht helfen können, als sie einsam und krank war und ein paar ermutigende Worte brauchte?«

»Es meldete sich niemand, als sie anrief, aber an ihrem Tod war nichts Geheimnisvolles. Sie wird nichts sagen, was irgend jemandem im Geiste schaden könnte, genausowenig, wie sie das im Leben getan hätte.«

Und dann kommt ein Hinweis auf das traurigste Kapitel in Marilyns Leben. »Es war ihr sehnlichster Wunsch, ein Kind zu haben«, sagt Maria. »Aber immer, wenn es möglich schien, geschah etwas, um es zu verhindern. Sie sagt, sie hatte kurz vor ihrem Tod eine Fehlgeburt, und das verwirrte sie sehr.«

Über etwas Derartiges war nicht das geringste bekanntgeworden.

Maria seufzt tief. »Sie möchte, daß alle glücklich sind. Das Leben ist im Jenseits besser für sie. Es erscheint ihr jetzt unwichtig, was früher mit ihr geschehen ist. Sie hat kein Bedürfnis, irgendwelche Geheimnisse zu schaffen. Aber die Leute sollen selber herausfinden, was sie wissen wollen. Sie möchte keine Sensationen. Sie hat für ihre eigene Entwicklung das Gute und das Schlechte akzeptiert. Sie hat jetzt neue Ziele, und alles, was vorher war, ist wie ein Traum. Nur eines möchte sie klarstellen.«

Eifrig schauen wir alle zu Maria: »Und was ist das?«

»Ich habe die Tabletten genommen, ohne zu wissen, was ich tat, sagt sie.«

6 Die führenden Geister

Dr. Jussek ließ sich nicht davon abbringen, daß Maria Moreno unter Hypnose noch wirksamer sei. »Ich habe das Gefühl, daß sie dann, wenn alle Sprachbarrieren und Reste des bewußten Denkens ausgeschaltet sind, ein wirklich klarer Kanal wäre.«

Maria hatte gegen eine Rückführung nichts einzuwenden.

»Bringen Sie mich zum Einschlafen?« Sie lächelte belustigt. »Was ist verkehrt an meiner Art einzuschlafen?«

»Nichts«, erklärte der Arzt, »aber ich habe das Gefühl, daß Sie auf diese Weise stärkeren Kontakt mit Ihrer Geisterwelt herstellen werden.«

Maria reckte das Kinn.

»Wieso sollte es so sein?«

Dr. Jussek bemühte sich, es ihr zu erklären, indem er auf die verschiedenen Funktionen des Bewußtseins und Unterbewußtseins verwies. »Normalerweise hat das bewußte Denken sogar in Trance eine gewisse ablenkende Wirkung auf das Unterbewußtsein.«

Er wollte Maria in vergangene Leben zurückführen, um herauszufinden, ob sie möglicherweise in irgendeinem Leben mit ihren verschiedenen Geistführern in Verbindung gewesen war.

»Wenn an Wiedergeburt irgend etwas dran ist«, meinte er, »dann müssen diese Geisterärzte, mit denen Maria arbeitet, meiner Meinung nach irgend etwas mit ihrer eigenen Vergangenheit zu tun haben.«

Dann brachte er Maria, die mit geschlossenen Augen auf ihrer Couch lag, rasch in Hypnose. »Sie sind so tief in Hypnose, daß Sie nicht spüren, wenn ich Sie mit dieser Nadel in den Arm steche.«

Er drückt die Nadel in ihren Arm, und an ihrem entspannten Zustand ist zu sehen, daß sie nichts dabei empfindet.

Jussek wählt nicht, wie manche andere Hypnotiseure, die mit

Rückführung arbeiten, eine bestimmte Zeit aus, sondern vertraut darauf, daß Marias Unterbewußtsein sich automatisch auf ein wichtiges Erlebnis einstellen würde.

»Gehen Sie in ein vergangenes Leben zurück. Sie sind zehn Jahre alt«, sagt er aufs Geratewohl.

Sie bleibt still.

Er wiederholt die Suggestion mehrere Male, bevor sich ihre Lippen bewegen.

Ich beuge mich vor, um mir nichts entgehen zu lassen.

»Fässer«, sagt sie, »Fässer.«

»Was ist mit den Fässern?« fragt Jussek mit einer komischen Grimasse.

»Der Keller ist voller Fässer. Ich habe mich dahinter versteckt.«

»Wie heißen Sie?« fragt er.

Sie buchstabiert den Namen: »H-e-i-d-i.«

»Wie alt sind Sie?«

»Ich bin ein Kind.«

Merkwürdigerweise ist ihr mexikanischer Akzent verschwunden, und ihre Stimme wird klarer, als ich sie je gehört habe.

»Ich wohne in einem Dorf«, sagt sie weiter, »es ist kalt.« Sie schaudert. »Wir wohnen beim Feuer, da ist ein spezieller Hochofen.«

»Sind Sie warm angezogen?«

»Es ist trotzdem kalt.«

»In welchem Land leben Sie?«

»Kroatien.« Sie buchstabiert den Namen des mittelalterlichen Fürstentums im Balkan, das jetzt zu Jugoslawien gehört.

»Wer sind Ihre Eltern?«

»Mein Vater war Russe. Er war kein Kroate.« Sie sagt es mit Stolz in der Stimme. »Er war Weißrusse.«

Sie stöhnt und hält sich die Hände ans Herz. »Lieber Gott, sie haben meinen Vater ins Herz gestochen.«

In ihrer Stimme ist keine Traurigkeit, nur Entsetzen, wie in einem schlimmen Traum. Da unten zwischen den Fässern hat der Mord stattgefunden, und sie hat es entsetzt mitansehen müssen. Sie spielte zwischen den Fässern, als der Mord plötzlich ihr eigenes Leben zu einem Wagnis machte.

Für mich ist besonders interessant, daß sie wieder genau zu diesem Erlebnis zurückgeht. Ich habe oft von Rückführungstherapeuten gehört, daß man sich unter oder auch ohne Hypnose nur an bedeutsame Inkarnationen erinnert. Vielleicht würden wir durch Jusseks Fragen aus jedem erinnerten Erlebnis etwas zu sehen bekommen, das wichtige Auswirkungen auf ihr gegenwärtiges Leben hat.

Jussek ist es als Wissenschaftler natürlich wichtig, die Rückführung in einen genauen Rahmen von Zeit, Ort und Lebensumständen zu stellen. Wenn es allerdings im Universum Zeit und Raum nicht oder nur als Hilfsmittel für die Selbstregulierung gibt, dann können wir keine Bedingungen an ihre übersinnlichen Informationen stellen, sondern müssen sie nehmen, wie sie kommen.

»Es gibt keinen Grund«, meine ich, »warum die Geister sich in eine bequeme kleine Schachtel sperren lassen sollten, nur damit die Techniker es leichter haben.«

Jussek nickt. »Das verstehe ich, aber wir brauchen trotzdem irgend etwas, woran wir uns halten können.« Und so bemüht er sich weiter darum, Fakten zu sammeln, die einen Sinn ergeben.

»Wie alt waren Sie?« wiederholt er.

»Zehn oder elf Jahre. Ich habe meinen Vater nie wiedergesehen. Eine alte Dame hat sich um mich gekümmert.«

»In welchem Jahr war das?«

Sie zögert: »Siebzehnhundertdreiunddreißig.«

Jussek überlegt. »War das Ihr letztes Leben vor dem jetzigen?«

»Nein, nein, da waren noch andere. Aber in jenem Leben ist etwas mit meinem Körper passiert.« Sie stöhnt leise. »Der Friedhof. Sie sagen, meine Mutter sei Kroatin gewesen. Mein Vater hat sie verlassen. Und dann wurde er umgebracht.«

Als Heidi hat sie wirklich Schreckliches durchgemacht: »Sie haben mich für den Rest meines Lebens an Ketten gefesselt und gefangengehalten.«

»Aber warum haben sie das mit Ihnen gemacht?«

»Wegen Geld. Als mein Vater und meine Mutter tot waren, haben sie mich an einem geheimen Ort versteckt gehalten. Sie haßten mich.«

»Und dann haben sie mich umgebracht.« Es ist ein Schluchzen in ihrer Stimme. »Ich habe die Frau gesehen, als sie mich erhängt haben. Es war die Mutter meines Vaters, meine eigene Großmutter. Sie sagten, ich wäre schlecht.«

Jussek schaut mich über die Couch hinweg an. »Sie sehen, was die Leute schon damals für Geld getan haben«, sagt er mit Abscheu im Gesicht.

»Vielleicht existiert das alles nur in ihrem Kopf.«

»Na, irgendwoher ist es gekommen. Das kommt nicht einfach so aus dem Nichts.«

Man kann die Richtigkeit ihrer Aussagen tatsächlich schwerlich anzweifeln, wenn man sieht, wie sie sich während dieses Berichtes dreht und herumwirft, ächzt und stöhnt. Es ist uns unbehaglich geworden, ohne daß wir über irgendeine bedeutsame Verbindung zwischen ihrem jetzigen Leben und der Vergangenheit Aufschluß bekommen hätten. Unbeeindruckt von irgendeiner tragischen Geschichte, die er unabsichtlich ausgegraben haben mochte, fährt Jussek fort, seine Theorie zu überprüfen, daß bestimmte Begabungen und Fähigkeiten von einem Leben ins nächste mitgenommen werden. Bei dem großen Mozart z. B. mußte das bestimmt der Fall sein, sonst hätte er nicht im Alter von drei Jahren klassische Musik komponieren können.

»Hatten Sie zu dieser Zeit irgendwelche übersinnlichen Fähigkeiten?«

Das erscheint mir sehr unwahrscheinlich, wenn ich die tragische Geschichte der Flüchtlingswaisen höre, die sich hinter Fässern versteckt, um ihr Leben vor üblen Erwachsenen, die nach ihrem Erbe trachteten, in Sicherheit zu bringen – so habe ich es mir jedenfalls in meinem Kopf zurechtgelegt.

Unerwartet antwortet sie jedoch: »Ja, aber meine Familie war streng katholisch. Es war Gotteslästerung.«

Jussek scheint ermutigt. »Sie war vielleicht eines von jenen Kindern, die immer unterdrückt wurden, weil sie über Sachen sprach, die sie gesehen hatte. Vielleicht haben sie das zum Vorwand genommen, um sie einzusperren.«

»Zumindest hat sie den Mörder ihres Vaters gesehen.«

Jussek brummt. »Das war nicht übersinnlich.«

Die Fragen haben noch zu nichts geführt, was auch nur andeutungsweise etwas mit Marias Geistführern zu tun hat. Aber Jussek ist geduldig, hartnäckig und, wenn er mit Indirektheit nicht weiterkommt, direkt.

»Hat Pepe irgendeine Bedeutung für Sie?«

Sie schüttelt den Kopf. Dann fragt er nach Clarita, Dr. Dermetz,

Jallikete und den anderen. Die Antwort ist jedesmal dasselbe Kopfschütteln.

»Wie kann sie mit ihnen zusammenarbeiten, wenn sie noch nicht einmal weiß, wer sie sind?«

Ich weise auf das Naheliegendste hin: »Sie hatte vielleicht zu dieser Zeit als Heidi mit keinem von ihnen etwas zu tun.«

Er führt sie weiter in der Zeit zurück, ins fünfzehnte Jahrhundert. Als sie spricht, kommt kaum ein Flüstern. »Es herrscht eine Epidemie. Auf der Straße liegen schwarze Körper, und ich habe die Krankheit auch. Es ist die Pest.«

Maria hat es nicht leicht gehabt.

»Das Leben kann sehr grausam sein«, meint Jussek. Dann fragt er: »Wo ist das?«

»Liebsig«, sagt sie, »in Istrien.«

Das war interessant, denn die ungebildete Maria hat hier ein Stück unbekannte Geschichte berührt. Im Mittelalter, unter moslemischer Türkenherrschaft, hat der Staat Böhmen Serbien, Dalmatien und Istrien umfaßt. Selbst Jussek, der im benachbarten Deutschland zur Schule gegangen ist, weiß nichts von diesem Hintergrund, und auch ich weiß nur davon, weil ich mich kurz zuvor zufällig damit beschäftigt habe. Leipzig hat seinen Namen von dem ursprünglich slawischen Ort Lipsk.

Maria hat die Pest mitgemacht.

»Sind Sie daran gestorben?«

Sie schüttelt den Kopf. »Ich trug nur Narben davon. Ich starb an Altersschwäche.«

»Welche Sprache haben Sie gesprochen?«

»Deutsch.«

Ihr Name ist Teresa, und sie lehrt Astrologie: »Ich lehrte die Symbole.«

Jussek spitzt die Ohren.

Er fragt erneut nach Dermetz, Jallikete, Clarita und den anderen.

Sie schüttelt wieder den Kopf, und ich fange an, mir zu wünschen, wir hätten nie mit diesem Unternehmen begonnen.

»Sie nannten mich eine Hexe«, sagt sie, »aber ich hatte mit Orakeln zu tun. Ich machte den Leuten Prophezeiungen.« Sie gibt einen leisen, kehligen Ton von sich. »Sie haben mich nicht verbrannt wie die anderen«, sagt sie stolz.

Nur wenige Jahre zuvor, noch im fünfzehnten Jahrhundert, hat die Kirche »Ketzer« wie den slawischen Patriotenpriester Jan Hus auf dem Scheiterhaufen verbrannt, und das geschah auch weiterhin mit Hexen und anderen ketzerischen Personen, die das kirchliche Dogma verletzten.

»Wer waren die Feinde, die Sie verbrennen wollten?«

Sie fängt an, sich auf der Couch zu winden und zu stöhnen.

»Die Leute wollten mich verbrennen. Aber der Herzog hat mich gerettet.«

»Welcher Herzog?«

»Der Herzog von Oranien.«

Wir überprüfen das rasch und finden, daß dieser holländische Beschützer der Protestanten in Österreich die bürgerliche Rechtsprechung übernommen und der Verfolgung von Nonkonformisten und Freidenkern durch die katholische Kirche ein Ende gesetzt hat.

»Meine Freunde haben den Prinzen von Oranien dazu gebracht, mir zu helfen, als ich wegen Hexerei gefangengenommen wurde.«

Jussek schaut auf. »Sehen Sie, sie war auch in diesem Leben übersinnlich begabt.«

»Eine Hexe«, sage ich, »eine Vertreterin der Schwarzen Magie.«

Er zuckt die Achseln. »Damals sagte man nicht ›Menschen mit übersinnlichen Fähigkeiten‹, aber sie waren nichts anderes.«

Teresas Vater ist deutscher Arzt gewesen, ein berühmter Protestant, ihre Mutter Italienerin.

»Zumindest ist ihr Vater in diesem Leben ein Arzt«, meint Jussek. »Vielleicht war es sogar Dr. Dermetz.«

»Oder Jallikete.«

»Kaum«, sagt er, »er ist ja Deutscher. Dermetz klingt für mich deutsch.«

Wir entdecken, daß Marias Englisch unter Hypnose nicht nur deutlicher geworden ist, sondern auch ihr Vokabular ist besser, und sie benutzt Wörter, von denen sie sonst nicht einmal die Bedeutung kennt.

Für Jussek ist das nichts Außergewöhnliches. »Schließlich hat sie in der Hypnose sogar Sprachen gesprochen, die sie in diesem Leben nicht kennt.«

»Vielleicht war sie in einem Vorleben Schriftsteller oder Professor«, überlege ich.

»Ich hoffe nicht«, sagt Jussek. »Ich hätte sie gern klar und einfach.

Einfache Menschen sind für Übersinnliches am besten geeignet.«
»Also, Teresa«, sagt er mit schmeichelnder Stimme, »Sie leben noch einmal in dieser selben Zeit. Wie hieß Ihr Vater?«
Langsam kommt: »...Hermann... Hermann...«
»Hermann Dermetz?« fragt Jussek rasch.
Sie schüttelt den Kopf. »Nein, Hermann Wald.«
»Gerade, als ich denke, wir hätten etwas erreicht«, sagt Jussek mit einer widerwilligen Geste.
»Gehen Sie in der Zeit vorwärts«, sagt er, »bis Sie mir sagen können, wer Clarita oder Dermetz waren.«
Sie bewegt den Kopf hin und her, sagt aber nichts.
»Wer war Dr. Dermetz?« fragt Jussek beharrlich.
»Mein Vater.«
»Aber Sie sagten doch, er hieß Hermann Wald.«
Sie scheint zu versuchen, sich zu erinnern.
»Aber später, in einem anderen Leben, war er Dr. Dermetz. Er war zweimal Arzt.«
»Was geschah mit Dr. Dermetz?«
Sie seufzt. »Er starb 1910, bevor ich in dieses Leben geboren wurde.«
Wir wissen, daß Maria 1915 geboren ist. Diese Aussage erscheint also zumindest mathematisch plausibel. Wenn man Reinkarnation und lebende Geister als gegeben annimmt, erinnert sich dann der Geist von Dr. Dermetz an diese Beziehung zu Maria, als er Hermann Wald und sie Teresa ist?
»In ihrem Unterbewußtsein ist das alles so wirklich wie jedes andere Erlebnis«, sagt Jussek, »und es wird deshalb zu einer Realität für sich und erklärt das Wissen und die Persönlichkeit, die sie ihrem Geisterarzt Dr. Dermetz zuschreibt.«
Sie scheint unter Hypnose von einem Leben ins andere zu schweben und immer das Wissen um sich selbst zu behalten.
»Wie haben Sie herausgefunden, daß Dr. Dermetz und Ihr Vater, Hermann Wald, ein und derselbe sind?« fragt Jussek.
»Sie waren nicht ein und derselbe, sondern der eine kam nach dem anderen, und ich wußte, daß er mein Vater gewesen war.«
»Woher wußten Sie das denn?«
»Wir waren gleichzeitig auf der geistigen Ebene, und unsere Seelen waren miteinander in Verbindung. Im Jenseits, in der Seelenwelt, gibt es keine Geheimnisse. Einmal waren wir Vater und Toch-

ter, einmal Mann und Frau und haben zusammen an unserem Karma gearbeitet.«

»Was für ein Arzt war nun dieser Dr. Dermetz?«

»Er war Alchimist. Und er hat viele Leben gehabt, beginnend im alten China mit den elementaren Anfängen der modernen Chemie, wo es zunächst um die Verwandlung niederer Metalle in Gold gegangen ist und darum, die Menschen wieder jung zu machen.«

»Wo ist Dr. Dermetz jetzt?«

»Im Jenseits«, antwortet sie natürlich.

»Sagt er Ihnen, wie das Leben da drüben ist?«

Sie scheint die Frage nicht gehört zu haben.

»Würde er es Ihnen sagen, wenn Sie ihn fragten?«

Sie reckt den Kopf vor. »Ich werde ihn fragen.«

Kurze Zeit sagt sie nichts und scheint sehr konzentriert. Dann antwortet sie in indirekter Rede.

»Er ist bereit, in die Materie zurückzukehren. Er wird seine Arbeit mit dem Medium in ein paar Jahren beenden und sich verabschieden, weil er bereit ist, wieder auf die Erde zu kommen.«

»Kann er sagen, wann und wo er zurückkommen wird?«

»Er sagt, er wird nur noch zwei oder drei Jahre mit dem Medium zusammenarbeiten. Dann muß er in eine andere, fortgeschrittenere Dimension, um sich für seine Rückkehr vorzubereiten, denn er wird sehr gebraucht werden.«

Jussek stellt eine Frage nach der anderen: »Wie wird er in dieser anderen Dimension vorbereitet?«

»Die Meister werden ihn über seine neue Rolle als Helfer der Menschheit unterrichten und ihm sein Abkommen mit dem Schicksal sagen. Er kann nicht wie ein Medium arbeiten, sondern muß seinen eigenen Kanal entwickeln. Er wird neuneinhalb Monate mit einem Meister zubringen, und seine Seele im Jenseits wird in eine Art Schwangerschaftszustand eintreten, um ihr Seelenbewußtsein aufzulösen und sich für den Eintritt in den physischen Körper vorzubereiten. Das hat er mir gesagt.«

»Aber warum muß er dieses Seelenbewußtsein verlieren?«

»Wenn er mit dem ganzen Gewicht aller vergangenen Leben belastet ist, kann er nicht als freies Individuum wirken und sein Karma verarbeiten.«

»Aber er erinnert sich doch an etwas?«

»Die Informationen und die Fähigkeiten, aber nicht die Persönlichkeiten, und er entwickelt sich außerhalb dieser Persönlichkeiten und vervollkommnet sich, bis er nicht mehr wieder zurückkommen muß, sondern als Begleiter des Herrn in der zwölften und höchsten Dimension bleibt.«

Jussek und ich schauen uns schweigend an und zucken die Achseln. Was ist dem noch hinzuzufügen?

Er führt sie jetzt in der Zeit vorwärts, auf der Suche nach Clarita, Pepe, Jallikete und den anderen.

Plötzlich fängt sie an, in einer seltsamen Sprache zu murmeln, die wir niemals gehört haben. Es ist weder Chinesisch noch Japanisch, Russisch oder Griechisch noch irgendeine der romanischen Sprachen oder ihrer Ableitungen.

Sie kommt aus einer nomadischen Hirtenfamilie, die zu einer bestimmten Zeit in Nikosia lebt.

Als sie von Nikosia spricht, lächelt Jussek. »Ja natürlich! Nikosia ist die Hauptstadt von Zypern, und es war eine Zeitlang unter türkischer Herrschaft. Sie hat Türkisch gesprochen. Ist es nicht verrückt?«

Sie selber ist jedoch keine Türkin und ihre Familie auch nicht türkisch. Sie sind mit wandernden Zigeunertrupps von Land zu Land gezogen.

»Da waren viele Zigeuner«, sagt sie, »und nachts saßen wir immer um die Lagerfeuer, um uns warm zu halten.«

Ich sehe Jusseks Augen aufleuchten. »Vielleicht erinnern Sie sich«, sagt er, »Clarita war eine Zigeunerin!«

Er wendet sich wieder an Maria.

»Wie war Ihr Name?«

Sie schüttelt den Kopf. Es würde nicht so leicht sein.

»Wie alt sind Sie?«

Sie zuckt die Achseln. »Wir kamen aus Romany und lebten in Spanien und in Frankreich, in der Nähe von Lyon. Es war um die Jahrhundertwende.«

»Des zwanzigsten Jahrhunderts?«

»Während der Revolution in Frankreich.«

»Ah, die Französische Revolution«, ruft Jussek.

»Erinnern Sie sich an irgendwelche Führer der Revolution?«

Wie soll diese unbekannte kleine Zigeunerin von Robespierre, Danton, Marat und all den anderen wissen?

Überraschenderweise nickt sie jedoch.

»An den Mann, den ich liebe.«
»Wer war das?«
»De la Porteur. Aber er war kein Zigeuner.«
»War er Franzose?«
»Ja, und er liebte mich nicht, weil ich eine Zigeunerin war.«

Es wird nun klar, daß sie nicht über die Französische Revolution spricht, sondern über eine Zeit, die viel früher liegt. Es handelte sich nicht um eine richtige Revolution, sondern um einen Massenaufstand. Sie waren durch Lyon im Süden Frankreichs und durch Paris marschiert, bis vor die Mauern von Notre-Dame, der riesigen Kathedrale mitten in der Seine. Und bei den Freiheitsmärschen des fünfzehnten Jahrhunderts unter der Herrschaft Ludwigs XI. waren sie dem Banner des Demagogen und Dichters François Villon gefolgt. Es war ein Marsch der Bettler gewesen, die Zigeuner voran. Sie mußte unzählige Freunde gehabt haben.

»Erinnern Sie sich an irgendwelche Leute?« fragt Jussek.

Ihr Gesicht wird zu einer Maske. »Es waren viele.«

»Irgend jemand, den Sie als Geist kennen?« drängt Jussek.

Sie verfällt in ein längeres Schweigen. Dann windet sie sich ein wenig auf der Couch und murmelt vor sich hin. »Er war ein kleiner Mann, aber sehr mächtig, zwergenhaft, ein Gnom.«

»Wissen Sie seinen Namen?«

Sie hält die Augen geschlossen, aber ihr Gesicht scheint von einem Lächeln erhellt. Schließlich sagt sie: »Pepe, der Bucklige.« Ihre Stimme nimmt einen verschlagenen und geheimnisvollen Ton an. »Ich muß aufpassen, wenn ich von ihm spreche. Er ist ein starker Mann und versteht keinen Spaß.«

»Und woher kennen Sie ihn?« fragt Jussek.

»Er möchte nicht, daß ich über ihn spreche, denn die Leute haben ihn nicht gut behandelt, und in seinem Leben hat er viel gehaßt. Aber auf der anderen Seite hat er etwas Besseres gelernt.«

»Aber wer war er?«

Sie schmatzt mit den Lippen. »Quasimodo, der Bucklige von Notre-Dame.«

»Sie meinen den Buckligen aus Victor Hugos Roman?« In Jusseks Stimme schwingt Enttäuschung, als sie diese Romangestalt erwähnt.

»Victor Hugo hat diese Figur von einem Quasimodo, den es wirklich gab, genauso wie es den Dichter François Villon wirklich gegeben hat. Nur kennt man den Dichter besser als den Glöckner.

Den Glöckner kennen nur wenige, während der Dichter durch seine Werke vielen bekannt ist.«

»Was war es denn, das diesen Glöckner so weise machte?«

»Als Buckliger hatte er viel zu leiden, und aus dem Leiden hat er gelernt. Er sah die Leute in Notre-Dame, die Priester, die vornehmen Leute, alle, und er sah, wie sie sich benahmen, wenn sie dachten, es sei niemand da. Denn er wurde als niemand betrachtet, und sie beachteten ihn so wenig, als sei er gar nicht vorhanden. Aber er war da, und zum Ausgleich für seine Mißgestalt hat er viel gelernt.«

Das bringt einen anderen interessanten Punkt ins Gespräch. Nach meinem Verständnis der Reinkarnation werden körperliche Unvollkommenheiten nicht von einem Leben zum nächsten übertragen, nur Fähigkeiten, geistige, spirituelle und emotionale Qualitäten und bestimmte auffällige Verhaltensmerkmale. Benjamin Franklin, der an Wiedergeburt glaubte, hatte gesagt, eines Tages würde er in einem neuen Aussehen, mit einer veränderten Persönlichkeit wiederkommen.

Aber Maria hat eine Erklärung.

»Der Astralkörper, der der Träger der Seele ist, materialisiert die geistige Kraft, die Energie; und diese Geistkraft, die nicht die Seele, sondern eine Reflexion davon ist, kann sich in jeder Form, die sie am wirksamsten findet, manifestieren.«

»Und Quasimodo gefällt es, bucklig zu bleiben?«

Sie schüttelt den Kopf. »Um Gefallen geht es dabei nicht. Er möchte als Quasimodo erkannt werden, denn dann wissen alle, wer er ist. Es ist sein Karma, die – wie François Villon es nannte – ›Schweine der Erde‹ auf eine höhere Stufe zu bringen.«

Die Zigeuner waren nicht in Paris geblieben. Vermutlich hießen sie deswegen Zigeuner, weil sie immer weiterzogen. Oder war es andersherum? Jedenfalls war es so, daß Quasimodo blieb und sie ihr Zigeunerleben wieder aufnahmen.

»Wurden Sie verfolgt oder vertrieben?« fragt Jussek.

»Wir zogen von Frankreich nach Spanien hinüber und dann wieder zurück, immer mit Scharen von Zigeunern, und wir sangen und tanzten um die Lagerfeuer.«

»Was machten Sie als Zigeunerin?«

»Ich habe aus der Hand gelesen.«

Jussek schaut mich wieder an. »Drei Leben, und jedesmal hatte sie übersinnliche Fähigkeiten, jedesmal auf eine andere Weise.«

»Aber das sagt uns nichts über ihre Führer«, wende ich ein.
Er nimmt seine Fragen wieder auf.

»Und nach Spanien?«

»Zogen wir zurück nach Romany.« Wir nehmen an, daß sie Rumänien meint, denn Romany ist der (englische, Anm. d. Üb.) Name in der Zigeunersprache.

»Und dann bin ich gestorben.«

»Waren Sie krank, eine Herzkrankheit vielleicht?«

»Ich bin einfach gestorben, an natürlichen Ursachen.«

Ihre Begleiter haben ihr das traditionelle Zigeunerbegräbnis bereitet.

»Sie drehten mein Bett um und sangen Lieder und Gesänge, und sie wendeten die Erde, in der sie mich begruben, elfmal um. Ich sah, wie meine Seele den Körper verließ.«

»Wie können Sie denn ohne Körper, ohne Augen sehen?«

»Wir sehen euch, wie ihr die Insekten seht. Ihr seid groß, und sie sind so klein, daß sie noch nicht einmal wissen, daß ihr da seid, wenn ihr nicht in ihr Leben eingreift. Aber ich sehe ganz weit, mit Energiewellen. Ich habe jedoch meine ganz besondere Tochter vermißt. Wir waren uns in vielen Inkarnationen sehr nahe.«

»Können Sie in der Zeit zurückgehen und mir sagen, wo Sie Ihre Tochter wiedergesehen haben?«

»Wir waren beide Christen, aber damals war sie meine Freundin und keine Zigeunerin.«

»Wann waren Sie wieder Mutter und Tochter?« beharrt Jussek. Er verfolgt einen Gedankengang, den ich nicht verstehe.

»In Siam«, antwortet sie, »im siebzehnten Jahrhundert.«

»Und wie war ihr Name?«

Sie zögert. »Ich habe sie in vielen Inkarnationen gekannt.«

»Aber an welchen Namen erinnern Sie sich?«

Sie schaudert ein wenig.

»Als sie Zigeunerin war. Ich nannte sie Clarita.«

Jussek lächelt. »Dermetz, Pepe und Clarita hätten wir«, sagt er. »Aber ich würde gern mehr über Rampa wissen, er ist der Meister, der mich am meisten interessiert.«

»Vielleicht ist er der Diagnostikmeister«, meine ich lächelnd.

»Erinnern Sie sich an den Meister Rampa?« fragt Jussek lebhaft, jetzt auf sicherem Boden.

»In Sikkim«, sagt sie, »vor langer, langer Zeit. Er war aus Tibet.«

Sikkim, ein winziges Fürstentum im Himalaja von etwa 4500 qkm und 120000 Einwohnern, ist ein paar Jahre zuvor durch die Heirat einer in Boston erzogenen jungen Dame aus bester Gesellschaft mit dem einheimischen Raja bekannt geworden. Es grenzt an Indien, Nepal und Tibet und ist nicht gerade der am leichtesten erreichbare Ort der Welt.

Maria, die Tochter eines wohlhabenden Händlers in Sikkim, hat offenbar vor ihrer Begegnung mit Rampa nichts mit dem Mystischen zu tun gehabt.

»Wo in Sikkim haben Sie gelebt?« fragt Jussek.

Ihre Antwort, die mit einer viel weniger undeutlichen Stimme kommt als gewöhnlich, klingt wie ›Bangkok‹.

»Bangkok liegt in Siam oder Thailand«, sage ich.

»Sie scheint verwirrt«, meint auch Jussek.

Sie wiederholt wieder etwas, das wie Bangkok klingt.

Jussek hat genau hingehört.

»Es klingt mehr wie ›Gangtok‹«, sagt er.

Ich bin bereit, ihr eine Verwechslung zuzugestehen, aber später entdecken wir im Atlas ein Gangtok. Es ist die Hauptstadt von Sikkim.

Die ungebildete Maria hat entweder eine Enzyklopädie verschluckt, oder es gibt in ihrer unterbewußten Vergangenheit, in Jungs kollektivem Unbewußten oder sogar in ihrer reinkarnierten Vergangenheit – wer konnte sagen, wo es wirklich war – ein Sikkim.

Ihre Vorleben scheinen hinsichtlich der Menschen, die sie in jedem Leben gekannt hat, irgendwie zusammenzulaufen, obwohl sie jede Inkarnation zeitlich genau lokalisieren kann.

»Er hat Sie viele Dinge gelehrt, nicht wahr?« fragt Jussek.

Sie nickt. »Er ist noch im Jenseits. Er folgt mir überall hin.«

Bei Jussek meldet sich der Mediziner: »Wie diagnostiziert er eine Krankheit, wie weiß er, daß jemand krank ist?«

»Er war früher Japaner und Chinese und hat bei den Meistern in Tibet gelernt. Er lehrte mich, meinen sechsten Sinn zu öffnen und das Dritte Auge, die Zirbeldrüse.«

»Stellt er auf diese Weise seine Diagnosen, mit Hilfe dieser besonderen Bewußtseinsdimension?«

»In Sikkim hat er mir esoterisches Wissen vermittelt, um für den Zeitpunkt, wenn ich wieder auf die Erde käme, meine Fähigkeiten zu entwickeln. Und wir haben vereinbart, zum Wohle der Menschheit zusammenzuarbeiten.«

»Sie heilen oder diagnostizieren nicht selbst, sondern wirken durch ihn?«

Sie nickt. »Wir haben eine Vereinbarung.«

»Hatte dieser Rampa in irgendeinem Leben eine Verbindung mit Dr. Dermetz?«

Sie schüttelt den Kopf. »Dr. Dermetz war in einem Leben mein Vater. Aber Sie müssen wissen«, ihre Stimme bekommt hier eine besondere Dringlichkeit, »es gibt immer nur ein Leben, durch viele Inkarnationen hindurch. Es ist alles dasselbe Leben, das wächst, voranschreitet oder zurückgeht, je nachdem, was der Mensch tut. So hat Dr. Dermetz ein Leben, und ich habe ein Leben, und in einem Wachstumsabschnitt war er mein Vater.«

»Dann war Rampa auch nicht immer Rampa. Was war er denn noch?«

»Er war Arzt, ein japanischer Arzt.«

»Und wie war sein Name?«

An Jusseks leuchtenden Augen kann ich sehen, daß er die Antwort schon ahnt.

»Dr. Jallikete«, sagt sie leise.

Jussek wirft mir einen triumphierenden Blick zu, und angesichts der Geduld und Geschicklichkeit, die dieses Geständnis erfordert hat, ist sein Triumph wohlverdient.

»Dann haben Sie meditiert und sich konzentriert, mit dem Dritten Auge?«

»Um das Dritte Auge zu beeinflussen. Die übersinnliche Kraft hat dort ihren Brennpunkt, da und im Solarplexus, und sie wird durch Meditation entwickelt, um die Kundalini zu bilden.« Das ist die schlangenähnliche Energiespirale, die die östlichen Mystiker durch disziplinierte Meditation vom Nabel zur Oberseite des Kopfes aufsteigen lassen.

»Was ist das für eine Übereinkunft, von der Sie gesprochen haben?«

»Er sagte, daß ich zurückkommen müsse. Und zum gegebenen Zeitpunkt würde er mich als Kanal benützen, um zu heilen und dafür bereiten Menschen Antworten auf Lebensfragen zu geben.«

»Und sind die Menschen jetzt dafür bereit?«

Sie nickt schnell. »Heute herrscht große Verwirrung, und die

Menschen suchen nach neuen Lösungen.«

»Woher hatte er sein Wissen? Rampa muß sehr bekannt gewesen sein, daß Sie bei ihm lernen konnten.«

»Er hat im Himalaja gelernt, in Tibet.«

»Und warum war das ein so besonderer Ort?«

»Sie wissen dort die Geheimnisse der Einheit des Universums und sind frei von den demoralisierenden Streitigkeiten der Zivilisation.«

»Aber warum der Himalaja?« beharrt Jussek. »Es gibt doch noch andere Gebirge, die Anden, die Alpen, die Rocky Mountains?«

Sie schweigt einen Augenblick. »Als die Flut kam, unter der Atlantis und andere Länder verschwanden, war der Himalaja der höchste Berg, und die Meister zogen dorthin.«

Schon bei Mae West haben wir versucht, durch Maria die Rätsel des Lebens zu erforschen. Und da sie jetzt offensichtlich an eine grenzenlose Welt des Wissens angeschlossen ist, nimmt Jussek das als Zeichen, um eine ähnliche Reihe von Fragen zu stellen.

Ich selber weiß wirklich nicht, welche Gültigkeit ihre Antworten haben. Aber wenn sie in so vielen beweisbaren Dingen recht hat, dann gibt es wenig Grund zu der Annahme, daß ihre Quelle in Abstraktionen, die sich nicht so leicht beweisen lassen, irren sollte.

Jussek war nicht anders als viele von uns. In der Mitte seines Lebens, die so oft desillusionierend und ernüchternd ist, kam er zu der Frage, inwieweit er sich denn in Wirklichkeit von den niederen Insekten unterschied. Ameisen, Bienen und sogar Termiten leben wunderbar programmierte Existenzen, die zuweilen ebenso komplex sind wie unsere. Ist unser Leben in dem universellen Muster in irgendeiner Hinsicht wichtiger als ihres? Denn auch wir sinken ja – wenn man diese Sphäre als Abschluß betrachtet – nach einer bestimmten Zeit in den dunklen Abgrund des Vergessens und hinterlassen kaum eine Spur auf dem Meer des Lebens.

Was geschieht mit den Fähigkeiten, die wir erworben, mit der Liebe, die wir gegeben und empfangen haben, mit dem Kampf des Lebens, mit den Erfolgen und Mißerfolgen, mit Partnerschafts- und Elternfreuden? Was geschieht mit denen, die durch Meditation und Hingabe einen spirituellen Aufstieg bewirkten und dadurch eine Ebene universalen Verstehens und universaler Erfüllung zu erreichen hofften? Wird das alles zunichte, wenn der Körper übers Meer verstreut oder in kalter, feuchter Erde begraben ist?

Jussek glaubte es nicht und ich auch nicht. Die Natur ist zu vorsorgend, um irgend etwas zu verschwenden. Die Lebenskraft – die Energie, der Geist, die Seele –, die uns von den Insekten und anderen Lebensformen unterscheidet, ist wie das östliche Maya, die mystische Substanz der Mutter Erde, ohne Anfang und ohne Ende. Wie die Gotteskraft, die uns hervorgebracht hat, ist sie ein Kontinuum, das wir in seiner Unendlichkeit nicht begreifen können, so wie Insekten das Erdbeben, das sie hinwegfegt, nicht begreifen.

Es ist einfach viel zu groß, als daß man alles auf einmal sehen könnte.

Angesichts der überwältigenden Größe des Lebens und seines Geheimnisses verstand ich die Einfachheit von Jusseks nächster Frage. Sie mußte lächerlich belanglos wirken, ganz gleich, wie man sie umschrieben hätte.

»Wird der Meister uns sagen, was der Sinn des Lebens ist? Hat das Leben nach dem Tod irgendeine Wirklichkeit?«

Maria zuckte die Achseln. »Der Meister sagt, der Tod ist die Wirklichkeit. Wenn wir sterben, wird der physische Körper abgelegt, aber der Astralleib als Träger der Seele lebt weiter, und wir beginnen in einer anderen Dimension das Seelenleben.«

Dieses Seelenleben hat für mich noch immer keine Realität. Was ist denn in dieser angeblichen Existenz mit so einfachen Freuden wie einem Frühstück mit Schinken und Eiern im Kreise von Freunden, der Aufregung eines Fußballspiels, sentimentalen Begegnungen unter Liebenden, der Erregung beim Skifahren oder Autorennen? Soll man das alles als unwirklich ansehen? Ich hoffe nicht. Sich nicht mehr an einem guten Film freuen oder an einem schönen Gedicht oder den Reizen einer schönen Frau? Ist das alles unwichtig?

Glücklicherweise teilt Marias Meister meine Empfindungen.

»Der Tod bereitet uns aufs Leben vor«, sagt sie. »Die Seele entwickelt sich in den anderen Dimensionen mehr, und in dem Maße, wie wir voranschreiten, können wir im nächsten Leben mehr mit uns anfangen.«

Aber Weiterentwicklung ist sicherlich nicht immer die Regel, denn der Antichrist Hitler oder Stalin waren ja kaum ein Fortschritt, verglichen mit Attila dem Hunnenkönig oder Tamerlan.

»Die Entscheidungen, die wir auf der Erde treffen, bestimmen über die Dimension der Seele. Und je höher die Dimension ist, von der aus wir unser Seelenleben beginnen, desto größer ist unser Fortschritt.« Sie schweigt einen Augenblick. »Es kann aber auch eine niederere Dimension werden, wenn das Wort Christi nicht befolgt wird.« Und das ist natürlich: zu lieben, an das immerwährende Leben zu glauben und die Liebe zu Gott über alles zu stellen.

Als pragmatischer Wissenschaftler braucht Jussek sogar für die Seele einen realistischen Rahmen.

»Hat die Seele einen bestimmten Ort, an dem sie ist?« fragt er. »Sind alle Seelen an einem Ort, oder sind sie an verschiedenen Orten? Sind sie z. B. nahe bei ihren Familien?«

»Nein«, sagt Maria, »es ist eine andere Umgebung. Es gibt keine Familienbindungen. Der höchste Meister, Jesus, sagte den Sadduzäern, es gibt im Himmel keine Ehen; alle sind wie Engel. Es würde ja sonst aus vorangegangenen Leben auf der Erde große Familien geben.«

»Weiß die Seele, wann sie wieder in den Körper muß?«

»Je mehr Entwicklung sie noch vor sich hat, desto früher kommt sie zurück.«

»Aber wie findet sie den Körper?«

»Es gibt im Jenseits universale Gesetze, und die Seelen suchen sich ihren Körper aus, wie ein Haus.«

»Es könnte doch auch das falsche Haus sein.«

»Nicht, wenn sie die Gesetze der Reinkarnation befolgen. Das sagt Meister Rampa.«

»Ist er es, der durch Sie spricht?«

Sie nickt. »Die Seele ist noch nicht im Embryo der Mutter, sondern kommt erst herein, wenn das Kind geboren ist.«

Jussek und ich wechseln rasche Blicke. Was ist denn dann mit der Behauptung der katholischen Kirche, daß der Embryo eine lebende Seele sei? Maria, die als Katholikin gegen Geburtenkontrolle ist, wäre sicher entsetzt, wüßte sie, daß sie als Kanal für solche ›Ketzerei‹ dient. Jussek ist auch katholisch, und die Antwort gibt ihm zu denken.

»Wer bestimmt darüber?« fragt er.

»Derselbe Gott, der mit seiner höchsten Intelligenz die Gesetze der Schöpfung bestimmt. Um glücklich zu sein, müssen wir in Harmonie mit diesen Gesetzen leben.«

»Woher wissen wir, welches diese Gesetze sind?«

»Indem wir immer wieder zurückkommen, und indem wir unsere übersinnlichen Kräfte benutzen, die Intuition.«

»Und wie machen wir das?«

»Mit Hilfe der Seelenenergie, des Astralleibes, der alle anderen Astralkörper untersuchen und erforschen kann.«

»Und woher kommt all diese Seelenenergie?«

»Von Gott«, antwortet sie schlicht.

»Und wenn wir uns auf diese universale Energie einstimmen, dann sind wir in einem Zustand der spirituellen Erfüllung, im Samadhi?«

»Richtig«, sagt Meister Rampa.

Jussek geht jetzt aufs Ganze. Genau wie ich hat er als Junge immer gefragt, wer dieser Gott sei, mit dem ihm immer gedroht worden ist. Mit einem leichten Prickeln freudiger Erwartung begrüße ich also seine Frage:

»Was ist Gott?«

»Den fünf Sinnen sind für das Verständnis Gottes natürliche Grenzen gesetzt«, antwortet sie. »Wir versuchen, ihn uns als physischen Körper vorzustellen. Aber Gott ist die universale Intelligenz, die höchste Energie, die nie geschaffen und nie geändert wurde, sondern die immer war. Er ist in jedem Sonnensystem, in jeder Galaxie, denn er ist das Unendliche, das Wort und der Weg. Er ist die erste Ursache aller Dinge. Er ist jener Jahwe, der zu Mose sagte: ›Ich bin, der Ich bin.‹«

Aus dieser Gottheit oder diesem Gottesgeist kommt die universale Energie, mit der die individuelle Energie verschmilzt, um zur Quelle allen Heilens und aller kreativer Kraft zu gelangen. Der Geist ist als eine aus der Seele fließende Schwingung zu verstehen, ähnlich wie Wolken Regen abgeben oder ein Gedanke aus dem Gehirn kommt.

»Mein Meister sagt, der Geist ist in allem, in Tieren und Pflanzen und in der Atmosphäre. Die Seele ist jedoch ein Geschenk, das Gott nur den Menschen gegeben hat, und deshalb sagen wir, der Mensch wurde nach Gottes Ebenbild geschaffen. Gott hat keinen Körper mit Armen, Beinen, Kopf und Rumpf wie ein Mensch. Aber die Seele des Menschen ist eine Spiegelung der Vollkommenheit Gottes. Je näher wir dieser Vollkommenheit sind, desto gottähnlicher sind wir.«

Jussek ist immer noch nicht zufrieden.

»War Gott immer da, oder hat er mit dem Anfang dieser Welt begonnen?«

Ich bin gespannt, was Meister Rampa wohl dazu sagen wird.

»Vor dem materiellen Planeten hat es den unsichtbaren Planeten gegeben. Die Schwingung wurde dafür vorbereitet.«

»Würden Sie Gott als eine Art Schwingung beschreiben?«

Sie antwortet mit einer Gegenfrage: »Können Sie die Schwingung der Elektrizität in den Drähten sehen, die dann Licht hervorbringen?«

Wie Maria sagt: Der endliche Mensch hat es schwer, den unendlichen Gott zu begreifen. Wir haben keinen intellektuellen Bezugsrahmen, an den wir uns halten können. Wir brauchen einen Augenblick klarer Intuition, eine Vision, wie sie Paulus auf der Straße nach Damaskus erlebte, oder vielleicht das Gefühl der Vereinigung im Samadhi, das eine Handvoll östlicher Meister kannten, oder Jesus am Kreuz, der starb, um die Auferstehung und das ewige Leben zu bestätigen. Die Antwort ist vielleicht in der Meditation, darin, daß wir uns auf das uns umgebende Universum einstimmen, um zu erfahren, daß wir eins damit sind. Und in dieser Einheit – nicht in irgendeiner menschlichen Erklärung – liegt die Antwort auf die Frage nach Gott.

»Worte können nicht erklären, wer Gott ist«, sagt Maria.

Unerschrocken verfolgt Jussek den Faden seiner Untersuchung.

»Weiß Gott alles, was in dieser Welt und in jedem von uns vor sich geht?«

Nichts kann die hypnotisierte Gestalt aus der Fassung bringen.

»Gott schwebt im Universum und sieht alles, was geschieht, innen und außen. Wie es in der Bibel heißt: ›Er bemerkt den Fall des kleinsten Spatzen‹.«

»Wenn wir Ihm nahe sein wollen«, fährt Jussek beharrlich fort, »was müssen wir dann tun?«

Es kommt mir vor, als ob ein Lächeln über Marias Gesicht huscht.

»Seinen Gesetzen gehorchen.«

»Wie erkennt man diese Gesetze?«

»Indem wir uns selbst verstehen. In unserem physischen Körper haben wir das Bewußtsein, das unserer Willenskontrolle untersteht, und dann das Unterbewußtsein und das Unbewußte, die in Übereinstimmung mit den göttlichen Gesetzen arbeiten. Verdauung, Atem, Blutkreislauf, Sehen, Schmecken und Hören, all dies geschieht unbewußt und untersteht dem höheren Gesetz. Auch das Unterbewußtsein und das Unbewußte, die die Intuition beherrschen, arbeiten automatisch. Wenn wir unseren Körper gut behandeln, erfüllen wir das Gesetz des Unbewußten und verbessern unsere Gesundheit. Durch Meditation, spirituelles Denken und Arbeit an der Verbesserung unseres Bewußtseins erfüllen wir das Gesetz des Unbewußten. Und das trägt auch dazu bei, die unbewußten Funktionen zu verbessern und steigert unsere Gesundheit und unser Glück.«

Das Gesetz, von dem Maria spricht, scheint das bewußte Denken, den Intellekt, das Lieblingskind der Wissenschaftler und Intellektuellen, nicht sehr hoch einzustufen.

»Das ist das beschränkte Bewußtsein«, erklärt sie, »es sieht nicht weiter als zu seiner Nasenspitze.«

Ich finde, daß Marias Begabung sich mit dem engen Intellektualismus, der in Labors herrscht, messen kann, und bin bereit, ihre Informationen ernst zu nehmen, auch wenn das allem traditionellen Wissen zuwiderläuft. Ich kann nicht mit Sicherheit sagen, daß sie recht hat, aber genausowenig kann ich das Gegenteil behaupten. Und, ganz offen gesagt, kann das ja auch niemand anderer.

Das Rätsel des Lebens auf anderen Planeten, das in dem wachsenden Interesse an unbekannten Flugobjekten (UFOs) zum Ausdruck kommt, kann durch den Intellekt nicht ohne weiteres geklärt werden. Aber Maria ist an das universale Unterbewußte ihrer Geistführer angeschlossen. Und so stellt Jussek eine Frage, die mit der Landung von Menschen auf dem Mond eine neue Realität gewonnen hat.

»Gibt es Leben auf anderen Planeten?«

Sie zögert keine Minute.

»Gott hat nur einen Planeten geschaffen, auf dem es lebende Menschen, wie wir sie kennen, gibt. Der Meister sagt aber, daß wir eines Tages Menschen einer anderen Intelligenz begegnen werden und einer anderen Umgebung, aber das wird nicht in unseren Konstellationen sein.«

Ich verstehe die Antwort so, daß es anderes Leben gibt, aber nicht in unserem Sonnensystem.

»Ist dieses Leben weiter entwickelt als wir?«

»Sie sind spiritueller. Dieser Planet hier ist wie eine Schule, ein Ort zum Lernen. Hier leiden und wachsen wir.«

»Sind wir im physischen oder im geistigen, im Seelenkörper, glücklicher?«

»Außerhalb des physischen Körpers finden wir einen Frieden, der völlig anders ist. Hier haben wir immer nur für eine kurze Zeit Frieden und dann wieder Schwierigkeiten.«

»Gibt es einen Himmel und eine Hölle?«

»Der Meister sagt, sie existieren nur in unserem Kopf.«

»Aber die katholische Kirche sagt doch, daß es Himmel und Hölle gibt«, meint der katholisch erzogene Jussek.

Und die ebenfalls katholisch erzogene Maria antwortet: »Der Meister sagt, das sei zum größten Teil symbolisch gemeint.«

»Wenn Christus von den Dämonen spricht, meint er dann damit auch einen Bewußtseinszustand?«

»Er hat eine Parabel aus dem gemacht, was der Mensch gedanklich und körperlich kreiert.«

Die Symbolsprache des Buches der Offenbarungen hat Jussek, wie zahllose andere, sehr beschäftigt, und er fragt nach der Bedeutung der sieben Siegel.

»Das sind die sieben Chakras des Körpers«, sagt sie, »die sieben heiligen Drüsen: Zirbeldrüse, Hirnanhangdrüse, Schilddrüse, Nebennierendrüse, Thalamus, Solarplexus und Keimdrüsen. Der Solarplexus ist wie die Sonne und strahlt die Kundalinikraft durch vollkommene Konzentration zum Kopf.«

»Wenn wir uns in dieser Weise konzentrieren, was für Veränderungen bewirkt das in den Zellen?« fragt der Arzt.

»In vollkommener Konzentration erreicht man einen Zustand der Meditation, der die Zirbel- und Nebennierendrüsen anregt und das Gehirn öffnet, so wie eine Blüte sich entfaltet.«

Ich werde, was häufiger geschieht, während der Sitzungen schnell müde; meine eigene Energie wird offenbar von dem Medium aufgesogen.

Aber die Neugier treibt mich: »Wie werden diese Leute aus dem anderen Sonnensystem aussehen, wenn wir schließlich da landen?«

Jussek lächelt grimmig, ohne die Frage weiterzugeben. »Woher wollen Sie wissen, daß sie nicht zuerst bei uns landen oder« – seine Stimme wird sehr nachdenklich – »oder daß sie nicht schon hier sind?«

Maria bleibt still und atmet gleichmäßig; unter Hypnose reagiert sie nur auf die Person, die sie in Hypnose versetzt hat.

»Warum haben wir sie dann noch nicht gesehen?« frage ich.

»Sie hat gesagt, sie seien von anderer Intelligenz und aus einer anderen Umgebung. Sie können sich vielleicht sogar unsichtbar machen. Es sind vielleicht reine Energiefelder, die sich nach Belieben materialisieren können.«

»Warum haben sie es uns dann nicht wissen lassen?« spotte ich.

»Vielleicht haben sie das ja getan.«

»Aber bitte, wie denn?«

»Denken Sie an die fliegenden Untertassen.«

»Die gibt es vielleicht nur in der Einbildung von bestimmten Menschen.«

»Das ist es vielleicht, was sie uns sagen will.«

Plötzlich verstehe ich, was er sagen will. Wenn man eine Erscheinung sieht, ist es genauso. Nur der kann sie sehen, für den sie eine Bedeutung hat.

»Aber eines Tages haben sie vielleicht uns allen etwas zu sagen«, sagt Jussek.

Manche Leute meinen ja, daß die fliegenden Untertassen uns vor einer weltweiten Katastrophe warnen, auf deren Ruinen der Friedensfürst zurückkehren und das zweitausend Jahre lang vergeudete Heil bringen wird.

Jussek hat sich wieder an Maria gewandt. »Wird der Messias zurückkommen, um sein Evangelium zu verkünden?« fragt er.

Sie schüttelt den Kopf. »Christus wird nicht als Person erscheinen, sondern er wird den Heiligen Geist schicken, den menschlichen Geist in Gott und den göttlichen Geist im Menschen. Dieser ist das Band zwischen Gott und der Seele des Menschen, und sein Träger ist der Paraklet, der Astralleib.«

»Wie werden wir ihn dann erkennen?«

»Er wird als Christusbewußtsein kommen. Und dann werden wir wissen, daß Er wieder in die Unendlichkeit eingegangen ist, deren Teil Er von Anfang an war.«

»Und woraus besteht dieses Christusbewußtsein?«

Ihre Stimme kommt langsam, aber voller Kraft, und wüßte ich nicht, daß sie unter Hypnose ist, dann erschienen mir ihre Worte wie eine bewußte und eindringliche Bitte um Verständnis.

»Es besteht aus vier Dingen: der Erkenntnis, daß Gott im Menschen und der Mensch in Gott ist, der Läuterung der physischen

Hülle durch Meditation und Liebe, der Kommunikation durch das Individuum, das für die Ausstrahlungen Gottes empfänglicher geworden ist, und der Vereinigung mit der zentralen Quelle aller Kraft, dem göttlichen Vater, den Jesus liebt.«

Ich sehe, daß Jussek sehr beeindruckt ist.

»Ich sage Ihnen, die Frau ist ein Wunder«, sagt er.

Nachdem Maria aus ihrer hypnotischen Trance befreit ist, gähnt sie und setzt sich auf.

»Habe ich etwas gesagt?« fragt sie.

7   »Walking my baby back home«

»Weshalb sind Sie zu Maria Moreno gegangen?« fragte ich. Dottie Colbert hob die Augenbrauen: »Weshalb? Weil ich mit Harry Richman sprechen wollte, deshalb.«

Ich erinnerte mich vage an Harry Richman. Er war der Broadwaysänger und -tänzer, der für Mae West und die Dolly Sisters Klavier gespielt und eine Zeitlang seine eigenen Nachtclubs betrieben hatte.

»Er war der, in dessen Shows die Showleute gingen«, erläuterte Dottie, »und er war der liebste Mensch aller Zeiten.«

»Woher wußten Sie denn so sicher, daß er dasein würde?«

»Wir standen uns sehr nahe. Und nach seinem Tod habe ich seine Gegenwart immer um mich gespürt.«

Sie war als Dorothy Harmony die schöne blonde Tänzerin in Richmans Nachtclubvorstellung, und nach ihrer Heirat mit dem Schauspieler Robert Colbert, dem Star des Fernsehfilms *The Young and the Restless,* hatte Harry ihre Familie buchstäblich adoptiert und sie zu seinen Erben eingesetzt. Es war also kein Wunder, daß sie sich ihm nahe fühlte. Als ich mich jedoch im Colbertschen Haus am Strand von Kalifornien umsah, konnte ich nicht umhin zu sehen, warum Dottie Richmans Gegenwart gespürt haben mußte. Überall standen und lagen Erinnerungen an ihn herum. Das berühmte Harry-Richman-Klavier war da, der berühmte Spazierstock, mit dem er bei einer seiner eigenen berühmten Kompositionen *Walking My Baby Back Home* herumspaziert war, und auch der berühmte Strohhut, den er so freundlich lüpfte. Es gab Schachteln, die von seinen Hunderten von Liedern, von Tagebüchern und Photos mit und ohne die Glitzermädchen, die ihm nachliefen, überquollen, und von vergilbten Zeitungsausschnitten, Berichten über seinen Pionierflug über den Atlantik und zurück, den er kurz nach Lindberghs Soloflug von New York nach Paris mit dem Piloten Dick Merrill unternommen hatte und der damals die Titelseiten der Zeitungen füllte.

Die Menge an Material war ungeheuer. »Sie könnten ja fast ein Buch schreiben«, sagte ich.

Dorothy schaute nachdenklich: »Das hat Harry auch gesagt.«

»Sie meinen vor seinem Tod?«

»Nein, als ich bei Maria Moreno war.«

»Hat er Ihnen auch gesagt, wie Sie es schreiben sollen?« fragte ich halb im Scherz.

»Alles hat er gesagt, nur das nicht«, meinte sie mit einem hilflosen Blick auf die Papiermassen. »Wenn ich nur wüßte, wie ich anfangen soll.«

Ich lachte. »Warum versuchen Sie nicht, die Originalquelle zu Rate zu ziehen?«

»Das ist eine Idee«, meinte sie. »Aber es ist so schwierig, einen Termin bei Maria zu bekommen. Entweder reist sie herum, oder sie ist über Wochen hinaus ausgebucht.«

»Vielleicht können Sie ihn direkt erreichen, Sie spüren ihn doch so nahe.«

Dorothys blaue Augen blitzten: »Sie wollen mich wohl auf den Arm nehmen. Ich spinne doch nicht! Ich habe diese unbegreifliche Nähe zu Harry wirklich gespürt und spüre sie noch. In der Nacht, als meine Mutter starb, am 4. November, auf den Tag genau zwei Jahre nach seinem eigenen Tod, hatte ich in meiner Trauer das Gefühl, daß Harry mir eine Botschaft schickte.«

»Was für eine Botschaft?«

Sie schaute auf das Porträt Harry Richmans, das an der Wand hing. »Dieses Bild fiel aus völlig unerfindlichen Gründen – niemand war in der Nähe – von der Wand.«

Ich schaute sie zweifelnd an: »Und was heißt das?«

»Er wollte mir vielleicht etwas sagen. Ich bin ja schließlich kein Hellseher. Ich habe keine Kanäle, auf die er sich einstellen könnte.«

»Aber was bedeutet ein Bild, das von der Wand fällt?«

»Ich dachte einfach an ihn, daß er Verständnis für mich hatte, daß er wie ein Vater für mich war, so warm, so lieb und freundlich, und das genügte schon, um mich aus meiner trüben Stimmung herauszubringen.«

Wir hatten in ihrem gemütlichen Wohnzimmer mit Blick auf den wogenden Pazifik miteinander geplaudert und waren nur gelegentlich von ihrem sechsjährigen Sohn, der wegen einer Erkältung nicht in der Schule war, unterbrochen worden und von ihrem Mann, einem großen, gutaussehenden Vierziger mit den ersten grauen Haaren, offensichtlich neugierig auf die Tonbandaufnahme der Sitzung, die Dorothy mir vorspielen wollte.

Sie machte sich an dem Tonbandgerät zu schaffen. »Das Band wird der Sitzung natürlich nicht gerecht«, sagte sie. »Es war ein wunderbares und aufregendes Erlebnis. – Du könntest Maria in deiner Show verwenden«, sagte sie, zu ihrem Schauspielergatten gewandt, »sie ist so dramatisch wie nur irgend jemand.«

Sie war zusammen mit der Schauspielerin Mara Corday zu ihrer Sitzung gegangen. Mara war mit dem Fernsehstar Richard Long verheiratet und trauerte noch um den gutaussehenden Schauspieler, der vorzeitig im Alter von 47 Jahren gestorben war.

»Mara war genauso neugierig, ob Richard kommen würde, wie ich wegen Harry, und wir gingen also zusammen mit unseren Tonbandgeräten hin und kamen uns ziemlich komisch vor.«

Sie war nie zuvor bei einem Medium und hatte also keine Ahnung, was sie da erwartete. Und Mara, die angesichts der Möglichkeit, eine Botschaft aus dem Jenseits zu erhalten, in allen Wolken schwebte, war da auch keine Hilfe. Ihre anfänglichen Befürchtungen schienen bestätigt, als die beiden eleganten Damen aus der Glamourwelt die kleine, untersetzte und breitgesichtige Bauernfrau sahen. Aber Maria ließ ihnen wenig Zeit zum Nachdenken über einen eventuellen Rückzug. Sie schaute rasch von einer zur anderen und sagte barsch: »Ich gebe getrennte Sitzungen.«

Dann saß sie Dottie, die nicht wußte, was als nächstes kommen würde, auf ihrem steiflehnigen Stuhl gegenüber und war bald in Trance. Dottie beobachtete verblüfft, wie ihre Stimme, ihr Verhalten, ihr Ausdruck und sogar ihr Körper sich drastisch veränderten.

Dottie mußte nicht lange warten: »Wer ist Harry?« fragt Maria. Sie streckt eine Hand aus, wie um ihn zu berühren, und die Bewegung kommt zu einem Halt, als ob die Hand ihr Ziel erreicht habe. Ihr Gesicht entspannt sich zum ersten Mal, sie lächelt. »Er hat Humor«, sagt sie. Was immer sie da hört, gefällt ihr offenbar.

»Ja«, sagt Dottie, »den besten Humor der Welt. Es gab niemanden, der so einen Sinn für Komik hatte wie er. Deshalb liebten ihn die Leute so.«

Sie unterbrach ihren Bericht und wandte sich zu mir: »Er war der Liebling von Al Jolson, dem Sänger, mit dem er eine Zeitlang zusammengelebt hat, und von Texas Guinan, Walter Winchell, Ed Sullivan, Ruth Etting und all den Broadway- und Hollywoodpersönlichkeiten der dreißiger und vierziger Jahre. Irgendwelche Leute drängten in ihre Aufführungen, die Berühmtheiten standen Schlange vor Harrys Shows.«

Maria verschwendet wenig Zeit darauf, denjenigen, über den sie da lächeln mußte, zu identifizieren.

»Er war ein sehr beliebter Sänger und Tänzer«, sagt sie, »und er hat mit Mae West zusammengearbeitet, nicht wahr?«

Dottie fallen fast die Augen aus dem Kopf. Sie hat keinen Zweifel, daß Harry da ist. Sosehr sie selber Harrys Namen in liebem Angedenken hält, ist ihr doch klar, daß er in den siebziger Jahren mehr oder weniger vergessen war. Wie hätte Maria außerdem auch nur ahnen sollen, daß irgendeine Verbindung zwischen ihr und ihm bestand? Sie hatten noch nicht einmal gemeinsame Bekannte.

Maria zieht ihre schwarzen Augenbrauen zusammen.

»Er sagt mir, er hat Sie in Ihrer Karriere unterstützt.«

»Ich habe jahrelang mit ihm gearbeitet und es sehr genossen«, antwortet Dottie.

»Er hat Sie nicht vergessen«, sagt Maria, »er hat Sie in seinem Testament bedacht.«

»Er hat mir und meinem Mann alles hinterlassen, was er besaß.«

Harry ist offenbar besorgt um das Haus in Santa Monica, das er den Colberts hinterlassen hat. »Wenn Sie es vermieten, sagt er, müssen Sie sich unbedingt einen Mietvertrag unterschreiben lassen. Sie können sonst dabei verlieren.«

Dottie lacht, als sie daran denkt. »Er hat so recht. Ich habe so viel Ärger mit Mietern gehabt, und diese wollten keinen Mietvertrag unterschreiben.«

Er hatte ihnen auch ziemlich viel Wüstenland in Nevada hinterlassen. »In dem Testament wurden Sie und Ihr Mann gleichwertig genannt«, sagt Maria, »und es geht ihm jetzt um den Wüstenbesitz, den er Ihnen hinterlassen hat. Er möchte, daß Sie Freude damit haben. Er liebt Sie beide.«

Dottie sind die Tränen gekommen, noch in der Erinnerung werden ihr die Augen feucht. »Er war mehr als ein Vater für mich. Er hat die ganze Zeit für mich gesorgt und für Bob genauso, und er liebte unsere beiden Kinder abgöttisch.«

Harry denkt auch an Bob Colbert.

»Sagen Sie Bob, er muß mit dem Rauchen aufhören, sonst wird er krank. Sie müssen seine Zigaretten wegwerfen.« Harry ist offenbar allwissend wie so viele der Geister, die durch Maria sprechen. »Er wird große Schwierigkeiten mit seinem Hals bekommen, bis hinunter in die Speiseröhre«, sagt sie. »Er hat da einen Bruch.«

Das sind für einen aktiven Schauspieler schlechte Nachrichten. Und es ist neu für Dottie, denn Bob hat sich nie über irgend etwas Derartiges beklagt.

»Nicht, daß ich wüßte«, antwortet sie fröhlich.

»Wenn er sich nicht gut fühlt, muß er sofort zum Arzt«, sagt Maria.

Bob kam gerade an dieser Stelle durchs Zimmer, stark, braungebrannt und lächelnd. Er sah so fit aus, wie nur irgend jemand aussehen konnte. »Er sieht doch gut aus«, meinte ich mit dem geschulten Auge des Schriftstellers.

»Das meinen Sie«, sagte Dottie. »Eine Woche nach der Sitzung hatte Bob eine Untersuchung, vom Militär aus, und man fand heraus, daß er tatsächlich einen Bruch in der Speiseröhre hat.«

»Und was haben Sie gemacht? Wurde er operiert?«

»Lieber Himmel, nein«, sagte Dottie, »aber er hat, Gott sei Dank, das Rauchen aufgegeben, und zum Schlafen stopft er sich die Kissen so zurecht, daß es seinen Hals entlastet.«

Maria fängt plötzlich an zu stöhnen, und aus ihrem Mund kommen Geräusche, als sei sie in Todesnot. Sie hält sich Kopf und Arm und ruft: »Oh, mein Kopf, oh, mein Arm tut so weh!«

»Sie machte vor meinen Augen den Schlaganfall nach, den Harry erlitten hatte«, sagte Dottie zu mir. »Es war erschreckend, wie lebensecht sie das machte.«

Maria sitzt dann bewegungslos und wie gelähmt, so wie Harry während der letzten Monate seines Lebens dagesessen hatte, bevor er im Alter von siebenundsiebzig Jahren an Krebs starb. Das war vor anderthalb Jahren gewesen. Dottie erlebt jetzt diesen Alptraum noch einmal. Es war erschütternd gewesen, mitansehen zu müssen, wie diese vitale, anziehende Gestalt hilflos an den Rollstuhl gefesselt war. Bis zu seiner letzten tödlichen Krankheit, sogar noch nach dem Herzanfall, den er 1964 erlitt, war Richman fröhlich und nicht unterzukriegen und hatte sich weiterhin in der Öffentlichkeit bewegt.

»Er hat eine sehr starke Schwingung«, sagt Maria, und Dottie kann nur lächelnd beipflichten.

»Nichts interessierte ihn so sehr wie Menschen«, erinnert sie sich. »Eines Abends sind wir mit ihm am Pier von Santa Monica zum Essen gegangen; die hübsche junge Bedienung faszinierte ihn. Er verwickelte sie in ein Gespräch und erfuhr, daß ihr Mann an einem der Nebentische saß. Harry lud ihn ein, an unseren Tisch zu kommen. ›Sie und Ihre Frau sind wirklich ein hübsches junges Paar‹, meinte er. Der Mann war dunkel und schlank und sah bemerkenswert fit aus, und seine Frau war quirlige siebenundzwanzig. Aber der Mann sah Harry an, der damals weit über siebzig war, und sagte: ›Ich wette, daß ich älter bin als Sie, Mr. Richman.‹ Seine Frau lehnte sich hinüber und küßte ihn zärtlich.

Harry Richman lachte ungläubig: ›Das ist ja wohl nicht Ihr Ernst? Ich hab' Halstücher, die sind älter als Sie!‹

Woraufhin der Mann mit einem zärtlichen Blick zu seiner Frau sagte: ›Ich bin siebenundsiebzig.‹

Nach einer langen Pause sagte Harry: ›Das müssen Sie mir beweisen.‹ Sie hätten sein Gesicht sehen sollen, als der Mann ihm seinen Führerschein zeigte. Er war tatsächlich siebenundsiebzig.

Harry rückte ein Stück von ihm ab und schaute den Mann lange an. ›Wie machen Sie das?‹

›Yoga‹, sagte der Mann, beugte seine Arme und streckte sich auf dem Stuhl, ›zweimal täglich Yoga.‹

Ein paar Tage später war Dottie in Harrys Wohnung und kochte für ihn, und sie bemerkte, daß der Kühlschrank voller Joghurt war.

»Was machst du denn mit all diesem Zeug?« fragte sie.

»Essen«, sagte er mit schiefem Gesicht. »Ich dachte, es könnte vielleicht das gleiche mit mir machen wie mit diesem anderen alten Kerl.«

Dottie mußte sich vor Lachen hinsetzen.

»Yoga, nicht Joghurt«, rief sie. »Das ist ein indisches System von geistigen und körperlichen Übungen.«

»Gott sei Dank«, sagte Harry, »ich hätte nicht noch einen Löffel davon ertragen.«

Nach dieser Geschichte schaute Dottie mich mit feuchten Augen an und sagte mit belegter Stimme: »So jemand darf doch nicht tot sein? Er muß leben!«

Jeder Tote, den ich bisher gesehen habe, sah sehr, sehr tot aus.

»Ich weiß, daß er in Marias Raum bei mir war«, sagte Dottie atemlos und stellte, um ihre Worte zu unterstreichen, das Tonbandgerät wieder an. Ich hörte Maria mit ihrer volltönenden Stimme sagen: »Er sagt mir, daß Sie die Sachen zusammenstellen und die Geschichte seines Lebens aufschreiben sollen. ›Sagen Sie ihr, sie soll es tun, bevor die Leute mich vergessen‹, sagt er. Sie müssen dieses Buch schreiben, denn er hat Ihnen all seine Papiere und Dokumente, Briefe und Notizen hinterlassen; Sie können also anfangen.«

Dottie ist in Gedanken schon einen Schritt weiter: »Wenn wir einen Film darüber machen würden«, sagt sie, »wer würde die Hauptrolle spielen?«

Marias Stimme verrät ein Lachen. »Er lacht und sagt: ›Nimm nicht Jimmy Durante. Such irgendeinen gutaussehenden jungen Mann für die Rolle. Das überlaß ich dir.‹«

Der Komödienschauspieler Jimmy (Schnozzola) Durante war ein alter Freund von Richard gewesen, und Durantes komisches Auftreten als Harry Richman war lange Zeit ein ständiger Witz zwischen den beiden.

Dotties neunjährige Tochter Cami kam herein, um auf dem Klavier, das Harry ihnen geschenkt hatte, zu üben, aber ihre Mutter winkte sie noch für ein paar Minuten hinaus. Ich sah mich um und bewunderte die Sammlung von Spazierstöcken; einer, der wie ein knorriger Eichenknüttel aussah, gefiel mir besonders.

»Dieser ist ein Geschenk des großen schottischen Komödianten Harry Lauder an Harry, ein Zeichen seiner Verehrung.«

Wieder stiegen ihr Tränen in die Augen, und sie rieb mit der Hand über einen blauen Saphirring an ihrer Hand.

»Was für ein schöner Ring«, meinte ich.

»Er ist eine Erinnerung«, sagte sie und schaute den Ring nachdenklich an. »Harry hat ihn mir geschenkt, und Maria sagte, daß er ihn segne und mir sagen ließe, ich solle ihn in schwierigen Zeiten tragen, dann bekäme ich Hilfe.«

Sie bemerkte meinen zweifelnden Blick.

»Ich glaube, es war als ein Zeichen gemeint«, sagte sie.

Erstaunlicherweise hatte Harry gewußt, daß sie den Ring bei der Sitzung nicht am Finger trug.

»Harry möchte wissen, wo sein Ring ist«, hatte Maria gesagt.

»In meinem Geldbeutel«, antwortete Dottie.

»Er möchte, daß Sie ihn an die rechte Hand stecken.« Mit etwas zitternden Fingern gehorchte sie. »Gut, und jetzt strecken Sie Ihre rechte Hand aus. Er segnet den Ring, und wenn Sie in Schwierigkeiten sind oder für irgend etwas Hilfe brauchen, dann denken Sie daran, den Ring zu tragen.«

Es ist Clarita, durch die Maria Kontakt mit der Energie aufgenommen hat, die sich als Harry Richman vorstellt. Er scheint es nicht eilig zu haben und gibt außer persönlichen Ratschlägen auch noch ein paar philosophische Weisheiten von sich.

»Er hatte Interesse an Menschen aller Glaubensrichtungen«, sagt Maria. »Es war ihm gleich, welcher Religion irgend jemand anhing, und das ist immer noch so.«

»Er war fast genauso Christ wie Jude«, sagt Dottie. »Er ging oft zur Messe und besaß einen Rosenkranz, den Kardinal Spellman ihm nach seinem Transatlantikflug mit Dick Merrill geschenkt hatte. Als er im Sterben lag, waren zwei befreundete Priester bei ihm. Er war der Taufpate meiner Tochter. Und auf sein Grab setzten wir die Inschrift: Geliebter Bruder, Pate, Freund.«

Maria läßt das eine Weile auf sich wirken und sagt dann, als ob sie es gerade gehört habe: »Seine Eltern waren russische Juden. Er sagt einiges über das russische Volk. Er ist eine schöne Seele.«

Maria schließt nun die Augen und schaudert ein wenig. »Er wollte nicht in der Erde begraben werden«, sagt sie. »Er wünschte sich eine Gruft.«

»Stimmt«, sagt Dottie, »deshalb haben wir eine überirdische Gruft für ihn besorgt. Ich bin froh, daß er das weiß.«

Der Sänger hat offenbar mehr Glück als manch anderes Geistwesen, denn er steht im Jenseits in Kontakt mit anderen befreundeten Geistern.

»Sie kennen Al Jolson«, sagt Maria, auf den berühmten schwarzen Jazzsänger anspielend.

»Sie haben eine Weile zusammengelebt«, antwortet Dottie.

Maria nickt. »Sie singen gerade zusammen. Ich kann ihre schönen Stimmen hören.«

Jack Benny, ein anderer guter Freund, ist auch da. Er ist vor kurzem zu ihnen gestoßen, und in dieser Broadway-Walhalla, wo sich offenbar die Elite trifft, sind sie miteinander verbunden.

Aber es ist nicht wie hier auf Erden: »Wir denken dabei an einen Freundeskreis, aber dort kommunizieren sie aus der Entfernung, oder uns käme das jedenfalls als eine Entfernung vor.«

Dottie schaut auf ihren Ring und erinnert sich jetzt an ein weiteres Zeichen, das sie vor nicht allzulanger Zeit empfangen hat.

»Fragen Sie Harry, ob er im November, nach dem Tode meiner Mutter, bei mir im Haus war«, sagt sie.

Maria nickt weise. »Er sagt, er wird Ihnen immer wieder von Zeit zu Zeit Zeichen geben.« Plötzlich setzt sie sich aufmerksam auf. »Beugen Sie sich vor«, flüstert sie, »und berühren Sie seine Hand. Haben Sie keine Angst. Er hält sie Ihnen hin.«

Dottie streckt wie hypnotisiert vorsichtig ihre Hand aus und ist dann sehr aufgeregt, als sie spürt, wie ihre Hand warm ergriffen und gedrückt wird, genauso, wie Harry es oft in einem zärtlichen Augenblick getan hat.

Diese Erinnerung war zuviel für Dottie. Sie stellte das Tonbandgerät ab und schaute mich mit nassen Augen an. »Ich kann Ihnen nicht beschreiben, was das für ein Gefühl war«, sagte sie, »aber die Hand, die meine so warm drückte, fühlte sich genau wie Harrys Hand an, und ich konnte die Liebe und Zärtlichkeit in seiner Berührung spüren.«

Die mächtige Kraft der Suggestion, die leicht hypnotische Wirkung der Sitzung mit einem starken Medium, Dotties eigene Beeindruckbarkeit und ihr Wunsch, daran zu glauben, konnten bei Dotties Wahrnehmung mitgespielt haben.

Sie wehrte sich gegen diese Mutmaßung. »Ich habe es gespürt, wirklich«, beharrte sie. »Ich hatte es nicht erwartet. Es war verrückt, und ich bin wirklich niemand, der Geister sieht. Außerdem war es mitten am Tag, halb zwei, und ich hatte vorher nur eine Tasse Kaffee getrunken.«

Harry war nie einer gewesen, der noch lange verweilte, wenn er gesagt hatte, was zu sagen war. Bevor noch irgend jemand ›Harry Richman‹ sagen konnte, war er verschwunden, jedoch nicht, ohne eine Abschiedsbotschaft zu hinterlassen.

»Er sagt, liebt einander, glaubt an Gott und an die Religion.«

Daran war sicher nichts verkehrt, und für die praktizierende Katholikin Dottie kam das sicher genau richtig.

Worüber ich mich ein wenig wundern mußte, war die enge Verbindung, die Dottie zu diesem beträchtlich älteren Mann hatte und die offensichtlich bis zu seinem Tode und noch darüber hinaus anhielt. Dorothy hatte sich auch gefragt, was es damit auf sich hatte, und Maria, in Verbindung mit ihrer Geistführerin Clarita, hatte eine sehr einfache Erklärung gegeben:

»Sie waren zwar keine Seelenpartner, aber er war in einem vergangenen Leben Ihr Vater, und als Sie ihm wiederbegegnet sind, hat sich Ihr Unterbewußtsein daran erinnert, auch wenn Sie bewußt keine Erinnerung hatten.«

»Bleiben Sie dieser schönen Seele nahe«, fuhr sie fort, »dann werden Sie immer etwas Gutes haben, an das Sie sich erinnern können. Sie müssen verstehen, daß das Leben hier sehr kurz ist und daß Ihre große Aufgabe in der Zukunft sein wird, an das Jenseits zu glauben. Sie können sicher sein, daß diese schöne Seele Sie oft besuchen wird.«

Ich dachte darüber eine Weile nach. »Wenn Sie all das glauben, dann müssen Sie sich an das Buch machen, das Sie für Harry schreiben sollen«, meinte ich. »Und Sie könnten dabei sehr wohl von ihm geführt werden.«

Ich erzählte ihr, wie mich um ein Uhr morgens ein Medium angerufen hatte, um mir zu sagen, daß Edgar Cayce zu ihr gekommen sei, um seine Freude darüber zum Ausdruck zu bringen, daß ich ein Buch über ihn schreiben wollte. Ich hatte darüber erst am selben Nachmittag mit meinem Verleger gesprochen. »Er wird Ihnen beim Schreiben helfen«, sagte sie mir. Man mag das Suggestion nennen, aber ich schrieb das Buch *Der schlafende Prophet* in drei Wochen, und es kletterte sofort in die obersten Ränge der Bestsellerlisten.

»Ich bin aber kein Schriftsteller«, sagte Dorothy.

»Sie werden schon einen Weg finden.«

Harry hatte wirklich die Szene beherrscht. Ich wunderte mich, daß mit Dotties leiblichen Eltern, denen sie, wie sie sagte, sehr nahestand, keine Verbindung zustande gekommen war.

»Doch, es gab eine«, versicherte sie. »Ich bin dann bei Harry hängengeblieben, weil ich seine Gegenwart spürte und weil ich mich fragte, was ich mit all dem Material, das er mir hinterlassen hat, tun sollte.«

Sowohl ihr Vater William – aus irgendeinem Grund wurde er Charlie genannt – als auch ihre Mutter Anna waren erschienen, allerdings nicht zur gleichen Zeit.

Annas Erscheinen war wirklich dramatisch gewesen.

»Riechen Sie den wundervollen Duft, den sie Ihnen schickt«, sagte Maria.

Ich schaute Dottie fragend an und bemühte mich, jede Ironie aus meiner Stimme fernzuhalten: »Wo sollte der denn herkommen?«

Sie nickte heftig: »Vielleicht fang' ich an zu spinnen, aber da war plötzlich ein Duft im Raum. Es roch nach Gardenien, das ist mein liebster Duft.«

Bei Paula Petrie und Marilyn Monroe waren es Nelken und nun Gardenien, eine Blume, die mich immer an den übersättigenden Geruch bei Begräbnissen erinnerte.

Warum sollten Geister, wenn sie sich als Erscheinungen und dergleichen manifestieren konnten, nicht auch durch dasselbe Prinzip in der Natur die bioenergetischen Faktoren reproduzieren, die zu diesem Phänomen führten?

Der Duft hing noch im Raum, als ihr Vater kam. Er hatte zunächst nicht viel zu sagen, wie es vielleicht seinem Charakter entsprach. Dottie war es genug, daß er überhaupt kam, und sie nahm an, daß er in derselben Sphäre sei wie Harry und ihre Mutter.

»Ihr Vater ist hier«, sagte Maria, »er weiß, daß Sie sehr sensibel sind und in letzter Zeit viel durchgemacht haben. Sie müssen aufpassen, daß Sie sich nicht nervös machen.«

Ich schaute Dottie jetzt fragend an. Sie erschien mir sehr normal, blond und schön, mit einem Mund, der schnell zu einem Lächeln oder Lachen bereit war.

»Ich habe wirklich einiges durchgemacht«, sagte sie. »Meine Mutter ist gestorben, und Harry ist gestorben, und dann starb mein Vater, wirklich einer nach dem anderen. Ich habe sie schrecklich vermißt und saß dauernd nur da und weinte. Aber jetzt, seit der Sitzung mit Maria, scheint es besser zu gehen. Ich bin ruhiger und fühle mich ihnen allen näher.«

»Sie kümmern sich um Sie«, hatte Maria abschließend gesagt, »das sagen sie mir. Sie werden Sie immer beschützen.«

Es war für Dottie ein unvergeßliches Erlebnis. Als sie aus dem kleinen Raum, in dem sie mit Maria allein gewesen war, herauskam, schaute sie ihre Freundin Mara an und atmete tief aus. »Erstaunlich«, sagte sie, »absolut erstaunlich.«

Mara hatte voller Spannung gewartet. Ihr Mann, Richard Long, war kurz zuvor gestorben, und zu Hause lagen, wohin sie schaute, Erinnerungen an ihn. Sie steckte in vielen Schwierigkeiten – was mit dem Besitz zu tun war, die Kinder ohne den geliebten Vater, und was sie selber tun sollte. Am meisten fragte sie sich jedoch, was mit

Richard selber sei. Sie selber war in den fünfziger und sechziger Jahren eine bekannte Schauspielerin gewesen, hatte sich jedoch nach ihrer Heirat mit dem erfolgreichen Fernsehdarsteller vom Bildschirm zurückgezogen. Richard war für Hollywood ein Phänomen – ein Schauspieler, der arbeiten konnte, wann immer er wollte. Er war in vielen Fernsehserien aufgetreten, u. a. in Barbara Stanwycks *Big Valley*, aber er lehnte mehr Rollen ab, als er annahm. Er schien dem Leben sehr wenig abzugewinnen.

Es war Maras einzige Ehe gewesen. Long war zuvor mit der Schauspielerin Susan Ball verheiratet, die an Knochenkrebs starb. Ihr früher Tod schien ihn sehr mitgenommen zu haben. Er selber starb ziemlich früh, im Alter von siebenundvierzig Jahren an einem Herzversagen.

»Er schien sich den Tod zu wünschen«, erinnerte sich Mara, »aber an ein Leben nach dem Tod glaubte er nicht. Er sagte immer: ›Gestorben ist gestorben.‹«

Mara, religiös eingestellt, glaubte, daß es mehr zwischen Himmel und Erde gebe, als der Mensch erkennen könne. »Ich wollte einfach wissen, ob Richard wohlbehalten auf der anderen Seite angekommen sei und ob es ein leichter Übergang war, da er nicht die Gewißheit hatte, daß es nach dem Tode noch etwas gibt.« Die Sitzung beeindruckte sie über alle Erwartung. Das Tonband von Marias Sitzung war für sie so etwas wie eine Verkörperung Richards. Als sie es einmal eine Zeitlang nicht finden konnte, geriet sie fast in Panik, denn es bedeutete für sie eine sehr wichtige und lieb gewordene Kommunikation.

Maria und ihre Führer hatten sich offenbar perfekt auf ihn eingestimmt. In jedem Wort oder Ausdruck und auch in seinem Aussehen und Verhalten war er genau der freimütige, oft barsche und energische Mann, der dazu beigetragen hatte, ihre Ehe zu einem bei aller Liebe stürmischen Unternehmen zu machen.

Wie so häufig hat Maria gleich zu Anfang den Namen der erwünschten Person aufgegriffen. »Sie hat Richard gleich erwischt«, erinnerte sich Mara. Maria lächelt, als sie fragt: »Sie wollten ihn verlassen?«

»Hundertmal wollte ich das«, lacht Mara. »Wir haben uns immer über irgend etwas gestritten.«

Maria runzelt die Stirn, als ob sie zwei Stimmen zuhört. »Ja«, meint sie dann zustimmend, »er ist auch jetzt wütend. Ich höre ihn ärgerlich sagen: ›Was interessieren mich Kleider?‹«

Mara muß trotz der feierlichen Situation lachen. »Das ist wirklich genau Richard«, sagt sie. »Ich hatte mich nämlich gefragt, was ich mit seinen Anzügen machen soll. Er hatte vor kurzem zwölf Anzüge bekommen, die er bei einem seiner letzten Filme trug. Aber es war typisch für ihn, daß er praktisch immer in derselben bequemen alten Cordhose herumlief.«

Wie auch bei anderen Kontakten ist es Maria – oder dem Geist – ein Anliegen, dem Fragenden Sicherheit darüber zu verschaffen, daß am anderen Ende der Verbindung tatsächlich sein lieber Verstorbener sei. Richard sorgt offenbar dafür.

»Ich soll Ihnen sagen, er sei froh, daß Ihnen endlich das Geld von der Veteranenbehörde überschrieben worden ist.«

Maras Erstaunen ist offensichtlich. »Das war wirklich eine Familienangelegenheit«, sagt sie, »und es hatte eine Weile gedauert, bevor einer von Richards Angehörigen mir die notwendigen Papiere überschrieben hat. Richard war Scharfschütze in der Armee«, fügt sie stolz hinzu, »aber er konnte nie irgend etwas töten.«

»Sie heben immer noch seine Golfsäcke auf, sagt er.«

»Ja, im Schlafzimmer.«

»Er hat eine kleine Narbe neben dem Auge.«

»Ja, kaum sichtbar«, sagt Mara zustimmend.

Wie manchmal im Leben lagen auch hier das Erhabene und das Lächerliche nicht sehr weit auseinander. Das Gespräch sprang ohne sichtbares Muster ziellos von einem Thema zum anderen. Das Medium sprach nun über den letzten Kampf des Schauspielers in den Tagen vor seinem Tod, dem er gern entgegensah. Das Leben war für ihn nicht besonders froh oder sinnvoll. Und er beklagte sich auch nicht, sondern machte eher eine Bestandsaufnahme der letzten Tage, damit sie wissen sollte, daß der Tod eigentlich ein Segen war.

»Er spricht von Rückenschmerzen«, sagt Maria, »die Nieren funktionierten plötzlich nicht mehr, und die Arterie in der rechten Herzkammer auch nicht.«

»Das stimmt alles«, sagt Mara.

»Kurz vor seinem Tod hatte er Schmerzen an seinem Auge.«

»Ja, er hatte die Hornhaut aufgekratzt, und das war sehr schmerzhaft.«

Maria setzt die Bestandsaufnahme fort. Chronische Rückenschmerzen wirkten sich auf sein Bein aus. Er litt an Arteriosklerose, und man hatte ihm gesagt, daß er noch drei Jahre zu leben hätte.

Wer anders als Richard hätte seine eigenen Symptome so gut kennen sollen?

Maras dunkles Gesicht ist starr vor Staunen.

»Das stimmt ganz genau«, sagt sie.

Maria beschreibt detailliert sein Sterben. »Während seiner drei letzten Lebensjahre mußte er in halb sitzender Stellung schlafen und wegen der Flüssigkeit in seinen Lungen ein Sauerstoffgerät griffbereit haben.« Ihre Stimme kommt röchelnd und stoßweise. »Er konnte kaum atmen«, sagt sie, seinen Todeskampf darstellend. »Aber er beklagte sich nie, sondern machte bis zum Schluß Witze.«

»Ja«, sagt Mara, »er war sehr tapfer. Kurz vor seinem Tod wandte er sich zu mir und sagte lächelnd: ›Die Vorstellung ist fast zu Ende.‹«

Von den letzten Tagen seines Todeskampfes war es kein großer Sprung zu seinem Tod und Begräbnis. »Es hat ihm gefallen, daß sie seine Asche über den Pazifik verstreuten«, sagt Maria.

Wenn der Leichnam verbrannt werde, fügte sie hinzu, blieben Geist und Seele nicht lange an die Erde gebunden. »Nach der Verbrennung des Körpers ist die Seele frei und bleibt der Erde nicht so lange verhaftet, als wenn der Körper begraben wird.«

»Ja, er wollte verbrannt werden«, sagt Mara. Er hatte jedes Detail ganz genau festgelegt. »Richard hat sein Begräbnis in seinem Testament ganz genau geplant, bis zu einer Totenfeier im Hause der Colberts. Er wollte seinen Freunden einen Drink spendieren. Und es waren über hundert Leute da.«

Der Schauspieler hatte sich nicht vor dem Tode gefürchtet. Seine Philosophie war einfach, wenn auch etwas intellektuell. Er glaubte, daß alle eine kurze Zeitlang hier auf Erden weilen und daß wir es uns deshalb so schön wie möglich machen und alle Vergnügen, die sich auf dem Weg bieten, mitnehmen sollen. Mit dem Tod sei die Reise in seligem Vergessen beendet.

Mara, die an Gottes Willen und an Wiedergeburt glaubte, befürchtete für Richard ein rauhes Erwachen.

»Hatte er einen guten Übergang?« fragt sie.

Maria legt in der für sie typischen Weise den Kopf schief: »Er sagt, es war wie ein Versinken in tiefe Bewußtlosigkeit, ein Schweben im Raum, wunderbar glücklich und friedlich und ohne Schmerzen. Seine Seele ist jetzt weit weg von seinem Körper.«

Sein Körper war natürlich über das Meer verstreut, aber vor seinem Entschluß, sich einäschern zu lassen, hatte er ein mit bunten Blumen geschmücktes Grab in Erwägung gezogen.

»Er liebt Blumen«, sagt Maria, »Stiefmütterchen.«

»Das waren die einzigen Blumen, die er mochte«, stimmt Mara zu.

Sie spielt einen Moment lang nervös mit ihren Händen und zögert, in einem so gewichtigen Moment egoistische persönliche Fragen zu stellen.

»Hat er irgendeine Botschaft für mich?« fragt sie dann doch. »Manchmal weiß ich wirklich nicht, was ich tun soll.«

Richard ist offenbar in hilfsbereiter Stimmung.

»Mach dir nicht so viel Sorgen«, sagt er. »Du bist zu nervös. Und weine nicht. Dadurch verlierst du Energie und machst dich krank.«

»Er sagt, wenn Sie weinen, muß er auch weinen.«

Mara versprach, sofort ihre Tränen zu trocknen.

»Trauere nicht um mich«, sagt die Stimme, »lebe dein eigenes Leben. Sei realistisch. Zu gegebener Zeit wirst du einen guten Mann finden, der für dich sorgt.«

Mara schüttelt ungläubig den Kopf. »Ich sorge für mich selber.«

»Sie haben jetzt noch keine Pläne, aber wenn Ihre Kinder älter sind, werden Sie bereit sein, Ihr eigenes Leben zu leben. Er weiß es.«

Sie verzieht ein wenig das Gesicht. »Nein, danke. Richard reicht mir für den Rest meines Lebens.«

»Und er möchte, daß Sie wieder arbeiten und sich beschäftigen. Sie werden Erfolg haben.«

Mara ist im Zweifel, ob sie nach so langen Jahren ihre Berufslaufbahn wieder aufnehmen soll.

»Wer würde mich denn wollen?« fragt sie.

Aber Richard ermutigt sie: »Die Türen werden sich öffnen.«

So rief sie später einen Hollywoodagenten an, Alex Brewis, und sagte ihm, sie wolle wieder zum Film zurück.

Richard schien die Wende herbeigerufen zu haben. Sie wurde fast wie im Handumdrehen für einen Kurzfilm in der *Joe-Forrester*-Fernsehserie engagiert, und andere Engagements standen in Aussicht. Die Leute wurden wieder auf sie aufmerksam gemacht, ohne daß sie sich dafür anstrengen mußte.

Sie hatte eine Talkshow mit Johnny Carson gesehen, in der Don Rickles den Fernsehschauspieler damit aufzog, wie fürchterlich sein

Kriegsdienst gewesen sein mußte. Carson spielte lachend mit: »Ich lag in meiner Koje herum und schaute mir Pin-up-Photos von Mara Corday an.«

Mara spürte plötzlich eine Welle neuer Hoffnung und merkte, daß sie noch nicht aus der Welt war. Irgendwo da draußen hatten die Leute Interesse an ihr, so wie Richard es gesagt hatte. Es war sehr gut für ihr Selbstbewußtsein.

Es gab noch einige praktische Ratschläge.

»Richard sagt, Sie sollen das Haus nicht gleich verkaufen, sondern es noch behalten, bis Sie in aller Ruhe entscheiden können, was Sie machen wollen. Gehen Sie sicher, daß alles, was das Haus betrifft, rechtmäßig geregelt ist, und passen Sie mit seinem Versicherungsgeld auf.«

Das klingt so sehr nach Richard, daß Mara lachen muß. »Er glaubte nie, daß ich irgend etwas richtig machen könnte.«

Richard ist auch besorgt, daß sich zukünftige Erdbeben in Kalifornien auf seine Familie auswirken könnten. »Er befürchtet, daß ein Landrutsch die Befestigungsmauer hinter dem Haus zerstören und Risse in die Wände und Fußböden machen könnte. Sie brauchen nur daran zu denken, wie es das letzte Mal war, sagt er.«

Mara nickt nachdenklich. »Wir hatten wirklich vor ein paar Jahren einen Erdrutsch, und dabei ist der Hügel hinter unserem Haus in unseren Hinterhof gerutscht.«

»Sie werden das Haus in Encino zu gegebener Zeit verkaufen, aber lassen Sie es zuerst streichen, sagt er. Kaufen Sie dann kein zweistöckiges Haus, und bleiben Sie den Hügeln fern. Aber es gibt keinen Grund zur Panik. Sie werden beschützt und werden einen guten Käufer finden.«

Ich konnte nicht umhin, mich zu fragen, ob der Käufer auch beschützt wurde, aber für diese Frage war es nun offensichtlich zu spät.

Richard zeigt sich im Jenseits wirklich besorgter, als er es im Leben gewesen ist.

»Hat es mit dem Gärtner Schwierigkeiten gegeben?« fragt er.

»Ich habe ihn gerade entlassen«, antwortet Mara.

»Er sagt, Sie sollen nachschauen; der Swimming-pool hat ein Leck.«

Und tatsächlich sah Mara nach und fand das Leck. Sie ließ es reparieren, und ihre Wasserrechnung wurde dadurch beträchtlich niedriger.

Wie wunderbar für eine Witwe, wenn ihr Mann sie von jenseits des Grabes bei der Lösung ihrer Schwierigkeiten berät.

Jetzt spricht er von ihrer Gesundheit. »Trinken Sie mehr Wasser, sagt er, leben Sie davon, wie eine Pflanze. Und mischen Sie es mit Papayasaft, das ist gut für die Haut.«

Wasser und Papayasaft können zur Reinigung nur hilfreich sein.

Richard ist erst vor sechs Monaten gestorben, und sein von Maria beschworener Geist scheint noch mit dem Weltlichen verstrickt.

»Er denkt daran, wie Sie zusammen in London waren und an vielem Freude hatten.«

Mara nickt. »Ja, Richard hat dort einen Film gedreht.«

»Und er möchte gern, daß Sie wegen einer Familienangelegenheit nach Chicago fahren, nicht wahr?«

Mara reißt die Augen auf. »Ja, da ist eine Hochzeit, und ich habe daran gedacht hinzufliegen.«

In ihrer achtzehnjährigen Ehe hatten die Longs sich ständig gestritten. Sie hatten so starke Gefühle füreinander, daß es immer wieder zu Ausbrüchen kam. Dieselbe Liebe hatte sie jedoch auch zusammengehalten, wenn es so aussah, daß eine Trennung oder Scheidung vorzuziehen gewesen wäre. Mara hatte sich oft gefragt, wie sie es all die Jahre hindurch miteinander ausgehalten hatten.

»Vielleicht waren wir Seelengefährten?« fragt sie jetzt.

Seelengefährten sind karmisch dazu bestimmt, ein Leben nach dem anderen ihre Probleme miteinander zu verarbeiten.

Maria antwortet nicht direkt. »Es gibt keinen Zufall«, sagt sie nach einer Weile. »Sie sind sich schon in einem vorangegangenen Leben zu nahe gewesen und haben das Problem mit in dieses Leben herübergebracht. Sie haben sich ständig gestritten, weil Sie sehr eifersüchtig waren.«

»In diesem Leben oder im letzten?« fragt Mara.

»In beiden«, sagt Maria. »Es ist eine Folge von früheren Leben. Sie waren enge Freunde, aber Sie haben viel gestritten.« Und da das Problem karmisch nicht gelöst worden war, die Lektion nie gelernt wurde, würden sie es in irgendeinem späteren Leben wieder bearbeiten müssen. »Da, wo Richard jetzt ist, ist er nicht eifersüchtig«, fügt sie hinzu.

Mara sieht nicht besonders glücklich aus.

»Ich muß wohl ziemlich langsam lernen«, sagt sie.

Aber wenn Maria recht hatte, dann würde Mara die ganze Ewigkeit zur Verfügung haben, um ihre Fehler mit Richard Long zu verarbeiten. Sie würden nie voneinander getrennt sein. Sie hatte es intuitiv schon gespürt, und jetzt kam die Bestätigung, die sie erwartet hatte.

»Sie werden nicht lange getrennt bleiben, denn Sie sind Seelengefährten.«

Maria runzelt in bekannter Weise die Stirn.

»Sie wollten sich scheiden lassen, nicht wahr?«

»Ich hab's versucht, aber es ging nicht. Irgend etwas schien uns immer zusammenzuhalten.« Sie lacht unsicher. »Es mußte etwas sein, worüber wir wenig Macht hatten. Während unseres ersten Ehejahres habe ich ihn elfmal verlassen und im zweiten Jahr zehnmal. Viermal habe ich die Scheidung eingereicht.« Sie seufzt. »Aber aus irgendeinem unverständlichen Grund mußte ich immer wieder zurückkommen.«

Wenn der Geist Richard im Raum ist, dann muß ihn das, was sie sagt, berühren.

»Haben Sie ihm verziehen? Er möchte es wissen.«

Ihre Augen bekommen wieder einen feuchten Schleier. »Sagen Sie ihm: Ja, ich habe ihm verziehen. Weiß er, ob wir uns irgendwann einmal wiedertreffen werden?«

Maria nickt rasch: »Ja.«

»Wird er wiederkommen?«

»Ja.«

Mara läßt den Kopf sinken und ist eine kurze Zeit lang in ihre eigenen Gedanken versunken, bis ein plötzlicher Schrei von Maria sie auffahren läßt. Das Medium scheint selber beinahe erschrocken. »Er stand dicht neben mir«, sagt sie, »und ich dachte erst, er sei gegangen, aber dann hat er meine Führerin Clarita auf den Arm geschlagen. Es war ein Ausdruck seiner Energie; er wollte uns mitteilen, daß er zugehört hatte.«

Sie kommt wieder auf die Botschaft zurück.

»Ich soll Ihnen sagen, daß er an seinem jetzigen Aufenthaltsort immer nüchtern ist.«

»Gott sei Dank«, murmelt Mara.

Es ist beim Hören zeitweilig schwierig zu unterscheiden, ob die Informationen durch Maria oder durch ihre Führer kommen. Das

Medium erklärt jedoch, sie sei nur der Vermittler. Und wenn Richard ihr etwas sagt, dann heißt das, daß er lediglich den Gedanken aussendet, eine Schwingung, die Clarita durch das Medium hereinbringt. Man kann also wirklich sagen, daß die Botschaft durch Maria kommt und Clarita und die anderen Führer so etwas wie intensive Förderer sind.

Mara ist aber wie andere hauptsächlich daran interessiert, ob die Quelle – in diesem Fall angeblich Richard – authentisch ist. Der Einblick, den er in ihr Leben hat, und die Tatsache, daß er sich in ihre Zukunft mit einbezieht und auch in Einzelheiten recht hat, die zuvor niemand oder nur wenige Eingeweihte wußten, das alles ist für sie ausreichender Beweis dafür, daß ihr verstorbener Mann als Geist weiterlebt. Vor allem scheint Maria die beißende, ironische Art ihres Mannes sehr gut erfaßt und wiedergegeben zu haben. Es ist ihr fast so vorgekommen, als ob er selber im Raum sei und spreche, und als Maria seinen körperlichen Kontakt mit der Führerin Clarita erwähnt, kann Mara sich das durchaus vorstellen.

Richards Geist, so scheint es Maria, bemüht sich wirklich, Vergangenes wiedergutzumachen. Er ist nicht nur um seine Frau besorgt, sagt sie, sondern auch um die drei Kinder, besonders um den achtzehnjährigen Carey.

»Carey hat dieselben Schwierigkeiten wie alle Jugendlichen heute«, meint seine Mutter achselzuckend.

»Der jüngere hat Schwierigkeiten mit seinen Füßen«, sagt Maria. »Er muß Einlagen haben.«

Mara nickt.

»Er treibt gern Sport, besonders Gewichtheben, um seine Muskeln zu entwickeln. Er ist ruhiger.«

Richard meint, die Kinder seien in Ordnung und würden sich gut entwickeln.

Mara kann sich ein Grinsen nicht verkneifen: »Echt Richard! Er tut immer ein schönes Mäntelchen um die Probleme und gibt sich damit zufrieden, die Dinge ihren Lauf nehmen zu lassen.« Sie weiß, daß sie die Sorgen durchzustehen hat.

Ihre Ehe ist nie leicht gewesen. »Er hat Sie schlecht behandelt. Sie mußten für etwas büßen, das Sie ihm in einem anderen Leben angetan haben.«

»Was hätte das denn sein sollen?«

»Sie haben sich herumgetrieben.«

»Also, in diesem Leben war ich bestimmt treu.«

»Es tut ihm leid, daß er Ihnen weh getan hat. Es gibt nichts Schlimmeres, als Menschen weh zu tun, die uns lieben. Die Verletzung verschwindet nicht so schnell.«

Mara ist nachdenklich geworden.

»Er hat eine Herzenswandlung erfahren«, sagt Maria, »und er möchte, daß die Kinder religiös erzogen werden. Wenn sie sich nicht gut entwickeln, kann sein älterer Bruder Robert Ihnen helfen.«

»Sie sind in Ordnung«, sagt Mara, »sowohl die beiden Jungen als auch das Mädchen.«

»Es freut ihn, daß Valerie arbeitet und sich ihre Kleider selber kauft. Und er meint, Sie sollen ihr sagen, was sie wissen muß.«

»Ja, sie macht sich gut«, sagt Mara, beeindruckt, daß er auch den Namen ihrer siebzehnjährigen Tochter erwähnt. »Wir sind miteinander in Verbindung.«

»Und er ist besorgt wegen der restlichen Zahlungen aus seinen Filmen.«

Die Sorge ist berechtigt. »Ich habe noch nichts davon bekommen«, sagt Mara.

»Dann sollten Sie nachforschen, was damit los ist.« Maria schweigt einen Moment. »Er trank sehr viel.«

»Ja, mit seinen Freunden«, sagt Mara.

»Und er hatte viele Freunde?«

»Die Colberts waren gute Freunde, und er hatte noch andere in der Branche.«

»Er dankt auch Dean Jones dafür, daß er am Ende für ihn gebetet hat. Ist das ein anderer Freund?«

Mara nickt.

»Sie sollen Gregory von ihm grüßen.«

»Das ist unser jüngerer Sohn.«

»Und Sie sollen Carey den Beruf ergreifen lassen, den er selber möchte. Er macht es schon richtig.«

Von der Familie zu Freunden übergehend, drückt Richard seine Besorgnis über einen ihrer liebsten Kollegen aus: »Er ist um Mikes Gesundheit besorgt«, sagt Maria. »Sie sollen Mike sagen, daß er Schwierigkeiten mit seinen Augen bekommen wird, und er soll auch seinen Magen untersuchen lassen. Es könnten auch Stauungen in Lunge und Nieren auftreten.«

Mara wundert sich natürlich, daß Richard als Geist plötzlich Krankheiten diagnostizieren kann, aber Maria hat in allen anderen Dingen so recht gehabt, daß sie ihr jetzt keine Fragen stellt. Zu Hause angekommen, rief sie sofort Freund Mike an. »Es wäre eine gute Idee, wenn du dir Magen und Augen untersuchen ließest«, sagte sie nach den üblichen anfänglichen Scherzen.

Mike stieß einen erstaunten Pfiff aus. »Wer hat dir das denn gesagt? Mein Magen macht mir seit einer Weile Schwierigkeiten, und ich bin gerade vom Augenarzt gekommen.«

Sie zögerte, noch mehr zu sagen, um den armen Kerl nicht völlig in Aufregung zu versetzen, sagte dann aber so beiläufig wie möglich: »Vielleicht kannst du dir auch gleich Lunge und Nieren untersuchen lassen.«

»Was bist du denn?« kam es steif vom anderen Ende der Leitung, »ein Arzt, oder was?«

Richard, wenn er es war, ging offenbar eine lange Reihe von Freunden und Verwandten durch und ließ es an Fürsorge nicht mangeln.

»Wer ist Thompson?« fragt Maria. »Er fragt nach ihm.«

Mara wundert sich über gar nichts mehr. »Das ist sicher Marshall Thompson, Richards Schwager. Er hat viele Filme gedreht und spielte die Hauptrolle in ›Daktari‹, der Fernsehserie über das Wildleben in Afrika.«

»Er ist in letzter Zeit nicht sehr glücklich gewesen«, sagt Maria, »aber Richard sagt, er wird bald wieder mit Dokumentarfilmen zu tun haben. Er wird viel herumreisen, nach London und Italien und nach Mexico City. Er war wegen einem Vertragsbruch in Schwierigkeiten, stimmt das?«

»Vielleicht«, sagt Mara, »ich habe so etwas gehört. Er hat in letzter Zeit an einer eigenen Serie gearbeitet.«

Die Sitzung hat Mara wirklich viel gegeben. Ihr Glaube an ein Weiterleben nach dem Tode ist neu bestärkt worden, und sie hat sich vergewissern können, daß Richards Ablehnung der christlichen Lehre vom ewigen Leben seine Heilschancen nicht verringert hat. Es ist ein sehr beruhigendes Erlebnis gewesen und hat ihr viel zu denken gegeben. Sie hat immer gewußt, daß Eifersucht kein besonders schöner Charakterzug ist, aber es war ihr nicht immer gelungen, dieses grünäugige Monster zu bezähmen.

Und wenn auch Richard, auf den sie hätte eifersüchtig sein können, nicht mehr da war, so arbeitete Mara doch daran, sich in dieser Hinsicht zu bessern. Als Maria gegen Ende der Sitzung mit erstaunter Stimme verkündete, es sei plötzlich eine Dame mit Namen Susan erschienen, da hat es ihr trotzdem einen Schlag versetzt. Maria hob ruhig, aber auch sehr ausdrucksvoll ein Bein und zog es an ihren Körper, um zu demonstrieren, daß die Besucherin nur ein Bein habe.

Mara verschlägt es verständlicherweise die Sprache. Richards erster Frau Susan Ball war wegen Knochenkrebs ein Bein amputiert worden.

»Sie ist schön«, sagt Maria und seufzt über die dunkle Schönheit des zarten jungen Filmstars, die noch keine dreißig gewesen war, als sie unvorhergesehen starb.

Bis ins Mark erschrocken, kann Mara nicht umhin zu fragen: »Trifft er Susan jetzt?«

Maria schüttelt den Kopf. »Sie sind in verschiedenen Welten, in verschiedenen Dimensionen.«

Die Sitzung veranlaßt Mara, über sich selbst und ihr Leben nachzudenken. Richards Tod hat sie sehr traurig gemacht, und sie denkt an all die Dinge, die sie hätte tun können und nicht getan hat. Jetzt sieht sie in dem noch unklaren Nachleben, an dessen wirkliche Existenz sie durch Maria Moreno besser glauben kann, eine Chance zur Wiedergutmachung. Sie hofft auch für Richard, daß er dort, wo er ist, spirituell wachsen wird. Wieviel einfacher wäre ihr gemeinsames Leben gewesen, hätte er an irgend etwas geglaubt. Sie hätten sich auf einer festen gemeinsamen Basis begegnen können.

Sie fragt sich, ob das, was er gegenwärtig erlebt und was in Marias Mitteilungen zum Ausdruck gekommen ist, sich auf ihr nächstes gemeinsames Erdenleben auswirken werde. Wird er sich an das erinnern, was er aus allen vorherigen Leben offenbar vergessen hat?

»Sie können hoffen«, meint Maria, »er wird ein neuer Mensch sein.«

Anzeichen dafür kamen schon in der durch das Medium ausgedrückten Besorgnis Richards zum Ausdruck. »Er sagt, Sie brauchen inneren Frieden. Er sagt, es ist wichtig für Sie, daß Sie sich äußerlich gut halten, daß Sie auf Ihrem Gebiet hart arbeiten und sich Beschäftigung verschaffen.«

Die Sitzung mit Maria hat ohne Zweifel eine Last von Maras Schultern genommen sowohl in Hinsicht auf ihr jetziges Leben als auch auf ihr Weiterleben nach dem Tod. Wenn sie jetzt von ihren Plänen sprach, erschien sie fast fröhlich, in deutlichem Gegensatz zu der Depression, die sie zuvor niedergedrückt hatte.

Wochen nach der Sitzung rief ich sie an, um die Genauigkeit einiger Voraussagen, die Maria gemacht hatte, zu überprüfen.

»Sie hat in allem recht gehabt«, sagte Mara Corday.

»Sie gehen also auf allen Fronten zum Angriff über?«

Durch die Leitung war ihr perlendes Lachen zu hören.

»Sie haben gehört, was Richard sagte. Er hat noch immer die Fäden in der Hand.«

Dorothy Colberts Problem war nicht ganz so einfach zu lösen. Mara konnte sich in ihrem persönlichen wie auch in ihrem beruflichen Leben an die Arbeit machen. Dorothy hingegen war gewiß keine Schriftstellerin, und sie wußte nicht, wie sie das Richmanprojekt beginnen sollte.

»Und außerdem will er noch, daß nach dem Buch ein Film gedreht wird«, sagte sie händeringend.

»Vielleicht könnte er ja selber darin auftreten.«

»Spotten Sie nicht. Mir ist es Ernst.«

»Wenn es Ihnen so Ernst ist, warum fragen Sie ihn dann nicht?«

»Sie meinen, ich soll noch einmal zu Maria gehen?«

»Wenn er einmal durchgekommen ist, wird er es auch ein zweites Mal können.« Ich dachte an die deutlichen Ratschläge, die ich von dem toten Edgar Cayce erhalten hatte. »Und wenn Sie schon dabei sind, dann fragen Sie ihn auch, was für eine Art von Buch es werden soll.«

Dottie schaffte es schließlich, einen Termin zu bekommen. Und sie wurde nicht enttäuscht. Wo immer er auch lebte – in Marias übersinnlichem Bewußtsein oder in der Geisterwelt –, Harry Richman beeilte sich aufzutreten.

»Er kommt oft, um zu plaudern und schaut nach Leuten, mit denen er reden kann«, sagt Maria. »Er ist sehr freundlich. Er sagt, er hat viel über das Buch nachgedacht. Es soll ein nostalgisches Buch über die dreißiger Jahre werden, über den Broadway damals und über ihn. Es soll sehr farbig sein und könnte so zum Bestseller werden.«

»Ein Bestseller?« wundert sich Dottie entsetzt. »Und wer wird ihn schreiben?«

»Sie sollen das bestimmen, sagt er. Nehmen Sie jemanden, der ehrlich und mit Herz schreibt.«

»Das ist Harry«, ruft Dottie. »Er hat immer gesagt, das Herz ist das Wichtigste. Bei ihm mußte man Herz haben.«

»Du sollst nichts verbergen«, sagt Marias Harry. »Jeder macht Fehler, und ich habe auch meine Fehler gemacht. Ich habe Millionen verdient und sie wieder verloren, habe das Geld verschleudert, als ob es kein Morgen gäbe, und wurde von Leuten hereingelegt, die ich für meine Freunde hielt. Aber ich bedaure nichts. Alle meine Romanzen sollen auch in das Buch, dann nehmen die Leute Notiz davon. Sex ist nicht erst gestern entdeckt worden, aber mach es nicht so kraß und offensichtlich, wie es heute oft geschieht. Es muß noch Raum für die Phantasie bleiben.«

»Möchte er, daß seine Freundschaft mit Al Jolson in dem Buch erwähnt wird?«

»Alle seine Freunde sollen vorkommen, sogar Harry Cohen.«

Maria hat fragend aufgeblickt, und Dottie erklärt, daß Harry Cohen der Leiter der Columbia-Filmgesellschaft war und Harry Richman einer der wenigen, die er als Freunde bezeichnete.

»Er steht jetzt auch mit Harry Cohen in Verbindung – alle Rassen und Nationalitäten sind vereint.«

Dottie fragt weiter. »Wie sollen die Lieder in dem Buch behandelt werden, ›Birth of the Blues‹ zum Beispiel, ›Red, Red Robin‹ und die anderen Lieder, die er geschrieben hat?«

Maria hebt mahnend den Zeigefinger: »Er sagt, da sollen Sie vorsichtig sein, wegen der Mitarbeiterrechte.«

»Im Film oder in dem Buch auch?«

»In beiden. Die richtigen Leute werden schon zu Ihnen kommen. Das Buch wird veröffentlicht werden und ein großer Erfolg sein!« Hier beschwört sie den einfallsreichen Geistführer, der auf Geschäfte und kommerzielle Wagnisse spezialisiert ist. »Sie können ganz ruhig sein«, meint sie, »Pepe wird Ihnen mit dem Buch helfen.«

Dottie atmet erleichtert auf: »Da bin ich froh, daß mir jemand hilft. Allein könnte ich es nämlich nicht.«

Maria lacht. »Harry sagt, Sie werden nie allein sein.«

Wie so viele Bewohner der zerfurchten kalifornischen Küstenlinie hatte auch Dottie Angst, daß ein plötzliches, katastrophales Erdbeben womöglich große bevölkerte Gebiete zerstören und das Festland in den Ozean spülen könnte.

Als Maria Moreno so leichthin über zukünftige Landrutsche spricht, fragt sie sich, ob Harry Richman diesbezüglich wohl genauso viel voraussagen kann wie Richard Long. Schließlich ist er sozusagen schon ein bißchen länger da oben als Richard und weiß vielleicht besser Bescheid.

Also bittet sie Maria: »Fragen Sie Harry, wann ein Erdbeben bevorsteht, das den Strand trifft.«

Maria befeuchtet ihre Lippen und zögert, als sei dies etwas, worüber sie mit Harry gemeinsam zu entscheiden habe. Schließlich murrt sie befriedigt.

»Harry sagt, Sie sollen Ihre Energie nicht mit Sorgen über mögliche Erdbeben verschwenden. Die Erde bewegt sich immer, und deshalb wird es immer wieder Erdbeben geben. Aber er will nicht, daß die Leute in Panik geraten.«

Dottie ist sowieso ein ziemlich nervöses Wesen, und jetzt schnellt ihr Adrenalinspiegel wirklich in die Höhe.

»Ich höre immer wieder solche schrecklichen Voraussagen von Erdbeben, und ich muß es sicher wissen. Was ist mit Juni 1976, am Strand von Malibu?«

Maria schüttelt den Kopf. »Mach dir keine Sorgen«, sagt Harry. »Es wird alles noch eine Weile dauern.« Und wie üblich hat sie recht.

Ich konnte Dottie später noch weiter beruhigen. »Edgar Cayce, der Weise von Virginia Beach, sagte, daß das große Erdbeben, das die meisten Teile von Los Angeles und San Franzisko zerstören wird, erst im späteren Zeitraum von 1958–1998 eintrifft.«

»Wann wäre das dann?« fragte sie.

»Eindeutig nicht vor 1978 und vermutlich nicht vor 1998.«

Sie schaut mich fragend an: »Und warum 1998?«

»Weil die Zerstörung offensichtlich ein Höhepunkt ist – der Höhepunkt seiner Vorhersagen über Erdveränderungen.«

»Sehr gut«, meinte sie, »ich werde mich an Harry halten.«

Richard Longs Odyssee war aber noch nicht vorüber. Wie es so oft geschieht, wenn Maria Sitzungen für andere abhält, kommen häufig unbekannte oder andere Geister, die irgendwie mit ihnen zu tun haben. Auf diese Weise kündigt das Wesen Richard Long an, daß er noch einmal durch das Medium mit seiner Frau in Verbindung treten wolle. Offensichtlich ist er wie so viele andere Geister nicht in der Lage, die Energie selbst zu schaffen, die es ihm ermöglicht, sich direkt zu manifestieren.

Mara ist natürlich sehr aufgeregt. Die erste Sitzung war schon so ausführlich, daß sie sich kaum vorstellen konnte, was da noch kommen würde. Kribbelnd vor Erwartung läßt sie sich in Marias kleinem Zimmer nieder. Und sie wird nicht enttäuscht. Der Geist von Richard Long hat dieses Mal keine Zeit für weltliche Dinge, für Mauerrisse, Garten, Erdrutsche, Berufsfragen oder Freunde. Er will seiner lieben Frau eine ganz besondere Botschaft übermitteln. Und diese Botschaft läßt nicht lange auf sich warten.

»Die Seele stirbt nie«, sagt er. »Ich möchte, daß du das weißt.« Und dann spricht der Agnostiker und Atheist Richard Long, der in seinem Leben fest davon überzeugt war, daß alles Metaphysische Unsinn sei, die abschließenden Worte: »Wo ich bin, habe ich entdeckt, daß es einen Gott gibt, und mit dieser Entdeckung habe ich etwas gefunden, was ich nie kannte – Frieden.«

8 Der Rächer

Dave Tillotson hatte einen Ausdruck in den Augen, der Maria Moreno störte.

»Er haßt«, sagte sie.

»Er ist Polizist«, meinte ich, »und er hat sich in den Kopf gesetzt, die Mörder seiner Mutter zu finden.«

Sie schauderte ein wenig. »Aber Haß zerstört.«

»Er könnte Hilfe gebrauchen. Zwölf Jahre lang hat er nach den Mördern seiner Mutter gefahndet; es ist sein ganzer Lebensinhalt geworden.«

»Das ist es ja. Er zerstört sich selber.«

Tillotson hatte, nachdem seine Mutter in ihrem Geschenkelädchen im Herzen des Schwarzenviertels von Los Angeles brutal erschlagen worden war, zuerst eine Belohnung von sechstausend Dollar für denjenigen ausgesetzt, der ihm helfen würde, die Mörder zu finden, dann zehntausend und jetzt zwanzigtausend. »Die Vorstellung, daß der Mörder meiner Mutter frei herumläuft, ist mir unerträglich«, sagte er.

In seinem brennenden Wunsch, die Mörder zu stellen, hatte der einundfünfzigjährige Polizeileutnant nach achtundzwanzig Jahren seinen Abschied von der Dienststelle in Los Angeles genommen und konzentrierte sich nur noch auf diese Aufgabe.

Nach und nach zogen sich alle Freunde und auch seine Frau von ihm zurück, aber Tillotson hatte seine Verfolgungsjagd als ständigen Begleiter. Er war nie einsam. Sein Gesicht wurde hart und sein Blick bohrend. Er verfolgte dieselben Spuren, die auch seine Kollegen verfolgt hatten, bis diese im Sand verliefen, und dann blieb ihm nur noch die Hoffnung, daß sich auf seine Belohnung hin vielleicht jemand melden würde – und die Welt des Übersinnlichen.

Maria hatte durch die spärlichen Zeitungsberichte ein paar Eindrücke von der Mordgeschichte bekommen. Tillotson war jedoch beeindruckt, denn sie gab Informationen, die die Polizei nie an die

Öffentlichkeit hatte gelangen lassen.

»Sie hat mir gesagt, daß Mutters Armbanduhr, ihre Brille und ihr Hörgerät auf dem Boden verstreut herumlagen«, sagte er. »Und sie konnte die Mörder beschreiben. Es war fast so, als ob sie diesen schwarzen Freitag, den 13. September 1963, wieder heraufbeschwor.«

Dann wurde eine Sitzung vereinbart, von der er sich zutiefst erhoffte, daß Maria den oder die Mörder benennen würde. Sie hatte schon gesagt, daß mehr als ein Mann beteiligt gewesen war, und Tillotson war aufgrund seiner spärlichen Indizien derselben Meinung.

Die erste Sitzung war nicht gut verlaufen. Das sensible Medium hatte auf den starken, schweigsamen Mann, der mich so heftig an Victor Hugos klassischen Menschenjäger aus *Les Misérables*, den unerbittlichen Javert, erinnerte, sehr stark reagiert.

Tillotson ahnte sicherlich nicht, welchen Eindruck er hinterlassen hatte. Er sprach in kurzen, fast barschen und abgehackten Worten. Sein Gesicht war, abgesehen von den harten, blaßblauen Augen, ausdruckslos. Um Maria durch Psychometrie bei ihren übersinnlichen Eindrücken zu helfen, hatte er die Armbanduhr seiner Mutter mitgebracht.

Maria nimmt lächelnd die Uhr. »Ich bekomme meine Eindrücke nicht auf diese Weise. Ich selbst bekomme überhaupt keine Eindrücke, sondern meine Meister sprechen zu mir.«

Aber wie um ihm einen Gefallen zu tun, behält sie die Uhr in der Hand und schließt die Augen.

»Ihre Mutter hatte Krampfadern«, verkündet sie.

Für eine siebenundsiebzigjährige Frau ist das keineswegs ungewöhnlich. »Im linken Bein«, spezifiziert sie.

Tillotson nickt.

»Sie hatte auch Schwierigkeiten mit dem Oberschenkelknochen.«

Bei einem Sturz hatte sie sich das Becken gebrochen.

Maria scheint nun die Tat zu rekonstruieren.

»Sie war gerade beim Essen«, sagt sie, »da kamen die Männer von hinten herein und schlugen sie tot.«

Tillotsons Augen verschleiern sich. »Die Reste ihres Mittagessens waren auf dem Boden verstreut.«

Maria hält noch immer die Uhr. Wenn sie mit Psychometrie arbeitet, wenn sie sich mit Hilfe eines persönlichen Gegenstandes der betreffenden Person auf deren odische Kraft einstellt, dann schließt sie ganz klar andere Quellen, die viel interessanter sind, aus.

»Woher kommt Ihre Information?« frage ich Maria.

Tillotson runzelt die Stirn bei dieser Unterbrechung.

»Von meinem Meister Rampa, der in Sikkim lebte und seine Weisheit bei den tibetischen Weisen lernte.«

»Ist Rampa in der Welt des Geistes?«

»Ja«, sagt sie mit einer luftigen Handbewegung.

»Und gibt er uns diese Information auf hellseherische Weise?« Wieder nickt sie.

Ich muß mich dennoch wundern, weshalb Meister Rampa, Geist oder nicht, mehr wissen sollte als das Polizeirevier von Los Angeles.

»Er ist sehr weit«, sagt sie, »und hat seine Fähigkeiten viele Leben hindurch entwickelt.«

Tillotson wird etwas nervös.

»Kannte meine Mutter die Personen, die sie umbrachten?«

Die Antwort ist nicht, was er erwartet. »Rampa lehrt Liebe«, sagt Maria.

Tillotson läßt sich nicht beirren.

»Wie viele waren es?«

Die Information läßt sich nicht durch die Fragen bestimmen.

»Die Meister sagen mir, daß es in ihrem Laden gebrannt hatte, es war Brandstiftung.«

Ich schaue Tillotson fragend an.

»Arson wurde verdächtigt, aber man konnte nie Genaues feststellen.«

Maria scheint zu lauschen, die Augen immer noch geschlossen.

»Ja, ja«, nickt sie und wendet sich wieder zu uns. »Drei Männer waren da, zwei davon kletterten über einen Zaun hinter dem Laden und brachen durch eine Hintertür ein. Der dritte stand am Auto und wartete auf die anderen. Sie schlugen ihr elf- bis zwölfmal mit einem Hammer auf den Kopf und zertrümmerten die Schädeldecke. Ihre Brille und ihr Hörgerät flogen auf den Boden.«

Tillotsons zerklüftetes Gesicht ist so unbewegt wie immer, die blauen Augen sehen noch härter aus. »Nur die Polizei wußte das mit der Brille und dem Hörgerät. In den Zeitungen hat es nie gestanden.«

»Der Hammer lag im Laden«, sagt Maria, »sie nahmen ihn, und einer legte ihr den Arm um den Hals und hielt sie fest.« Sie hält einen

Augenblick inne. »Es waren schwarze Aktivisten, das Geld interessierte sie nicht. Sie haben nichts mitgenommen.«

Tillotson nickt fast unmerklich. »Das Geld war gut versteckt. Sie nahmen nur ihr Leben.« Er deutet auf die Uhr in Marias Hand. »Nicht einmal die haben sie mitgenommen.«

Er spricht lauter. »Zwei Wochen vor dem Mord kam jemand mit Schriften von den schwarzen Moslems in den Laden und bedrohte sie, als sie sie nicht kaufen wollte. Ich versuchte, sie dazu zu bringen, den Laden zu schließen, aber sie war schon so viele Jahre da.«

»Sie traf Vorsichtsmaßnahmen«, sagt Maria, »sie konnte die Leute sehen, bevor sie jemanden hereinließ.«

»Ja, sie hielt die Vordertür geschlossen und konnte über einen Spiegel sehen, wer draußen war.«

»Der Laden bestand aus zwei kleinen Räumen, und die Regale standen voller Töpferwaren, Gläser, Porzellanornamente, ein paar Sachen waren aus Korea und aus anderen Ländern. Sie liebte ihre Arbeit.«

»Sie mochte Menschen gern«, ergänzt ihr Sohn leise.

»Ja«, sagt Maria, »sie verstand sich mit den Schwarzen, die in der Nachbarschaft wohnten. Ihr Körper wurde von einer schwarzen Frau aus dem Postamt in der Nähe entdeckt, die gekommen war, um etwas zu kaufen. Sie rief die Polizei.«

Tillotson hebt den Kopf.

»Woher wissen Sie das?«

»Sie hat es mir gesagt.«

»Sie?« mische ich mich ein. »Ich dachte, Rampa spricht!«

Sie lächelt. »Die Mutter ist jetzt hier. Rena, Alexandrena.«

»Meine Mutter hieß Alexandrena«, sagt Tillotson. »Freunde nannten sie Rena.«

»Sie fragt nach Mimi und Elizabeth.«

Tillotson ist sichtlich verblüfft. »Mimi ist meine Cousine und Elizabeth meine Tante.«

Das Opfer würde die Täter sicher am besten beschreiben können. Tillotson ist vielleicht derselbe Gedanke durch den Kopf gegangen.

»Können Sie die drei Männer beschreiben?« fragt er.

»Alle drei waren Schwarze. Einer war sehr dunkel, mit weiten Nasenlöchern und dicken Lippen. Er trug eine Mütze, eine Art Baseballkappe.«

Tillotson scheint gefesselt.

»Sie haben nach einem Mann mit einer Kappe gefahndet.«

»Ein anderer«, fährt Maria fort, »ein kräftiger mit Schnurrbart, ungefähr siebenunddreißig oder achtunddreißig, war Aktivist in der schwarzen Revolutionsbewegung.«

»War das der Täter?«

»Der, nach dem Sie Ausschau halten müssen, heißt Willie. Er ist groß und mager. Er ist über den Zaun gestiegen, und dabei riß sein Schuhband. Er trug Tennisschuhe.«

Unter Tillotsons starrer Maske spüre ich seine zunehmende Erregung. »Die Polizei nahm an, daß einer der Männer Tennisschuhe trug; sie fanden auch das Stück Schuhband«, sagt er ruhig.

Ich stelle mir vor, wie die beiden Männer am hellen Tag über den Zaun stiegen, sich an ihr wehrloses Opfer heranstahlen und in bösartiger Weise die alte Frau unbarmherzig auf ihren Kopf schlugen. Tillotsons Wut war nicht schwer zu verstehen.

»Leben die Mörder noch?« fragt Tillotson grimmig. Er atmet tief ein. »Solange sie frei herumlaufen, habe ich keine Ruhe.«

»Sie sind wegen anderer Sachen im Gefängnis gewesen, aber sie sind nicht tot. Schauen Sie nach einem Mann, der schielt und hinkt. Er hat es nicht getan, aber er kennt die Mörder.«

»Die Polizei hat Dutzende von Leuten verhört, aber falls irgend jemand etwas wußte, so hat er es nicht verraten.«

»Sie hatten Angst vor den Aktivisten«, sagt Maria. »Nebenan waren ein Getränkeladen, ein Friseurgeschäft und ein Schönheitssalon, nicht wahr? Sie wußten alle etwas, aber sie hatten Angst.«

»Es war ein schwarzer Polizeiwachtmeister, der die Untersuchungen leitete«, sagt Tillotson. »Er hatte einen Zusammenbruch.«

»Schauen Sie in Ihren eigenen Fahndungen nach, und sehen Sie die Berichte durch. Alle drei sind wegen Vergehen gegen Weiße polizeilich vermerkt.«

Maria scheint sich jetzt auf einen der Täter zu konzentrieren.

»Können Sie nicht in den Akten nach einem Willie schauen, einem großen, mageren, der als schwarzer Militanter bekannt ist?« frage ich.

Er stöhnt. »Was könnte ich damit schon beweisen? Ich brauche einen Informanten mit einem Augenzeugenbericht oder ein Geständnis des Täters. Ich habe die zwanzigtausend Dollar ausgesetzt, in der Hoffnung, damit jemanden aus dem Busch zu locken.«

»Hat Ihnen die Anzeige in den Zeitungen irgend etwas gebracht?« frage ich.

»Ich habe einen Anruf bekommen, von einem Eddie White. Er sagte, er wolle sich versichern, daß das Angebot ernst gemeint sei. Er sagte, er kenne die Mörder, und wollte noch einmal anrufen, um ein Treffen zu vereinbaren. Ich habe nie mehr von ihm gehört.«

Maria erhebt mahnend den Finger.

»Hüten Sie sich vor diesem Mann; er wollte herausfinden, wieviel Sie wissen.«

»Könnte er einer der Mörder gewesen sein?«

»Jemand, der sie gut kennt. Achten Sie darauf, daß niemand weiß, wo Sie wohnen.«

»Wenn sie einen Anschlag auf mich machen, dann kommt alles ans Licht«, meint Dave Tillotson ruhig.

»Sie sind gefährlich«, sagt Maria feierlich. »Sie haben schon andere Leute umgebracht.«

Sie zählt auf, in welchen Gefängnissen die Männer schon gewesen waren. Es waren, überall im Land verstreut, die unterschiedlichsten Anstalten – von Gefängnissen mit den stärksten Sicherheitsvorrichtungen bis zu Institutionen für kriminelle Geisteskranke.

»Sind sie jetzt im Gefängnis?« fragt Tillotson.

Sie schüttelt den Kopf und fragt dann überraschend: »Sind Sie verheiratet?«

»Getrennt«, erwidert er kurz.

»Versuchen Sie, mit jemandem, den Sie lieben, glücklich zu sein.«

Tillotson zuckt die Achseln. »Ich muß die Mörder meiner Mutter finden. Sie war ein guter Mensch. Sie hat nie jemandem etwas zuleide getan.«

»Sie ist nicht mehr auf dieser Ebene, aber Sie«, sagt Maria. »Sie müssen an sich selber denken.«

Tillotson läßt sich nicht ablenken. »Sogar meine Vorgesetzten drängten mich dazu, aufzugeben und den Fall sich selber zu überlassen. Ich habe in all meinen Jahren als Polizist nie von einem Fall gehört, der sich von selber gelöst hätte.«

Es war offensichtlich kein gewöhnlicher Einbruch. Die Mörder hatten sich dem hellen Tageslicht ausgesetzt und hatten das Risiko auf sich genommen, daß jemand, der vorn in den Laden kam, sie auf frischer Tat ertappte.

»Sie sind auf Zehenspitzen hereingekommen«, sagt Maria. »Sie hatte es nicht bemerkt, weil sie schwerhörig war.«

Aber was hätte sie auch tun sollen, die gebrechliche, halbblinde und taube alte Dame, die in der feindlichen Umgebung geblieben war, weil sie selbst keine Feindseligkeit in sich spürte?

Vielleicht war es eine Verwechslung?

Maria schüttelt den Kopf. »Sie wußten, was sie taten. Sie hatten sie schon eine Woche lang beobachtet.«

»Warum haben sie sich all diese Mühe gemacht, um eine arme, wehrlose alte Frau zu ermorden?« murmelt Tillotson.

»Aus Haß und Rache«, kommt die überraschende Antwort.

»Rache? Sie hat ja keiner Fliege etwas getan?«

»Aber ihr Sohn war Polizist.«

Tillotson beugt sich vor. »Woher konnten sie das wissen?«

»Sie war stolz auf Sie. Sie waren ihr einziger Sohn. Sie standen sich sehr nahe?«

»Ja, sehr.« Zum ersten Mal zeigt er so etwas wie Gefühl; er preßt die Lippen aufeinander. »Mein Vater war vor mehreren Jahren gestorben, und ich sorgte für sie.«

»Es war gegen Sie gerichtet«, wiederholt sie.

»Warum haben sie dann den Leutnant nicht selber angegriffen?« frage ich.

»So tut es ihm mehr weh.«

Tillotson beißt die Zähne zusammen.

»Kenne ich die Männer, die sie umgebracht haben?«

»Sie waren 1959, '60, '61 in Kontakt mit ihnen. Clarita sagt, Sie sollen in ihren eigenen Fahndungen nachsehen.«

Tillotson macht eine hilflose Gebärde. »Neben meiner Arbeit bei der Polizei habe ich einen Sicherheitsdienst für eine große Ladenkette geleitet. Wir haben Hunderte von Leuten festgenommen, meistens Ladendiebe. Aber ich hatte persönlich sehr wenig Kontakt mit ihnen.«

»Können Sie die nicht auf irgendeine Weise überprüfen?« frage ich.

»In meinem Bezirk gab es in diesem Zeitraum hundertfünfundzwanzigtausend Festnahmen. Da kann ich nichts herausfinden, nicht einmal mit einem Computer.«

Es gab keinen Sherlock Holmes und auch keinen Hercule Poirot, die mit wunderbaren Geistesblitzen eine schnelle Lösung gefunden hätten. Es gab nur ein paar spärliche Indizien und eine kalte Spur.

»Die einzige Chance ist, jemanden zum Reden zu bringen«, sagt Tillotson. Mit Indizienbeweisen läßt sich niemals ein Schuldspruch erreichen, nicht einmal eine Festnahme. Deshalb ist es so wichtig, einen Zeugen zu haben.«

So hatte er also die Belohnung immer weiter erhöht.

Am Anfang waren eine ganze Reihe Anrufe gekommen, aber mit der Zeit hatte das Interesse nachgelassen, bis nur noch ein Anrufer da war. Tillotson schien besessen von diesem Anruf. »Was weiß dieser White wirklich?« fragt er.

Maria seufzt: »Seien Sie vorsichtig, der Mann hat Sie belogen.«

»Er hat seinen Arbeitsplatz angegeben, aber da hatten sie nie etwas von ihm gehört.«

»Geben Sie niemandem Ihre Adresse, sagt Rena.«

»Wenn Daves Mutter so viel weiß, warum nennt sie ihm dann nicht einfach ihre Mörder?« frage ich.

»Sie sind auf einer anderen Ebene und helfen so, wie sie es für das beste halten.« Sie schaut zu Tillotson hinüber. »Sie haben sich vor Jahren einmal die Wirbelsäule gebrochen?«

Er nickt verblüfft.

»Ihre Mutter sagt mir das.«

»Herriot, Herriot, sagt Ihnen der Name etwas?« murmelt sie jetzt.

»Das ist der Mädchenname meiner Mutter, ein französischer Name.«

»Sie spricht von den alten Rezepten, die noch auf dem Aktenschrank stehen – Rhabarberkompott und Rhabarberkuchen.«

Er schüttelt verwundert den Kopf. »Sie liebte Rhabarber.«

»Jetzt lächelt sie. Sie liebt Sie und dankt Ihnen, daß Sie vor ihrem Tod den Friedhofsplatz gekauft haben.«

Tillotson nickt schweigend.

»Sie haben zwei Wochen vor ihrem Tod darüber gesprochen, daß sie den Laden aufgeben solle?«

»Ja, nachdem sie wegen der Black-Muslim-Schriften bedroht worden war. Aber ich konnte sie nicht dazu bewegen.«

»Sie hatte einen großen Sessel, in dem sie sich gern ausruhte.«

»Stimmt.«

»Sie zeigt mir ein Bild von ihrem Hochzeitstag und ein Armband, das sie gern mochte.«

»Sie hat es bis zu ihrem Tod getragen«, sagt Tillotson.

Maria legt die Hände an ihren Kopf.

»Sie zwirbelte ihre Haare zu einem Knoten oben auf dem Kopf und trug sie während des Tages so.«

Wieder nimmt Tillotsons Gesicht für einen Augenblick einen weicheren Ausdruck an.

Maria reibt ihre Hände aneinander. »Sie hatte in beiden Handgelenken Arthritis, das war sehr schmerzhaft.«

Wir haben jetzt ein recht gutes Bild von der Verstorbenen, vielleicht ein Selbstporträt, wenn Rena wirklich als Geist da ist. Dennoch bin ich mehr an Tillotson interessiert. Er scheint nur auf ein Ziel ausgerichtet zu sein und ist durch nichts abzulenken oder zu bremsen. Die Liebe zu seiner Mutter ist fast zwanghaft, und doch sieht Maria mehr Haß als Liebe in ihm.

Gerade eben habe ich noch gedacht, die Erinnerung an seine geliebte Mutter würde ihn vielleicht aus seiner kalten Entschlossenheit herausbringen, aber fanatisch und unerbittlich kehrt er sofort wieder zu seiner zerstörerischen Mission zurück. Die Mörder gehen ihm nie aus dem Kopf.

»Können Sie uns mehr über den stämmigen Mann sagen?« fragt er jetzt.

»Er hat zwei Jahre zuvor in demselben Viertel schon einmal jemanden umgebracht«, antwortet Maria prompt.

Das scheint mir eine Fährte zu sein.

»Nein«, sagt Tillotson, »denn offensichtlich kam nie heraus, daß er es war, sonst hätte ich davon gehört.«

»Dieser Mann stand wegen Drogenhandel auf der Fahndungsliste und wurde wegen Belästigungen von Weißen festgenommen. Er hat Ihre Mutter des öfteren mit seinen Haßschriften belästigt.«

»Das ist ein Hinweis«, sage ich, »der Besucher und der Mörder sind ein und derselbe.«

»Sogar, wenn das stimmt, ist es noch lange nichts, womit sich ein Mord beweisen läßt. Es ist unumgänglich, einen Zeugen zu haben.«

Er wendet sich an Maria: »Werde ich von diesem Eddie White noch etwas hören?« fragt er wieder.

Marias Gesicht wird ernst. »Wenn er Sie anruft, um Informationen aus Ihnen herauszulocken, vergessen Sie es lieber.«

»Dann soll ich die Mörder meiner Mutter frei herumlaufen und sich ein schönes Leben machen lassen?« Seine Stimme klingt kalt und rauh. »Ich sehe sie noch alle hinter Gittern.«

»Sie sagt, Sie sollen in den Zeitungen der Schwarzen bekanntmachen, daß Sie eine Belohnung aussetzen. Und denken Sie an Willie.«

»Welcher war das noch mal?«

»Der große, dünne mit vorstehenden Zähnen, Tennisschuhen und der Baseballmütze. Er wurde auch Kookie genannt.«

Tillotson sieht immer noch unglücklich aus.

»Wo sind die drei Männer jetzt?« fragt er.

»Einer ist gerade aus dem Gefängnis entlassen worden.« Sie nennt den Ort. »Ein anderer war in einem staatlichen Krankenhaus.«

Mir kommt es vor, als ob mit diesen Hinweisen relativ leicht irgendeine Spur zu finden sein müsse.

Wieder schüttelt Tillotson den Kopf.

»Nicht einmal ein Computer kann da helfen. Der Computer weiß auch nicht mehr als wir; er kann die Fakten nur schneller zusammenfügen.«

Tillotsons Unzufriedenheit scheint seine Mutter mehr zu bekümmern als ihr eigener Tod.

»Du bist nicht glücklich«, sagt Rena. »Weißt du nicht mehr, was du gelernt hast, als du als Tänzer aufgetreten bist?«

Ich schaue den Polizisten mit dem grimmigen Gesicht ungläubig an.

»Sie waren Tänzer?«

»Als ich klein war, hat meine Mutter mich Tanzunterricht nehmen lassen«, sagt er fast schüchtern. Es war von der Kirche ausgegangen und hatte vielleicht eine religiöse Ausrichtung gehabt.

Aber Tillotson ist nicht abzulenken.

»Werde ich die Mörder meiner Mutter finden?« fragt er.

Maria schaudert ein wenig und öffnet die Augen.

»Die Meister sind alle fort«, sagt sie. »Ich kann nichts machen.«

Als sie wieder zu sich gekommen ist, weiß sie noch nicht, ob sie Tillotson eine weitere Sitzung geben will, und ich sage ihm schließlich, ich würde ihn anrufen.

Wir schauten ihm einen Moment lang nach, wie er mit leicht vornübergebeugten Schultern, den Körper steif angespannt, davonging. Er war ein guter Freund und ein schlimmer Feind.

In Marias dunklen Augen mischt sich Mitleid mit Entsetzen.

»Er haßt zu sehr«, sagt sie.

»Wie soll jemand die Mörder seiner Mutter lieben?« frage ich.

»Haß tut nicht gut.«

Ich frage mich, ob Mord wohl zu hoch für Maria war. Dr. Jusseks deutsche Frau, Maya, verteidigt jedoch Marias Begabung. »Man kann gegen sie sagen, was man will, aber nichts gegen ihre Fähigkeiten.«

Maya war normalerweise skeptisch gegenüber Leuten, die übersinnliche Fähigkeiten für sich in Anspruch nahmen, und ihre Haltung überraschte mich daher.

Sie sprach aus Erfahrung. »Gene hat mir vorgeschlagen, eine Sitzung bei Maria zu nehmen, und ich ging hin, um ihm einen Gefallen zu tun. Ich habe alles getan, um ihr nicht zu zeigen, wer ich bin. Ich stellte mich mit einem anderen Namen vor, trug keine Ringe und habe überhaupt nicht mitgemacht, wenn sie eine Frage stellte.«

Ihr Vater, Charles Rhotert, ein berühmter Lehrer in Oxford, war ziemlich plötzlich gestorben, und eine ungewöhnlich enge Vater-Tochter-Beziehung hatte damit ein Ende gefunden. Aber als Maria fragte, wer Charles sei, sagte Maya, er sei nur ein Freund.

»O nein«, sagte Maria, »er ist hier; er sagt mir, er ist Ihr Vater, und er liebt Sie sehr.«

Maya ließ sich immer noch auf nichts ein. »Ich habe jede Frage falsch beantwortet, bis sie einfach anfing, die letzten Tage meines Vaters zu beschreiben. Er war eines Abends an einer Lebensmittelvergiftung erkrankt. Wir hatten einen Arzt gerufen, seinen besten Freund. Der Arzt gab ihm eine Spritze und sagte, am Morgen wäre wieder alles in Ordnung. Am nächsten Tag war mein Vater tot, und man nahm an, daß Leichengift die Ursache war. Es hat mich all die Jahre hindurch beschäftigt. Ich verstand irgendwie nicht, wie er auf diese Weise sterben konnte.«

Maria hatte die Lösung. »Sie ging auf jede Einzelheit der Krankheit ein, und dann sprach sie von der Spritze. Sie sagte, die Spritze hätte ihn umgebracht.«

»Was wurde denn gespritzt?«

»Morphium.«

»Aber warum war das tödlich?«

»Es war in dem Fall offenbar kontraindiziert.«

»Glauben Sie, daß Ihr Vater durch Maria gesprochen hat?«

»Mit Sicherheit kann ich das natürlich nicht sagen, aber wer sonst hätte all das wissen sollen, was da geschehen war? Durch ihren Hinweis wurde uns natürlich klar, wie es passiert sein mußte. Es konnte gar nicht anders sein.«

Inzwischen hatte ich Maria dazu gebracht, die Sitzungen mit Tillotson fortzuführen. »Vielleicht können Sie ihm helfen«, sagte ich.
Wir hatten schon die Vornamen und die Personenbeschreibungen der Täter und die Namen von Gefängnissen und anderen Anstalten, in denen sie gewesen waren, und immer noch war es nicht genug. Was fehlte, war, daß Marias Quellen den vollen Namen und den Aufenthaltsort der Täter angaben.
»So werden Sie die zwanzigtausend nie gewinnen«, neckte ich Maria.
Sie sah mir feierlich in die Augen. »Ich würde dieses Geld nicht annehmen. Es ist Blutgeld, und ich würde es nicht wollen.«
»Glauben Sie nicht an Gerechtigkeit?«
»An Gerechtigkeit schon, aber nicht an Rache.« Sie erhob den Zeigefinger. »Mein ist die Rache, spricht der Herr.«
Tillotson erschien mit einer attraktiven Brünetten, seiner getrennten Frau. Er erschien entspannter als beim letzten Mal und auch gesprächiger. Ein- oder zweimal lächelte er sogar.
Es ging irgendeine Veränderung in ihm vor, und ich nahm an, daß sie damit zu tun hatte, daß er wieder mit seiner Frau zusammen war.
Maria schien möglichst schnell anfangen zu wollen. Tillotson übergab ihr die Brille seiner Mutter, die bei dem Überfall zerschlagen worden war, und die Überreste ihres Hörgeräts. Sie wollte nicht mit Psychometrie arbeiten und schüttelte den Kopf.
Ich hatte Tillotsons wachsendes Interesse an den Vorgängen gespürt, wenn auch sein Hauptinteresse immer noch eindeutig den Mördern galt. Ich fragte mich, ob er überhaupt an die Existenz seiner Mutter als einem lebendigen Geistwesen glaubte, und beobachtete ihn scharf, als Maria ihm die Gegenwart seiner Mutter erklärte. Sie sprach vermutlich für Rena.
»Wir sind normalerweise weit von diesem Planeten entfernt, aber mit der richtigen Energieform können wir augenblicklich an Orte gelangen, die gewöhnliche Leute nicht erreichen.«
Tillotson zuckt mit keiner Wimper. Aber sein Gesicht nimmt einen gespannten Ausdruck an, als Maria zum ersten Mal erwähnt, daß das Opfer Widerstand geleistet hat. Sie schrie und rannte davon, aber sie wurde von dem dünnen Mann, Willie, niedergeschla-

gen. Da sie die Männer nicht hören konnte, bemerkte sie sie erst, als sie sie angriffen. Sie erkannte den Mann mit der Baseballmütze. Er war einmal in den Laden gekommen und hatte so getan, als ob er etwas kaufen wollte. Der stämmige Mann begleitete ihn. Er hatte eine Bierdose dabei und schlürfte unhöflich sein Bier, während er ihr Fragen stellte.

»Wer ist der Besitzer?« hat er gefragt. Und ob sie Familie habe.

Sie habe nur einen Sohn, antwortete sie. Als er sein Bier ausgetrunken hatte, warf er die leere Dose auf den Boden und verschwand mit seinem Partner. Offensichtlich hatte er die Antwort, die er suchte.

Rena hatte sich vor einem Raubüberfall nicht gefürchtet.

»Sie hatte das Geld gut zwischen zwei Schachteln versteckt«, sagt Maria. »Sie sagt, daß sie immer nur sehr wenig Geld in der Kasse hatte.«

Tillotson nickt und fragt: »Was haben die Mörder mit ihren Kleidern gemacht?«

»Sie haben das Blut mit Öl entfernt. Ihre Mutter weiß jetzt, wie es geschah.«

Maria oder Rena scheinen bei jeder Sitzung neue Einzelheiten über den Mord hervorzuholen. Es sieht fast so aus, als ob sie das Gedächtnis ihrer Seele auffrischt. Jetzt spricht sie von einer vierten Person, die an dem ausgefeilten Plan beteiligt gewesen ist, einer Frau. Sie hat als Köder fungiert, um während des Einbruchs von der Hintertür her die Aufmerksamkeit von der Vorderseite des Ladens abzulenken. Sie war mit wackelnden Hüften auf und ab geschlendert, und es war ihr offenbar gelungen, die Aufmerksamkeit der Passanten auf sich zu ziehen. Jedenfalls war niemand in den Laden gekommen oder hatte hereingeschaut – erst, als es zu spät war.

Ich wundere mich über so viel Planung für einen Mord an einer harmlosen alten Frau.

»Hatten die schwarzen Moslems nicht ein Quartier gleich um die Ecke von dem Laden?«

Tillotson antwortet: »Es sind dreihundert Leute befragt worden, alles Schwarze, aber niemand wußte etwas von dem Mord, jedenfalls hat niemand etwas gesagt.«

Maria hat noch eine Warnung für Tillotson. »Die Mörder sind in einer Aufstandsbewegung engagiert. Sie schrecken vor nichts zurück, Sie müssen also aufpassen. Ihre Mutter sagt Ihnen das noch einmal. Geben Sie niemandem Ihre Telefonnummer oder Ihre Wohnadresse.«

Wie kann die alte Dame, wenn sie es ist, sich an so viele Einzelheiten ihres eigenen Mordes erinnern?

»Sie starb nicht sofort«, sagt Maria, »ihre Seele blieb noch da, als das Leben langsam aus ihr wich. Sie starb in dem Rettungswagen, aber die Seele erinnert sich an alles.«

Der Mann, der in all den Jahren seit dem Mord an seiner Mutter keinen Frieden gekannt hat, beugt sich vor und fragt leise: »Wird sie Frieden finden, wenn ihre Mörder noch frei herumlaufen?«

»Ich höre ihre Stimme, und es ist die Stimme einer sehr friedlichen Frau. Sie hat ihren Frieden und wünscht sich, daß Sie auch den Frieden finden, den Sie brauchen.«

Tillotson scheint einen Augenblick lang bewegt. »Sagen Sie ihr, daß ich ihr danke«, sagt er. Aber er ist noch immer der Verfolger und scharf auf seine Beute. »Sind die Mörder zusammen?«

»Sie haben sich getrennt, aber sie werden nichts sagen, denn sie fühlen sich wie Brüder.«

»Wie wird es dann gelöst werden?«

»Der hinkende Mann könnte der Informant sein. Er weiß alles. Er möchte Aufmerksamkeit erregen und kann sich kaum zurückhalten. Setzen Sie eine Anzeige in die Zeitungen der Schwarzen, aber gehen Sie nicht zu ihm. Eines Tages werden Sie ihn in den Zeitungen sehen; er wird bei einem Verhör über einen anderen Kriminalfall aussagen, was er über die anderen weiß.« Sie hält inne. »Lassen Sie die Meister die Dinge auf ihre Weise entscheiden. Sie wissen am besten, wie es gut ist.«

»Aber wann?« fragt Tillotson.

»Sie können offenbar nicht vergessen?«

Tillotson schaut sie unsicher an.

»Möchte sie lieber, daß ich es vergesse?«

Er scheint die Quelle der Informationen nicht mehr in Frage zu stellen.

»Sie sagt, in ihrer Religion, die sie auch Sie gelehrt hat, wird die Kraft der Vergebung geachtet, wie Jesus vor langer Zeit am Kreuz gesagt hat: ›Vater vergib ihnen, denn sie wissen nicht, was sie tun.‹«

Ich werfe einen verstohlenen Blick auf Tillotson. Es kommt mir vor, als sei in seinen Augen ein neues Licht aufgetaucht. »Sagen Sie ihr, ich habe verstanden«, sagt er.

9   Taylor Caldwell bekommt Besuch

Ich hatte Janet Taylor Caldwell noch nie so gut in Form gesehen. Sie war charmant und lebhaft und voll hoher Erwartungen – ein deutlicher Gegensatz zu ihrem verlorenen Ausdruck bei einem früheren Besuch, als sie noch um ihren Partner Marcus Reback trauerte, der nach beinahe vierzigjähriger Ehe mit ihr gestorben war.

»Da war ich wirklich ein Trauerkloß«, grinste sie. »Ich dachte, ich würde bald sterben, und das war mir auch egal.«

Als Hellseher ihr eine neue Ehe und viele neue Bücher, darunter ein lang erwartetes Meisterwerk über Jesus und ein volles und reiches Leben voraussagten, hatte sie nur verächtlich geschnaubt.

»Kommt gar nicht in Frage«, hatte sie abgewehrt, »ich habe keine Lust mehr, noch länger in diesem Jammertal zu verweilen.«

Zurück in Malibu blies sie mir jetzt fröhlich Zigarettenrauch in die Augen und sprach von ihrer bevorstehenden Weltreise, die sie ohne ihren neuen Ehemann, von dem sie sich kürzlich getrennt hatte, unternehmen wolle.

Trotz ihrer beinahe vollständigen Taubheit verstand sie mich mühelos. »Ich nehme deine Schwingungen auf«, erklärte sie, wobei sie mir die Worte ganz offensichtlich von den Lippen ablas.

Sie hatte gerade einen Vertrag unterzeichnet, ein Buch über Jesus zu schreiben – eine weitere Voraussage schien sich also zu bewahrheiten.

Sie zupfte nachdenklich an ihrer Unterlippe. »Vielleicht sollte ich noch so eine spiritistische Sitzung haben. Um mich herum geschieht so viel, was ich nicht verstehe.«

Maria Moreno war in Mexiko, aber ich wußte von einem anderen recht eindrucksvollen Medium, Dorothy Vallas aus Hollywood.

Janet zog die Nase kraus. »Ich glaube nicht an Geister. Wenn einer tot ist, dann ist er tot. Hast du nicht einen ganz normalen Hellseher für mich?«

Dabei hatte ihr vor Jahren ein englischer Spiritist, durch den offenbar ihr verstorbener Vater sprach, in einem Augenblick tiefster Verzweiflung eine ermutigende Botschaft übermittelt. Er sagte ihr genau, an welchem Tag ihr erstes Buch, das gerade am Tag zuvor von einem Verleger abgelehnt worden war, veröffentlicht werde, und nannte als Quelle dieser Information Arthur Caldwell. Die Vorhersage ermutigte sie sehr und traf pünktlich ein. Die Schriftstellerin war damals sehr verwundert, überlegte sich aber inzwischen, ob es doch etwas anderes war: »Woher weiß ich denn, daß es nicht schlicht und einfach Hellseherei gewesen ist?«

»Wegen des emotionalen Inhalts«, erwiderte ich. »Den muß man auch in Betracht ziehen. Du hattest ein Bedürfnis, und jemand hat darauf reagiert.«

»Das sind doch alles Vermutungen«, sagte sie mit einer wegwischenden Geste. »Überhaupt, weshalb sollte jemand als Geist freundlicher sein, als er hier in seinem Leben war?«

»Er befindet sich vermutlich in einer höheren Dimension.«

Sie zog skeptisch die Augenbrauen hoch. »Das ist doch alles Unsinn.«

Ganz gleich, was Taylor Caldwell denken mochte – für Dorothy Vallas gab es keinen Zweifel darüber, woher ihre Informationen kamen.

»Der Geist ist etwas sehr Greifbares«, sagte Dorothy. »Es ist die ätherische Substanz eines Menschen, die Hülle der Seele, die überlebt, wenn der Körper stirbt.«

»Ich habe nie etwas Derartiges gesehen«, sagte ich.

»Dann haben Sie noch nie eine Materialisation gesehen?«

Taylor Caldwell zeigte einen Schimmer von Interesse. »Was für eine Materialisation?« fragte sie.

Dorothy zwinkerte mit ihren blauen Augen. Sie sprach jede Silbe langsam und deutlich aus, so daß die Schriftstellerin ihr von den Lippen ablesen konnte, wenn sie wollte.

»Eine Materialisation ist nicht nötig. Geister manifestieren sich manchmal als Reaktion auf die Energie, die während einer Sitzung abgegeben wird. Bei einer reinen Materialisation bildet sich die Erscheinung, die im wesentlichen eine Energieform ist, aus vom Medium abgegebenem Ektoplasma und dient als Geistführer.«

Taylor Caldwell lächelte milde.

»So entstehen dann vermutlich Gespenster?«

»Nicht ganz«, lächelte Dorothy, »obwohl auch sie Energieformen sind – genau das, was ein Geist ist, eine Form von Energie.«

»Wozu braucht es eine Materialisation, wenn der Geist sich angeblich durch Sie bemerkbar macht?«

Dorothy lachte freundlich. »Nur um Skeptiker zu überzeugen, und das habe ich schon vor langer Zeit aufgegeben. Es nimmt einem alle Energie und hilft überhaupt niemandem.«

Physisch sichtbare Erscheinungen interessieren wohl die meisten Leute.

»Woher wissen Sie, daß die Materialisation wirklich eine Projektion der Energie des Mediums ist?« fragte ich.

»Das Medium verliert an Körpergewicht, manchmal bis zu zwanzig Pfund, was dem Gewicht der materialisierten Erscheinung entspricht.«

Ich fragte mich, wie sie die wohl auf eine Waage brachte.

»Die Erscheinung ist bewegungsfähig«, sagte Dorothy gleichmütig.

Janet blickte in komischem Entsetzen zur Decke. »Damit verschonen Sie uns lieber«, rief sie.

Dorothy schüttelte den Kopf. »Ich bin als Medium nur das Instrument, das zwischen dem Geist und den Menschen vermittelt. Erscheinungen sind nicht notwendig. Die Geister benutzen mein Unterbewußtsein, um ihre Botschaften zu übermitteln.«

An Dorothy Vallas' Verhalten oder Aussehen war nichts Unheimliches. Sie war mittleren Alters und sah gut aus mit frischer Gesichtsfarbe und einem wohlwollend mütterlichen Ausdruck.

»Ich habe mich Gottes Willen übergeben, damit er mich als sein Sprachrohr benutzen kann«, sagte sie.

Janets Augen funkelten boshaft: »Gott kann ganz gut für sich selber sprechen!«

Dorothy lächelte sanft. »Das tut er«, sagte sie.

Sie hörte manchmal Stimmen und gab Prophezeiungen, die von allgemeinem Interesse waren. Sie hatte den Rücktritt Präsident Nixons, die Aufruhre in Portugal öffentlich vorausgesagt und Zeit und Ort genannt, wo die flüchtige Patty Hearst festgenommen werde – den 9. September in San Franzisko. Ich war mir nicht ganz sicher, ob das nicht auch normale hellseherische Vorhersagen sein konnten.

»Ich selber empfange nichts«, sagte Dorothy, »ich bin nur Sprachrohr, mehr nicht.«

Sie setzte sich der Schriftstellerin gegenüber, so daß ihre Knie sich beinahe berührten.

»Der Geist übernimmt meinen Körper, mein Bewußtsein, meine Stimme und benutzt meine Stimmbänder für seine Botschaften«, verkündete sie. »Sie benutzen nicht nur meine Energie, sondern auch die Energie aller im Zimmer Anwesenden, um sich als Energieformen zu manifestieren.«

Die Schriftstellerin folgte aufmerksam ihren Mundbewegungen. »Ich habe keine Energie übrig«, sagte sie stirnrunzelnd.

»Werden Sie eine Materialisation machen?« fragte ich.

Sie schüttelte den Kopf. »Nein, wir versuchen hier nur zu helfen, wir wollen niemandem zum Spiritismus bekehren.«

Ich fand, daß Janet vorher eine wichtige Frage gestellt hatte.

»Warum sollte ein Geist mehr über unser Leben wissen als wir?« Diese Frage hat Dorothy Vallas sicher häufig gehört.

»Sie sind nicht wie wir an die Erde gebunden, sie sind im Universum und haben Zugang zum universalen Wissen.«

Janet beobachtete das Geschehen, als ob sie im Theater säße. »Ziehen sie sich um, wenn es regnet?« fragte sie kichernd. »Und wer macht ihnen zu essen?«

»Sie sind auf einer anderen Ebene, in einer anderen Dimension«, sagte Dorothy geduldig. »Deshalb können normale Leute sie nicht sehen oder hören.«

Sie war elf Jahre alt, als sie sich zum ersten Mal dieser Energieformen bewußt wurde. Sie hatte in Los Angeles mit ihrer Mutter eine Straße überquert, sich plötzlich umgedreht und gesagt: »Mein Onkel ist gerade in einem Krankenhaus in St. Louis gestorben.«

Sie erfuhren am selben Abend, daß der Bruder ihrer Mutter genau zu diesem Zeitpunkt gestorben war.

Es macht Dorothy nichts aus, daß die Schriftstellerin skeptisch ist.

Sie atmet tief ein und gibt einem Freund, dem Publizisten Lee Atkinson, ein Zeichen, die Sitzung auf Band aufzunehmen.

»Ich gehe nicht in Trance«, bemerkt sie, »sondern werde mich mit meinem übersinnlichen Gehör auf die Geister einstellen.«

Die Schriftstellerin schüttelt den Kopf: »Ich kann sie nicht hören.«

»Sie werden gleich hören können«, sagt Dorothy. »Meine Führer sorgen dafür.«

»Werden Sie Führer haben?« frage ich.

Sie nickt: »O ja, sie werden überall um mich herum sein.«

»Und wer kann das sein?«

Sie zuckt die Schultern. »Wer immer erscheint. Das ist ganz verschieden und hängt auch vom Thema ab.«

»Wird es jemand sein, den sie kennt?«

»Nicht unbedingt, aber wahrscheinlich wird es jemand sein, der an ihrer Laufbahn und dem, was sie zu sagen hat, interessiert ist.«

Janet hatte unseren Wortwechsel mit ungeduldigem Stirnrunzeln verfolgt. »Was redet ihr da?«

»Über das, was du zu sagen hast«, rief ich ihr laut zu.

Sie verzieht ärgerlich das Gesicht: »Bitte, schrei nicht so.«

»Was ist deine Botschaft?« frage ich in gemäßigtem Ton.

»Daß die Welt ein Ort des Schreckens ist und wir alle besser nicht hier wären.«

»Ach nein«, widerspricht Dorothy. »Mit Ihren Büchern *Dear and Glorious Physican* und *Great Lion of God,* wo Sie Christus durch die Augen der Apostel Lukas und Paulus sehen, haben Sie Millionen von Menschen das Prinzip des ewigen Lebens nähergebracht.«

»Dem muß ich wohl ein Ende setzen«, lächelt Janet.

Ich kenne die Schriftstellerin gut genug, um zu wissen, daß sie oft den Advokaten des Teufels spielt und privat zu der Meinung steht, die sie öffentlich anzweifelt.

»Ein Leben ist genug«, sagt sie mit übertriebenem Seufzer.

Ich spüre ihre Einsamkeit nach dem Tode ihres Mannes Marcus und nehme ihre Worte nicht ernst.

Dorothy hat die Augen geschlossen. »Die Geister sind überall um mich her«, sagt sie und wedelt mit den Händen.

Plötzlich hält sie lauschend ihre Hand ans Ohr.

»Eine Stimme höre ich lauter als die anderen. Sie möchte ihre Liebe für die in dieser Dimension Verbliebene zum Ausdruck bringen.«

Janet wirft mir einen teuflischen Blick zu. »Da haben wir's wieder«, murmelt sie vor sich hin.

Das Medium tippt ihr leicht auf die Schulter. »Er berührt Sie, damit Sie wissen, daß er es ist. Er spricht liebevoll zu Ihnen. ›Du kannst mir vertrauen, wenn ich sage, daß ich nahe bei dir bin, Kleines‹, sagt er.«

Janet zieht unwillkürlich den Kopf zurück.

»Na so was«, ruft sie, »das ist der Kosename, mit dem mein Mann mich immer angeredet hat!«

»Kleines?« wundere ich mich. »Du warst ja viel größer als er.«

»Das ist es ja«, sagt sie. »Es war unser kleiner Scherz. Das wußte sonst niemand.«

Dorothy starrt zur Decke und beugt sich angestrengt vor, als ob sie horcht.

»Er hat gelernt, bescheiden zu sein, und es tut ihm leid, daß er für sich Ehre in Anspruch nahm, die Ihnen zustand, und daß es deshalb Schwierigkeiten gab.«

Janets Interesse ist angestachelt. »Schlimm, daß er nicht bescheiden war, als es darauf ankam«, sagt sie.

»Es kommt darauf an«, sagt Dorothy. »Denn er bemüht sich, seine Fehler gutzumachen, indem er Sie mit purpurnem Licht umgibt.«

Janet scheint jetzt erheblich besser zu hören.

»Wofür soll das gut sein?« spottet sie.

»Es wird Sie vor Leuten schützen, die Ihnen schaden wollen.«

»Ich brauche rund um die Uhr einen Leibwächter«, schießt sie zurück.

»Sie konnten in letzter Zeit nicht gut arbeiten, und er wird Ihnen bei dem Buch helfen, das Sie gerade beenden wollen.«

»Ich könnte allerdings Hilfe gebrauchen«, meint die Schriftstellerin. »Zum ersten Mal in meiner Laufbahn habe ich einen Abgabetermin nicht einhalten können. Um mich herum herrscht ein solches Chaos, daß ich meine eigenen Gedanken nicht hören kann.«

»Er wird das klären, und die disharmonischen Einflüsse werden verschwinden.«

»Alle wollen etwas von mir: Juristen, Buchhalter, die Bank, Geschäftsleute, Verlagsvertreter. Es scheint eine Verschwörung im Gang zu sein, die mich von der Arbeit abhalten soll. Das war etwas, was mein Mann für mich getan hat – er ließ nie zu, daß mich jemand bei der Arbeit störte. Er wußte, woher das Geld für die Miete kam.«

Sie wendet sich ratlos an Dorothy: »Woher soll ich denn wissen, ob er mit alledem noch irgend etwas zu tun hat? Es ist doch offensichtlich absurd.«

Dorothy hält in heiterer Gelassenheit die Augen geschlossen.

»Er bittet Sie um Verzeihung. Er liebte Sie wirklich, aber er wurde von einer älteren Frau beeinflußt.«

Janet wackelt mit dem Kopf. »Er ist nie von jemandem beeinflußt worden. Er hat immer gemacht, was er wollte.«

»In seiner Jugend.«

»Ach so, das muß dann wohl seine Mutter sein. Aber daran ist nichts Ungewöhnliches.«

»Dieser Einfluß hat ihn immer beherrscht.«

Janet schaut Dorothy zweifelnd an. »Das klingt nicht nach dem Mann, den ich kannte.«

»Er hat seine Fehler eingesehen, und er weiß, daß Sie sich in dauerndem Schockzustand befinden seit der neuen Ehe und der Scheidung und durch die lästigen Rechtsstreitereien. Aber mit Hilfe von der anderen Seite wird das alles aus dem Weg geräumt.«

Janets ungläubiger Gesichtsausdruck ist herrlich anzusehen. Ihre Stirn ist gefurcht und die Augenbrauen vielsagend hochgezogen.

»Ich kann das alles nicht begreifen«, sagt sie. »Bei Gott, ich habe nie irgendwelche Hilfe bekommen. Wo kommt sie denn her?«

»Aus Ihrem Inneren. Die Jenseitigen kümmern sich darum, daß Sie eine neue Richtung finden.«

Janet schnaubt verächtlich. »In meinem Alter? Das soll wohl ein Witz sein.«

Dorothy streckt ihren Arm aus und berührt ihre Hand. »Sie werden schon sehen, haben Sie Vertrauen.«

»Vertrauen zu wem?«

»Zu Gott.«

Janet seufzt hörbar: »Es läuft immer auf das gleiche hinaus.«

»Sie werden auf der spirituellen Ebene Hilfe haben.«

»Ich brauche jemanden, der mir gegen all die Geier auf der weltlichen Ebene beisteht.«

»Dafür wird gesorgt. Aber Sie müssen anfangen, an sich selber zu arbeiten. Die Wunden, die Ihnen von anderen zugefügt wurden, haben Ihr Gehör blockiert, aber durch das Christuslicht, das Sie umgibt, wird sich das bessern.«

»Ich dachte, es ist purpurnes Licht.«

»Das ist dasselbe. Ihr Mann arbeitet für Christus.«

»Das ist ja toll für einen orthodoxen Juden!«

»In der geistigen Sphäre gibt es kein Konfessionsdenken. Da gibt es nur den Willen, auf höchster Ebene das Beste zu tun.«

Dorothy fährt mit der Hand leicht über Janets Knie. »Sie hatten Schwierigkeiten mit den Beinen. Wenn Ihr Mann Sie in das purpurne Licht taucht, wird er auch einen Geisterarzt bitten, Ihnen zu helfen.«

»Mir helfen, wobei?«

»Sie haben seit dem Alter von zehn Jahren ein Angstgefühl, das aus Ihren früheren Leben stammt.«

»Meine Kindheit war schrecklich, das hat mit früheren Leben nichts zu tun.«

Bei zeitlichen Rückführungen unter Hypnose war Taylor Caldwell nacheinander die Mutter von Maria Magdalena, ein irisches Küchenmädchen, ein griechischer Arzt zur Zeit Perikles' und ein Dienstmädchen im präviktorianischen England, geschändet von den Lebemännern des Hellfire Clubs. Sie hatte sich erhängt, von hohen Türmen gestürzt und war schändlich und vorzeitig gestorben. Aber immer, durch viele hypnotische Rückführungen hindurch, war sie eine Frau gewesen.

»Ich bin nie ein Mann gewesen, und ich bin nicht wie diese Emanzen. Ich erkenne die Überlegenheit des Mannes an und genieße sie.«

»Sie mögen Frauen nicht«, sagt Dorothy, »und Sie haben einen guten Grund dafür.«

»Sie sind eine minderwertige Rasse«, sagt Janet, ein Lieblingsthema aufgreifend. »Männer sind wie alter Wein, Frauen wie saure Trauben.«

Dorothy schüttelt den Kopf. »Sie waren im Mittelalter, während der Kreuzzüge, ein General und wurden damals von einer Frau verraten. Seither mögen Sie keine Frauen.«

»Was für ein Unsinn«, erwidert Janet, »ich war nie ein Mann.«

Anläßlich ihrer Rückführungen in mutmaßlich frühere Leben hatte die Schriftstellerin sich mit bemerkenswerter Genauigkeit an Menschen und Geschichtsperioden erinnert, und diese Erinnerungen trugen dazu bei, ihre Romane so lebhaft und realistisch zu machen.

»Du wolltest einmal ein Buch über die Kreuzzüge schreiben, über Saladin«, erinnere ich sie. Es war ein Projekt, das sie begonnen und dann aufgegeben hatte.

»Das war ein Zufall. Eine Idee, die ich schnell wieder aufgegeben habe.«

»Trotzdem muß sie ja irgendwoher gekommen sein.«

»Ich bin dieses Reinkarnationsthema so leid.«

Ich dachte an ihren kürzlichen Abstecher nach Palm Springs: »Warum hast du dann dem Schriftsteller Bill Hisey gesagt, ihr hättet euch 1771 in England gekannt?«

Dorothy Vallas freut sich über die Pause und lächelt still vergnügt.

Janet streckt ihren Kopf wie ein Vogel: »Ich muß wohl verrückt gewesen sein.«

»Das würde mit deiner Inkarnation zu Zeiten des Georgianischen Hellfire Clubs zusammenpassen, als du angeblich von Adligen vergewaltigt wurdest.«

Sie bricht in ungläubiges Gelächter aus. »Hoffentlich habe ich es genossen.« Wieder ernster geworden, wendet sie sich an Dorothy: »Was wird aus mir werden? Das ist es, was ich gern wissen möchte.«

Dorothy scheint nichts gehört zu haben. »Sie hatten vor kurzem Ärger wegen eines Ringes. Er ist Ihnen abhanden gekommen.«

»Allerdings, er ist mir abhanden gekommen. Er wurde gestohlen.«

»Sie sagen, er ist noch nicht verkauft worden.«

»Wer ist ›sie‹?« fragt Janet.

»Die Geister.«

»Und wo ist mein Mann jetzt geblieben?«

»Er ist noch in der Nähe.«

»Aha, er holt sich Hilfe.«

»Es geht dem, der den Ring gestohlen hat, nicht gut.«

»Das will ich auch hoffen«, meint Janet.

»Aber Sie haben das Geld ersetzt bekommen.«

»Ja, ja, die Versicherung hat ungefähr zwanzigtausend Dollar bezahlt.«

»Ihr Mann sagt, der Ring wird sich schließlich wiederfinden.«

Es ist deutlich zu hören, daß Janet der ganzen Sache mißtraut: »Hat er wirklich nichts Wichtigeres, um das er sich sorgen kann?«

»Er wird in den nächsten beiden Monaten, November und Dezember, alles in Ordnung bringen, und es werden Ihnen die Augen geöffnet. Sie werden Ihr Buch ohne große Verwirrung beenden und Ihr Vertrauen in jemanden setzen, auf den Sie sich verlassen können.«

»Dann ist also alles«, sie schnalzt mit den Fingern, »im Handumdrehen in Ordnung.«

»Nein. Die Antworten werden aus Ihnen selber fließen. Und die Feindseligkeiten um Sie herum werden aufhören. Sie haben als Kind nicht die Liebe bekommen, die Sie brauchten, und das ist auch später Ihr Muster geblieben.«

»Niemand kriegt die Liebe, die er braucht«, sagt Janet höhnisch.

»Doch«, meint Dorothy, »wenn man Liebe gibt.«

»Und woher stammt diese Perle der Weisheit?«

Dorothy lehnt sich in ihrem Stuhl zurück. »Von Marcus«, sagt sie und nennt damit zum ersten Mal den Namen von Janets Ehemann. Die Sitzung ist beendet.

Janet war nicht beeindruckt. Dorothy hatte kaum den Raum verlassen, als sie meinte: »Das hab' ich gerne, wenn Leute mir sagen, Marcus hilft mir! Er ist während der beiden letzten Jahre seines Lebens praktisch immer im Koma gelegen, nachdem er bei dem Einbruch in unser Haus in Buffalo zusammengeschlagen wurde. Er konnte sich noch nicht mal selber helfen.«

Ich fragte, ob der Täter gefaßt wurde.

»Gefaßt!« Janets Stimme wurde schrill. »Die Polizei nahm ihn fest, und der Richter ließ ihn laufen. Er bedauerte ihn, weil er angeblich einer Minderheit angehörte, die nie soziale Gerechtigkeit erfahren hätte. Er hätte noch nicht einmal eine Sauberkeitserziehung bekommen! Deshalb darf er rauben und morden, wie es ihm paßt, weil er keine Sauberkeitserziehung hatte! Man sollte es nicht für möglich halten!«

Ich hatte das zu oft erlebt, als daß ich ihre Worte anzweifeln konnte.

»Wenn das Leben nach dem Tod weitergeht, dann ist der Geist nicht in dem Zustand, in dem Marcus vor seinem Tod war, sondern in dem seiner besten Jahre«, sagte ich. »So habe ich das jedenfalls verstanden.«

»Jung und knackig, meinst du?«

»Alterslos, nehme ich an. Er wählt sich seinen Zustand selbst, und auf der anderen Seite gibt es ja weder Zeit noch Raum. Jedenfalls hört man das immer.«

Sie blinzelte mir zu. »Die Sitzung war nicht so übel, bloß ein bißchen allgemein, außer diese Sache mit Marcus. Die kann ich nicht glauben.«

Bei dieser Einstellung sah ich keine Veranlassung, mit Maria Moreno in Verbindung zu treten. »Sie ist der Überzeugung, daß ihre einzige Quelle Geister sind«, sagte ich.

Janet zuckte die Achseln. »Was kümmert mich, woher es kommt, solange es stimmt, was sie sagt?«

Als hätte sie jemand eingeladen, erscheint jedoch am nächsten Tag ganz unerwartet Maria. »Ich bin gekommen, um der Schriftstellerin Taylor Caldwell eine Sitzung zu geben«, verkündet sie.

»Haben Sie ihre Bücher gelesen?« frage ich, inzwischen schon so an Überraschungen gewöhnt, daß ich über ihr dramatisches Erscheinen keine Worte verlieren muß.

Sie schüttelt den Kopf. »Ich habe ihren Namen gehört. Die Geister sagen, sie schreibt über Jesus. Erzählen Sie mir nichts. Clarita und Pepe wissen, was notwendig ist, genau wie meine Ärzte.«

Janet beäugt die kleine, dunkle Gestalt neugierig. »Danke, daß Sie Ihren Urlaub unterbrochen haben«, meint sie.

Maria deutet mit bestimmter Geste auf die Autorin: »Sie sind in großen Schwierigkeiten.«

Janet starrt sie an: »Wem sagen Sie das!«

So sitzt Janet zum zweiten Mal während vierundzwanzig Stunden bei einem Medium, diesmal durch die Breite eines Teetischchens von ihm getrennt.

Maria wedelt mit ihren Armen ein paarmal windmühlenartig um ihren Kopf herum, als würde sie die Geister körperlich herbeiholen. Bald darauf verkündet sie mit zum Himmel gerichteten Augen: »Ich sehe Bill, zwei Bills, die Ihnen etwas sagen wollen.«

Ich schaue fragend auf Janet Caldwell. Ihre Lippen verziehen sich zu einem rätselhaften Lächeln.

»Ich war ganz früher zweimal mit Männern namens Bill verheiratet. Aber sie hatten mir während unserer Ehe nie etwas zu sagen. Ich sehe also nicht ein, warum ich ihnen jetzt zuhören sollte.«

Die beiden Bills verschwinden offenbar, und eine andere nebelhafte Gestalt erscheint auf Maria Morenos Bildschirm.

»Ein Mann ist da, der sagt, Sie sollen nur tun, was Sie wollen, und sich nicht darum kümmern, was Verleger oder Agenten sagen. Sie sollen Ihrer eigenen Intuition folgen, sagt er, wie Sie es immer taten, als er noch da war. Es ist Ihr Karma, dieses Buch zu schreiben. Sie waren in einer Inkarnation gegen die Christen, aber später, zur Zeit Neros, sind Sie konvertiert, Sie waren Schriftgelehrter.«

Ich bin beeindruckt, als Maria ein Projekt aufgreift, das Taylor Caldwell und ich im stillen zusammen geplant haben – eine Geschichte über Jesus mit dem Titel *Der werfe den ersten Stein*. Manche Leute hatten aus irgendwelchen Gründen etwas gegen dieses Vorhaben.

»Dieses Buch wird erfolgreicher sein als alle anderen, die Sie bis jetzt geschrieben haben. Sie werden dabei aus dem Wissen schöpfen können, das Sie und Jess Stearn in der frühchristlichen Zeit, als Sie schon einmal zusammen waren, gewonnen haben. Es wird ein wunderbares Porträt Jesu und seiner Anhänger und Feinde.«

Ich habe nichts Derartiges zuvor erwähnt, aber Janet schaut mich lächelnd von der Seite an: »Hast du sie darauf gebracht?«

Maria ist, Gott sei Dank, tief versunken. Trotzdem scheint sie eine Antwort darauf zu geben: »Die Meister möchten, daß Sie dieses Buch schreiben, weil es viel Gutes bewirken wird.« Sie macht eine Pause, sucht offenbar nach Worten und sagt dann »danke«, als ob sie mit ihren Führern spricht. »Die Meister sagen, daß gewisse Leute Sie aus Eigeninteresse ganz unter ihre Kontrolle bekommen möchten.«

Mir fällt Marias ungewohntes Vokabular auf, und wie üblich – ich lerne allmählich, daß das immer so war – antwortet sie auf den unausgesprochenen Gedanken und erklärt: »Die Meister sprechen durch mich, mit meinen Stimmbändern.«

Sie hat noch mehr Neuigkeiten für die Autorin. »Da ist ein Mann, der Sie heiraten möchte, aber er ist schon verheiratet. Er ist hinter Ihrem Geld her. Lassen Sie die Situation so, wie sie ist.«

Janet lächelt unsicher. »Ich glaube wirklich nicht, daß es ihm mein Geld geht«, sagt sie mit einer gewissen Schärfe in der Stimme. »Außer meinem Geld gibt es wohl nichts Anziehendes an mir?«

»Du hast noch nie besser ausgesehen«, antworte ich schnell, und tatsächlich habe ich sie noch nie schöner gesehen. Sie ist in ihrem Gebaren und Aussehen jünger als ihr Alter, und ihr wendiger Geist ist nie wacher und ihre scharfe Zunge nie witziger oder beißender gewesen.

»Ein Mann möchte mit Ihnen schlafen«, fährt Maria unbeeindruckt fort, »aber Sie sollten ihn sich vom Leibe halten, er hat keine guten Absichten.«

»Der ist wohl auch hinter meinem Geld her«, meint Janet bissig. »Ich bin auch noch eine Frau, wissen Sie.«

Maria legt stöhnend die Hände an ihren Kopf. »Oh, es tut weh, es tut weh«, ruft sie.

Janet beobachtet sie genau. »Das ist genau wie Marcus, als die Gangster ihn zusammengeschlagen hatten.« Sie seufzt. »Es ist einfach schrecklich, daß sie ohne Strafe davongekommen sind.«

Maria schüttelt diese Stimmung ab. »Der Täter wird noch dafür büßen. Das ist sein Karma in diesem Leben.«

»Büßen, schön wär's«, sagt Janet bitter. »Der Richter hat gesagt, er hatte keine Sauberkeitserziehung, und man müsse das bei der Behandlung des armen Kerls in Betracht ziehen. Auf ein Opfer wie meinen Mann wird nie Rücksicht genommen. Er hat ja seine Sauberkeitserziehung bekommen. Ich habe wirklich genug von diesen blutenden Herzen, die ihr kleines Gewissen beruhigen wollen, weil sie insgeheim voller Vorurteile sind.«

»Er wird dafür büßen«, wiederholt Maria, »und zwar bald. Ein Mann ist da, der Sie das wissen läßt. Er sagt auch, Sie sollen an ihn denken, wenn Sie einem bestimmten Verleger die Meinung sagen. Die Leute sind mehr auf Sie angewiesen als Sie auf diese Leute. Das sollen Sie nicht vergessen.«

»Das klingt nach jemandem, den ich früher gut kannte. Darf ich fragen, wer diese Quelle des Wissens sein könnte?«

Marias Lider sind geschlossen, und sie atmet rhythmisch, ein Zeichen ihrer tiefen Trance. »Marcus. Marcus ist es, der mit Ihnen spricht. Er läßt Sie wissen, daß er immer bei Ihnen ist.«

Janet ist nicht sentimental aufgelegt. »Wenn er so viel weiß, weshalb sagt er mir nicht, was mit all den Büchern ist, die ich zum Verfilmen angeboten habe und aus denen nie etwas geworden ist?«

»Das war für Sie beide eine große Enttäuschung, aber Sie bekommen diesbezüglich bald eine gute Nachricht.«

»Hollywood hat sieben Bücher übernommen, und sie sind alle schön eingemottet«, sagt Janet ironisch.

»Mach dir keine Sorgen«, sage ich, »Maria sieht das Ende der dürren Jahre voraus.«

Janet schiebt in für sie typischer Weise die Unterlippe vor. »Das werden wir sehen«, sagt sie trotzig.

Damit endet die Sitzung. Janet reicht Maria gnädig ihre Hand.

»Sie haben sicher mit einigen Dingen recht gehabt.«

Maria schlägt sich ausdrucksvoll an die Brust: »Nicht ich, die Meister. Ich weiß nichts.«

»Trotzdem«, sagt Janet, »Sie haben gute Arbeit geleistet, bis auf das mit dem Mann, der Marcus überfallen hat. Es heißt, daß Mord immer bestraft wird. Aber bei den Richtern, die heute das Sagen haben, ist alles möglich.«

Taylor Caldwell flog nach Buffalo zurück, um einen Roman fertigzustellen, bevor sie mit mir an *Der werfe den ersten Stein* arbeiten wollte. Zwei Wochen später bekam ich jedoch einen Anruf von ihr, und sie bat mich, nach Buffalo zu kommen, um unser Projekt zu retten. Bestimmte Ratgeber übten ungewöhnlichen Druck auf sie aus. Es wurde ihr sogar Untreue vorgeworfen, nur damit dieses Buch, an das sie ihr Herz gehängt hatte, nicht entstehen sollte.

Bei meiner Ankunft in Buffalo erinnerte ich sie an Marias Worte: »Folge deiner Intuition.«

Sie nickte zustimmend, und dieses Problem war geregelt.

Am nächsten Tag beim Frühstück hielt sie mir eine Zeitungsmeldung unter die Nase. Es schien mir für unsere Zeit keine ungewöhnliche Geschichte zu sein. Ein Mann war auf einer Straße in Buffalo niedergeschossen und in kritischem Zustand ins Krankenhaus gebracht worden.

Ich überflog die Geschichte und schaute meine Gastgeberin fragend an.

»Dieser Mann hat Marcus totgeschlagen«, sagte sie.

Ich las den Artikel noch einmal durch und versuchte, mich zu erinnern, was Maria Moreno gesagt hatte.

Janet kam mir zur Hilfe: »Sie hat gesagt, er würde das, was er Marcus angetan hat, büßen, und zwar sehr bald.«

Ich konnte der Versuchung nicht widerstehen zu sagen: »Und erinnerst du dich an die Quelle, die sie genannt hat?«

Sie stutzte. »Tja, es war Marcus, nicht wahr?«

Wie so viele andere befand Taylor Caldwell sich im Widerstreit mit ihrem eigenen Glauben, daß mit dem Tod alles zu Ende ist. Sie hatte zuweilen blitzartige Erinnerungen, aber die führte sie auf das Rassengedächtnis oder auf Jungs kollektives Unbewußtes zurück. Als ich sie darauf aufmerksam machte, daß auf unerklärliche Weise historische Einzelheiten aus ihrem Bewußtsein zu fließen schienen, tat sie das leichthin als Phantasie ab und zuckte auch mit den Achseln, als ich sie darauf hinwies, daß sie sich in ihren Rückführungen an tatsächlich existierende Menschen und Ereignisse erinnert hatte.

Für unsere eigene enge Beziehung schien es zuweilen keine Erklärung zu geben, außer daß sie vielleicht eine Fortsetzung irgendeines Kapitels aus grauer Vorzeit war. Das Heer ihrer Leser erwartete begierig ihr angekündigtes Meisterwerk über Jesus, und sie hatte sich zur Zusammenarbeit mit mir entschlossen. »Wir arbeiten gut zusammen«, erklärte sie. Dabei war sie als Schriftstellerin, die nach ihrer eigenen Pfeife tanzte, weltberühmt geworden. Normalerweise verschmähte sie redaktionelle Kritik, aber in *Search for the Soul* und *Atlantis-Saga* war sie gnädig auf alle von mir gemachten Änderungsvorschläge eingegangen.

Maria Moreno hatte von einer früheren Beziehung gesprochen, die unsere jetzige Nähe erklären konnte, aber Taylor Caldwell lachte darüber belustigt: »Du glaubst doch nicht wirklich daran?«

Ich wußte nicht genau, was ich glauben sollte. Ich war immer beeindruckt von den Informationen, die durch das Medium flossen, und dachte, daß sie vielleicht tatsächlich mit den Verstorbenen in Kontakt war. Aber dann gewann wieder mein gesunder Menschenverstand die Oberhand.

Taylor Caldwell stellte zwar den Spiritismus in Frage, aber sie akzeptierte die mit übersinnlicher Wahrnehmung begabte Person. Sie war selbst eine. Sie hatte öffentlich so tragische Ereignisse wie die Ermordung von John F. Kennedy und Martin Luther King vorausgesagt. »Ich akzeptiere Hellsehen und Telepathie«, sagte sie. »Das funktioniert. Aber bei mir ist noch nie ein Geist erschienen außer dem der Reue über meine Fehler.«

Ich spielte den Advokaten des Teufels: »Du brauchst nur daran zu denken, wie Maria Morenos Führer deine Probleme und Projekte angesprochen haben.«

»Da war nichts, was sich nicht durch übersinnliche Wahrnehmung erklären ließe. Vielleicht ist sie Hellseherin und kann sich, wie es viele Hellseher ohne irgendwelche Führer tun, auf die Vergangenheit, die Gegenwart und die Zukunft einstellen. Die Situationen, über die sie sprach, waren mir bekannt. Und den Namen meines verstorbenen Mannes kannte ich ja nun wirklich auch.«

Dennoch wollte sie glauben. Im biblischen Alter von siebzig Jahren suchte sie natürlich, wie so viele, nach einer Erklärung für Leben und Sterben. »Napoleon hat gesagt, einmal geboren zu sein sei eben so bemerkenswert wie zweimal.«

Im Universum gibt es Rhythmus und Ordnung, in den wohlbemessenen Bewegungen der Planeten, im Wechsel der Jahreszeiten, im Wechsel von Ebbe und Flut. Es ist endlos, zeitlos, ohne Anfang und Ende, und sind wir nicht alle Teil davon?

»Natürlich«, sagte sie, »die Insekten auch.«

Unsere Wege trennten sich wieder, und das nächste Mal sah ich sie einen Monat später, als wir uns nach den Weihnachtsferien in New York trafen, um über *I, Judas* (Der werfe den ersten Stein) zu sprechen. Sie erwähnte im Scherz, daß sie ihren Verkauf an die Filmgesellschaften noch nicht erlebt hätte. »Nur Geduld«, sagte ich.

Als wir in ihrer Wohnung mit Blick über den Central Park saßen, hatte ich den Eindruck, daß etwas sie sehr stark beschäftigte. Sie rauchte eine Zigarette nach der anderen, schlürfte ihren Kaffee und starrte gedankenverloren auf die verschneiten Bäume hinaus.

»Ich muß dir etwas erzählen«, sagte sie schließlich. »Ich mußte immer wieder daran denken, was das Medium damals in Kalifornien über Marcus gesagt hat, und wahrscheinlich wollte ich mich irgendwie vergewissern. Jedenfalls saß ich in der Weihnachtswoche einmal da und tat mir ganz besonders leid, und da fiel mein Blick auf die Gruppe von fünf Jadebildern, die in meinem Schlafzimmer hängen. Ich schaute den gerahmten Pfau an, den Marcus immer besonders mochte, und sagte laut: »Marcus, wenn es ein Jenseits gibt, dann gib mir ein Zeichen.«

Sie war furchtbar erschrocken, als daraufhin das Bild mit einem dumpfen Geräusch auf den Boden fiel.

»Etwas Derartiges habe ich noch nie erlebt«, betonte sie.

Jetzt war es an mir, skeptisch zu sein. »Bilder fallen immer mal wieder von der Wand.«

Sie schüttelte den Kopf. »Ich habe den Haken sorgfältig untersucht. Er war nicht aus der Wand gezogen und auch nicht im geringsten verbogen.«

»Bist du sicher, daß der Aufhänger nicht gebrochen ist?«

Sie beobachtete den Rauch ihrer Zigarette, der gemächlich zur Decke aufstieg.

»Es gibt nur eine Möglichkeit«, sagte sie. »Das Bild mußte von irgendeiner äußeren Kraft hochgehoben und von der Wand gezogen worden sein. Anders war es nicht möglich.«

10 Die heilenden Geister

Dr. Jussek stand Geistheilern ziemlich skeptisch gegenüber, aber er konnte sich vorstellen, daß bestimmte Menschen magnetische Energie ausstrahlen, die auf andere eine heilende Wirkung haben mochte. Das lag alles im Bereich des Möglichen, besonders wenn, wie es bei dem Heiler Douglas Johnson der Fall war, deutlich Wärme ausgestrahlt wurde, die die Durchblutung in den betroffenen Körperteilen verstärkte. Aber wie soll man sich vorstellen, daß an sich schon unvorstellbare Geister von der Stratosphäre aus Heilungen an tatsächlich vorhandenen Körpern bewirken?

Getrieben von echter wissenschaftlicher Neugier war Jussek jedoch bereit, Maria Morenos Geister auf die Probe zu stellen, vor allem, weil er selber Hilfe brauchte und meinte, er habe nichts zu verlieren. Er litt seit einiger Zeit an Schmerzen in seinem Knie und konnte kaum laufen, und seine Kollegen hatten ihm eine Operation empfohlen, um den beschädigten Knorpel zu ersetzen. Er hatte eine laienhafte Angst vor dem Messer, und die Berichte von Marias Klienten, denen sie bei Kopfschmerzen, Verspannungen, Rheumatismus und den verschiedensten, möglicherweise psychosomatischen Leiden Erleichterung verschafft hatte, beeindruckten ihn.

Marias Zeugnisse waren sachlich. Sie hatte der Künstlerin Kathleen Bleser aus Hermosa Beach korrekt diagnostiziert, daß sie ein Ménièresyndrom hatte, ein Ungleichgewicht im Innenohr, und der Tänzerin Ann Miller hatte sie entgegen allen anderen Diagnosen gesagt, daß sie an zunehmendem Grauen Star litt.

In Jusseks Fall stimmte Marias Diagnose mit der der Ärzte überein: Gewebeschäden an der Innenseite des Kniegelenks. Der Arzt, ein leidenschaftlicher Sportler, hatte seine Dauerläufe, sein Yoga und sogar einfache Gymnastikübungen aufgegeben, weil die Schmerzen zu stark waren. Angesichts einer Operation als einziger Alternative kam es ihm jetzt nicht komisch vor, übersinnliche Hilfe in Anspruch zu nehmen.

»Als Akupunkteur habe ich oft vermeintliche Wunder geschehen sehen, ohne genau zu wissen, wie den Leuten geholfen wurde«, meinte er lächelnd. »Es hat gewirkt, und das war genug, und ich habe den Eindruck, daß es um die Medizin besser bestellt wäre, wenn mehr Ärzte für Behandlungen offen wären, seien sie auch noch so ausgefallen oder merkwürdig, wenn sie nur ihren Patienten helfen.«

So gab Dr. Jallikete – assistiert von Dr. Dermetz – Dr. Jussek eine intramuskuläre Spritze. Während dieser Behandlung mußte Jussek sich ein belustigtes Lächeln verbeißen, als er daran dachte, wie wohl seine Fachkollegen reagieren würden, wenn er ihnen davon erzählte. Er sagte sich, daß es zumindest schmerzlos und billig war, denn Maria verlangte von Kranken oder Behinderten keine Gebühr.

»Das wäre eine Entweihung meiner Gabe«, meinte sie. Sie fühlte sich nur als Werkzeug Gottes und hatte eine gesunde wie auch bescheidene Achtung vor ihren eigenen Kräften.

»Ich weiß nicht, was ich spreche«, sagte sie, »aber ich sehe, daß es den Leuten besser geht.«

Sie fand es auch nicht ungewöhnlich, daß viele Ärzte zu ihr kamen.

»Das sind auch Menschen«, meinte sie, »und sie gehen nicht gut mit sich um, befolgen noch nicht einmal ihre eigenen Ratschläge. Sie arbeiten zuviel, rauchen zuviel und essen ungesund.«

Maria empfand Zuneigung zu dem Akupunkteur Jussek. »Er ist ein guter Mensch«, sagte sie, »und man muß ihm helfen, damit er anderen helfen kann.«

Die Sitzung mit Jussek dauerte nur wenige Minuten, und für Maria Moreno gab es über das Ergebnis keinen Zweifel.

»Sie werden wieder ganz normal laufen können«, versprach sie. »Die Ärzte sagen es.«

Wieder unterdrückte der Arzt mühsam ein Lächeln, als er daran dachte, welche Fehlbehandlungsrisiken in solch unorthodoxen Operationen lagen.

»Das Gewebe wird innerhalb einer Woche vollständig geheilt sein«, sagte Maria Moreno. »Aber Sie werden sich schon morgen stärker fühlen.«

Als der Arzt am nächsten Morgen aus dem Bett stieg, probierte er vorsichtig, sein Knie zu bewegen. Der vertraute Schmerz trat nicht ein. Er ging versuchsweise ein paar Schritte auf und ab – noch immer kein Schmerz. Auf der Straße vor seiner Wohnung fing er an zu laufen, hielt aber rasch an, als er sein Knie spürte. Er dachte an die Mahnung, sechs bis sieben Tage nicht zu laufen und sein Knie nicht größeren Belastungen auszusetzen.

»Ich fühlte mich einfach so wohl«, sagte er, »ich dachte, ich könnte jede Anstrengung aushalten.«

Dann hielt er sich jedoch an die Anweisungen von Dr. Jallikete und Dr. Dermetz, wer und wo diese auch immer sein mochten – selbst wenn sie nur im Kopf dieses erstaunlichen mexikanischen Mediums existierten.

Allmählich ließen der Schmerz und die Schwellung nach. Nach einer Woche waren die Symptome vollständig verschwunden.

»Ich zog meine Sportkleidung an und fing an, in dem Park nah bei mir zu Hause herumzurennen. Ich bin, ohne anzuhalten, drei Meilen gelaufen, und vor Ende der Woche rannte ich wieder meine üblichen fünf Meilen. Was immer Maria Moreno da gemacht hat – es hat gewirkt.«

Wie der Zufall es wollte, hatte ich mir selber bei einem Auffahrunfall eine ähnliche Knieverletzung zugezogen. Wochenlang war ich herumgehumpelt und hatte meine Sportgewohnheiten erheblich einschränken müssen. Befreundete Mediziner meinten, die Kapsel meines Kniegelenks sei gebrochen, und schlugen eine orthopädische Behandlung vor. Ich hatte bereits einen Termin bei einem anerkannten Spezialisten vereinbart, als Dr. Jusseks bemerkenswerte Heilung mir nahelegte, es mit dieser relativ leichten und billigen Behandlungsweise zu versuchen.

Maria drückte genau an der verletzten Stelle auf mein Knie. Nicht viel anders als meine Großmutter, wenn sie mich als Kind beruhigte, sagte sie: »Der Doktor macht's heil.«

Rasch in Trance, ruft sie Dr. Jallikete, Dr. Dermetz und – mir neu – Dr. Dondich.

Bereitwillig erklärt sie: »Den Meistern sind alle Ärzte des Universums zugänglich.«

»Und wer ist dieser Meister?« frage ich.

»Meister Rampa« – sie nennt den schon vertrauten Namen. »Nach so vielen Leben ist ihm vollkommenes Verstehen des Universums zu eigen.«

In meinem Fall ist keine Spritze notwendig.

»Sie werden das Gelenk einrenken, so daß das Knie sich entspannen kann.«

»Ich hatte daran gedacht, einen Osteopathen aufzusuchen«, sage ich.

Sie schüttelt heftig den Kopf. »Das wäre eine zu große Belastung.«

»Wieso?« frage ich. »Ist das Einrenken durch die Geisterärzte denn anders?«

»Ja, weil es mit Energie arbeitet, nicht durch Druck oder Bewegung, die schmerzhaft sein könnten.«

Ich bekomme die Anweisung, ein Glas Wasser neben mein Bett zu stellen und in der Nacht davon zu trinken.

Vielleicht war es Einbildung, aber am nächsten Morgen hatte ich zum ersten Mal nach Wochen keine Schmerzen in meinem Knie. Ich ging am Strand spazieren, machte ein paar Bodenübungen und rannte sogar ein Stück. Ein paar Tage später übersah ich jedoch eine Stufe und kam hart auf meinem verletzten Bein auf. Ein heftiger Schmerz durchzuckte mein Knie, und es war scheinbar wieder alles wie zuvor.

Maria hatte Mitgefühl. »Die Ärzte machen es wieder heil«, sagte sie. Sie begab sich in Trance und wedelte in vertrauter Windmühlenmanier mit den Armen um ihren Kopf.

Dr. Jallikete und Dr. Dermetz versammelten sich wieder für diesen Fall und nahmen eine weitere Einrenkung vor.

»Unten drunter heilt es schon«, sagte Maria. »Sie haben sich nur die Sehne ein wenig gezerrt. Denken Sie, daß es vollkommen geheilt ist. In einer Woche wird es Ihnen besser gehen.«

Zum ersten Mal hatte sie mein eigenes Denken für den Heilungsprozeß eingespannt. Später, als mein Knie wieder völlig in Ordnung war, sprach ich mit Dr. Jussek darüber.

»Ich kann auch nur mutmaßen, wie sie das macht«, meinte er, »aber es sind offensichtlich immer verschiedene Methoden. Manchmal ist es ein Arzt und eine geistige Operation, manchmal eine Einrenkung, eine Diät oder Körperübungen oder wie in Ihrem Fall der Gebrauch Ihrer eigenen Gedankenkraft zur Heilung. Die Meister wissen offenbar, daß Sie darin geschult sind, Ihre Gedankenkraft zu gebrauchen, und daß Sie *The Power of Alpha-Thinking* (Die Macht der Alpha-Gedanken) geschrieben haben.«

Wir schienen einer Erklärung nicht näher. Jussek theoretisierte, möglicherweise gäbe es noch nicht identifizierte Schwingungen, und eine davon sei vielleicht eine heilende Schwingung, durch die in einem unbekannten Energieprozeß eine atmosphärische Kraft freigesetzt würde.

»Eine Unbekannte setzt eine andere Unbekannte frei, um ein bekanntes Ergebnis hervorzubringen?«

Jussek zuckte mit den Achseln. »So esoterisch ist das gar nicht. Röntgenstrahlen, Radiowellen und Fernsehstrahlen bringen auch durch einen unsichtbaren und nur unvollständig verstandenen Prozeß sichtbare Ergebnisse hervor.«

Jussek hatte einige Fälle, die mit herkömmlichen Therapien nicht zu heilen waren, und Maria erklärte sich bereit, hier alles zu versuchen, was in ihrer Macht stand. Es handelte sich um einen Patienten mittleren Alters, der an Leukämie im Endstadium litt, und einen jungen Fußballer, dem sein unterer Rücken so zu schaffen machte, daß er nicht arbeiten konnte.

Der Leukämiepatient war ein Ingenieur von fünfundvierzig Jahren. Er hieß einfach Bill. Er war seit zwei Jahren krank, und die Krankheit hatte ihr Endstadium erreicht. Er schien zurückhaltend und kühl, aber das konnte auch eine Maske sein, hinter der er seine Angst verbarg. Er war nie zuvor bei einem Medium gewesen und wußte offensichtlich nicht, was auf ihn zukam. Er hatte nichts dagegen, daß noch jemand anderer anwesend war, solange er anonym blieb. Er wurde mit Medikamenten behandelt, die in periodischen Zeitabständen die charakteristische Überschwemmung des Blutes mit 100000 Zellen pro Kubikmilliliter auf einen Normalwert von fünf- bis zehntausend Zellen pro Kubikmilliliter Blut senkten. Mit der Zeit ließ die Wirkung der Behandlung jedoch nach, und lebenswichtige Organe wie die Leber wurden in zunehmendem Maße von den Zellen geschädigt. Er war bereit, alles zu probieren, während die herkömmliche Behandlung weiterlief.

Maria hatte keinerlei Informationen bekommen. In dem kleinen Raum saß sie dem Ingenieur gegenüber und kam schnell in Trance.

»Die Meister machen für diesen Fall alle Ärzte verfügbar«, sagt sie. »Sie werden ihn zuerst untersuchen und herausfinden, was ihm fehlt.«

Wie horchend hebt sie den Kopf: »Er hat Röntgenbestrahlungen bekommen, sagen Sie, Doktor?«

Mit geschlossenen Augen wendet sie sich wieder zu Bill, der auf die hinter ihr liegende Wand starrt.

»Stimmt das?« fragt sie, ihren unsichtbaren Arzt überprüfend.

Bill nickt mechanisch.

»Im Gesicht?«

Er nickt wieder. »Wegen Gesichtskrebs«, sagt er lakonisch.

Sie schüttelt mehrmals den Kopf. »Die Ärzte sagen, Sie haben eine Blutkrankheit, die vom Knochenmark, wo das Blut gebildet wird, ausgeht.« Sie hält einen Augenblick inne. »Danke, Doktor. Es ist Dr. Jallikete. Er ist mit Dr. Dermetz und Dr. Karnacke hier.«

Ich werfe einen verstohlenen Blick auf Bill. Er hat den Kopf in die Hände gestützt und die Augen geschlossen.

»Die Ärzte sagen, Sie haben Leukämie. Stimmt das?«

Er hebt langsam den Kopf. Einen Moment lang schaut er Jussek an, dann nickt er.

»Ja, ich habe Leukämie.«

»Die Ärzte sagen, Sie wurden vor Jahren einmal über längere Zeit hinweg mit Penicillin und anderen Antibiotika behandelt. Das hat die Gefäße in Mitleidenschaft gezogen. Die Blutgefäße entzündeten sich, und die Leistung des Knochenmarks wurde dadurch beeinträchtigt.«

»Ich bin lange Zeit mit Penicillin behandelt worden«, bestätigt er.

Die Untersuchung wird fortgesetzt. »Die Ärzte sagen, Sie haben eine Prostata- und eine Bruchoperation hinter sich.«

»Das stimmt.« Bill rutscht unruhig auf seinem Stuhl herum.

Ohne die Augen zu öffnen, sagt Maria: »Sitzen Sie still. Die Ärzte arbeiten in diesem Bereich.«

Er sitzt bewegungslos.

Maria steht nun auf und stellt sich hinter den Ingenieur. »Sie haben Schmerzen in den Beinen?«

Jussek hört aufmerksam zu. »Das ist bei dieser Krankheit symptomatisch.«

»Und Schwierigkeiten mit der Leber?«

Er zögert. »Indirekt.«

»Mit der Zeit greift Leukämie die Leber an«, flüstert Jussek.

»Die Ärzte möchten eine Transfusion vornehmen. Wissen Sie, was Ihre Blutgruppe ist?«

Er nickt.

»Blutgruppe Null, nicht wahr?«
Er stutzt ein wenig und sagt nichts.
»Antworten Sie ihr«, drängt Jussek.
Er nickt bestätigend.
Die Transfusion ist, gelinde gesagt, sehr merkwürdig. Maria erklärt: »Die Ärzte sagen, die eine Körperhälfte ist negativ und die andere positiv. Sie müssen die negative und die positive Hälfte austauschen, damit die Blutzellen sich verändern. Dr. Joachim (noch ein anderer Arzt) überprüft, wie sie in Houston diese Zellen experimentell verändern. Er ist dort, und er wird sehen, wie sie Blutplasma benutzen, um diese Veränderungen zuwege zu bringen. Er wird die Energie von der linken in die rechte Seite bringen, um das System zu polarisieren.«
Das ist ein bißchen zuviel für mich. Der Patient Bill scheint in Gedanken versunken. Nur Dr. Jussek weiß anscheinend noch, worum es geht.
»Houston ist führend in Experimenten, die mit Leukämie zu tun haben«, sagt er. »Erstaunlich, daß sie solche Informationen bekommt.«
Die Ärzte haben noch weitere Pläne für den Kranken.
Maria hebt die Hände und verkündet: »Sie heben seinen Astralleib in die Atmosphäre hoch, dreißig, fünfzig, siebzig Meter. Sie füllen seinen Astralleib mit kosmischer Energie.«
Die nun folgende Diätanweisung wirkt nach diesem Ausflug in den Weltraum merkwürdig irdisch.
»Sie sollen viel rote Bete essen, sagen die Ärzte, gekocht und roh. Keine Konserven. Die Ärzte werden dem Astralleib einmal in der Woche kosmische Energie übermitteln.«
Ich hatte keine Ahnung, was dieser Astralleib ist und wie er funktionieren soll.
»Er ist das Ektoplasma, das den Körper im Schlaf oder in unterbewußtem Zustand verläßt und dieselbe Form hat wie der Körper«, erklärt sie.
»Wieso wird der Astralleib behandelt, wenn der wirkliche Körper krank ist und im Sterben liegt?«
»Wenn der Astralleib wieder in den physischen Körper eintritt«, sagt Maria, »dann zieht er die gewonnene Energie in den physischen Körper.«
Was bedeutet das alles mit diesem Astralleib?

»Der Astralleib ist der Träger der Seele«, führt sie aus, »und unterscheidet den Menschen vom Tier. Er ist Gott im Menschen und bleibt nach dem Tod als Verbindung zu dem, was danach kommt, bestehen.«

Das ist sicher eine plausible Erklärung, wenn auch nicht nachweisbar.

Die Sitzung war kurz darauf beendet. Vielleicht war es die Kraft der Suggestion, aber Bill berichtete nach ein paar Tagen, er fühle sich besser als noch vor Wochen.

»Das war das erstaunlichste Erlebnis, das ich je hatte«, meinte er. »Sie schien ja alles zu wissen, was je mit mir gewesen war.«

Sie hatte nebenbei erwähnt, wie besorgt seine Frau – und seine Freundin – waren, und das hatte ihn komischerweise noch mehr beeindruckt als die Diagnose, daß seine Leukämie durch eine Beeinträchtigung der Knochenmarksfunktion hervorgerufen wurde.

»Woher wußte sie, daß ich eine Freundin habe?« wunderte er sich.

Dr. Jussek war nicht optimistisch. »Der Patient hat eine ernstere Form von Blutkrebs«, sagte er, »chronische Leukämie. Sie wird zunehmend schlimmer und führt normalerweise in drei bis vier Jahren zum Tod. Er macht vielleicht nur die Hochs und Tiefs mit, die für diese Krebsart typisch sind.«

Die Besserung war tatsächlich nur von kurzer Dauer. Die Müdigkeit, die Depression und die körperlichen Schwierigkeiten kamen bald wieder.

»Denken kann Wunder wirken«, meinte der Arzt. »Er war von Maria vielleicht so beeindruckt, daß ihn das positiv beeinflußt hat.«

Das erschien mir aber unwahrscheinlich, wenn es die berühmten Ärzte nicht gegeben hätte. Aber ich fragte mich, ob wir da nicht auf eine unschätzbare Information gestoßen waren.

»Ist es möglich, daß zwischen längerem Gebrauch von Antibiotika und Leukämie ein Zusammenhang besteht?« fragte ich.

»Wir wissen, daß Antibiotika, Penicillin eingeschlossen, manchmal Blutzellen abtöten, aber über ihre Wirkung auf die Zellproduktion gibt es meines Wissens keine Untersuchungen«, meinte Jussek.

Es gab in der letzten Zeit anscheinend einen unerklärten Anstieg der Leukämieerkrankungen bei offenbar ganz gesunden jungen Menschen. Ich erinnerte an den erschreckenden Fall des Fußballers

Ernie Davis, der die Heisman-Trophäe gewonnen hatte und mit dreiundzwanzig Jahren gestorben war. Es schien so tragisch und widersinnig.

»Ich kann nicht mit Sicherheit sagen, ob zwischen dem Gebrauch von Antibiotika und dem Zusammenbruch des Gefäßsystems ein Zusammenhang besteht, aber es würde sich lohnen, das einmal zu untersuchen. Leukämie ist nach Herzerkrankungen und Krebs die dritthäufigste Todesursache im Land, ohne daß irgend jemand weiß, woher das kommt.«

Der Gebrauch von Antibiotika, einschließlich Penicillin, hatte – bezeichnenderweise vielleicht – nach dem Zweiten Weltkrieg erheblich zugenommen.

Ein anderer Freund von Jussek, der bekannte Chirurg Dr. Robert T. Crowley aus New York und Palmdale in Kalifornien, hatte eine verringerte Funktion des Knochenmarks nach längerem Gebrauch von Antibiotika beobachtet.

»Es wirkt sich oft ungünstig auf den Blutkreislauf aus«, meinte er.

Beim autogenen Training, in der Selbsthypnose, sind die heilenden Eigenschaften des Unterbewußtseins offensichtlich. Wahrscheinlich hatte Maria bei ihrer Sitzung mit Bill diese Frequenz erreicht und einen Energieprozeß in Gang gesetzt, der später aus Mangel an neuer Stimulierung wieder abflaute.

»Könnte es nicht sein, daß so eine den Selbstheilungsprozeß anregende Energieübertragung anfänglich stark genug ist, um ein verstauchtes Knie zu heilen, daß sie aber bei komplizierteren Störungen erneuert werden muß?« fragte ich Jussek.

Daran hatte er auch schon gedacht, aber es war natürlich nur eine Theorie.

Er war beeindruckt, daß Maria offensichtlich in die chinesische Lehre von Yin und Yang Einblick hatte, die besagt, daß der Körper nur normal funktioniert, wenn positiv und negativ geladene Kräfte im Gleichgewicht sind.

»Wie sollte diese einfache, ungebildete Frau wissen, daß die rechte Seite positiv und die linke negativ ist? Als sie davon sprach, das Mark von der positiven auf die negative Seite zu transferieren, da staunte ich nur, woher sie diese Informationen hatte.«

»Glauben Sie an ihre Ärzte?« fragte ich.

Der Mediziner in ihm zuckte mit den Achseln. »Irgend etwas ist da dran. Ich weiß bloß noch nicht, was!«

Er führte noch einen weiteren Fall vor.

Eric Thiele, ein professioneller Fußballspieler, hatte für die Mannschaft von Los Angeles im Tor gestanden, bis ein Bandscheibenschaden im unteren Rücken ihm das unmöglich machte. Er litt unter ständigen Schmerzen und unterzog sich nach verschiedenen Therapien schließlich der Akupunktur. Er war ein sympathischer junger Mann, mit zerzaustem blonden Haar, aber seine blauen Augen waren von Angst überschattet.

»Ich bin erst sechsundzwanzig«, sagte er, »und Fußball ist nicht nur mein Lebensunterhalt, sondern überhaupt mein Leben.«

Er erschien mit der Schauspielerin Rosemary Cord.

»Darf sie dabeisitzen?« fragt er.

Maria lächelt: »Die Ärzte haben nichts dagegen.«

Wie in den vorhergehenden Fällen versichert uns Jussek, daß Maria keine Informationen erbeten und auch keine erhalten hat.

Eric und seine Freundin waren nie zuvor bei einem Medium und wußten nicht, was auf sie zukam. Sie erlebten eine Überraschung.

»Sie kennen eine Rosemary, nicht wahr?« sagt Maria.

Eric nickt verblüfft.

»Ihr liebt euch sehr?«

Die beiden wechseln einen zärtlichen Blick: »Ja, sehr.«

Wie so oft beruft Marias Clarita nun den Ärztestab. Marias Augen sind geschlossen und ihr Gesicht unbewegt.

»Die Ärzte sind von der anderen Seite gekommen, um Ihnen zu helfen«, verkündet sie. »Es geht um Ihren Rücken, nicht wahr? Sie haben ihn sich das erste Mal verletzt, als Sie als kleiner Junge einen anderen Jungen hochgehoben haben.«

Eric schüttelt unsicher den Kopf. »Vielleicht«, meint er, »so etwas macht ja jedes Kind.«

Maria sieht zerstreut aus, so, als ob sie mehr als einer Stimme lauscht.

»Ja, Doktor«, sagt sie. Und dann, zu Rosemary gewandt: »Sie haben eine Nachbarin, Anne, die gerade einen Autounfall hatte. Sie fuhr einen gelben Wagen.«

Rosemary schaut verwundert. »Gestern ist das passiert. Sie fuhr einen cremefarbenen Volkswagen.«

»Sie liegt im Koma auf der Intensivstation. Ihr Mann fürchtet um ihr Leben. Er heißt Jack, nicht wahr?«

Rosemary und Eric schauen sich an.

»Die Ärzte werden ihr helfen. Morgen wird es ihr besser gehen, und in vierundzwanzig Stunden schlägt sie wieder die Augen auf.«

»Hoffentlich«, sagt Rosemary, »die Ärzte geben ihr keine große Chance.«

»Es kommt alles in Ordnung. Dr. Dermetz ist bei ihr.«

Es herrscht jedoch kein Ärztemangel. Dr. Jallikete und ein Dr. Fritts bleiben, um Eric zu behandeln. Er wartet gespannt.

»Sie haben Schmerzen in der rechten Seite des Rückens.« Sie schüttelt besorgt den Kopf. »Es tut so weh, daß die Ärzte sagen, ich darf nicht hinfassen. Es liegt an der Bandscheibe. Sie sind mit Wärmebestrahlungen, Eisumschlägen und Nadeln behandelt worden. Die Ärzte sagen, es ist schlimmer geworden, weil Sie Fußball spielen und durch das ständige Auf- und Abspringen den unteren Rücken erschüttern.«

Eric sieht erschrocken aus. »Ja, als Torwart muß ich viel herumspringen, um die Bälle abzufangen.«

»Durch die Verletzung sind Kalkablagerungen da, und der Druck macht der Bandscheibe Schwierigkeiten.«

Eric schaut noch ernster als vorher.

»Die Ärzte sagen, sie werden Ihnen helfen. Akupunktur ist gut, aber die Nadeln müssen in den Mittelfuß gesetzt werden. Dann wirken sie auf die Rückenmuskulatur.«

Jetzt war es an Jussek, verblüfft zu sein. »Woher sie das bloß weiß?« flüstert er. »Das ist eine spezielle Behandlung für die Lendengegend; denn es gibt eine Nervenverbindung mit dem Mittelfuß. Bei Schwierigkeiten in der Kreuzbeingegend spritzen wir sogar Vitamin B 12 in den Mittelfuß.«

Ich wundere mich, warum er diese spezielle Technik nicht schon früher angewandt hat.

»Ich habe den Fußreflex getestet, aber die Stelle schien nicht schmerzempfindlich.«

Maria spricht weiter. »Die Ärzte sagen, daß Sie zur Reinigung Ihres Körpers vegetarisch essen und Tee aus Petersilie trinken sollen.«

Inzwischen wollen ihre Ärzte eine (imaginäre) Spritze rechts in den unteren Teil der Wirbelsäule setzen, um die Bandscheibe zu entlasten.

»Es wird nicht einfach sein, weil der Zustand schon so lange andauert.«

Erics Gesicht wird noch länger.

»Aber keine Angst, sie werden Ihnen helfen. Heißes Wasser, ähnlich wie Unterwassermassagen, ist gut. Sie sollten eine Weile darin sitzen bleiben. Und vergessen Sie den Petersilientee nicht.«

»Da achte ich schon drauf«, verspricht Rosemary, als die Sitzung zu Ende ist.

Eric spürte, genau wie Bill, eine sofortige Wirkung.

»Es ist wirklich beachtlich; er hat zum ersten Mal seit langer Zeit keine Schmerzen«, berichtete Rosemary am nächsten Tag.

Es konnte wiederum die Kraft der Suggestion gewesen sein, die das bewirkte.

»Vielleicht«, meinte sie, »aber ich habe ihm auch die ganze Zeit gesagt, daß ihm gar nichts fehlt, und das hat ihn bloß geärgert.«

Wie Bill schien auch Eric nach einer Weile in den alten Zustand zurückzufallen. Durch die Akupunktur in den Mittelfuß wurde sein Rücken jedoch offenbar beweglicher. Es ging ihm besser, aber er traute sich nicht, das Fußballspielen wieder aufzunehmen.

Rosemary staunte über Marias mediale Fähigkeiten. »Als sie von Annies Unfall sprach, dachte ich, sie hätte vielleicht meine Gedanken gelesen. Aber sie hat auch erwähnt, daß der Fahrer des anderen Wagens ein Schwarzer war, und das habe ich erst später erfahren.«

Mit Annie geschah alles so, wie Maria es angekündigt hatte.

»Annie schlug genau zu dem Zeitpunkt, den Maria vorausgesagt hatte, die Augen wieder auf und sagte ›Hallo‹« erinnerte sich Rosemary.

Wochen später hörte ich wieder von Eric. Er wollte eine weitere Sitzung mit Maria vereinbaren.

»Warum denn, wenn es gar nicht so viel geholfen hat?« fragte ich.

»Es geht mir viel besser«, sagte er. »Seit einer Woche trainiere ich wieder.«

»Das ist ja wunderbar. Was hat so gut geholfen?«

»Die Unterwassermassagen. Das hab' ich zwei Wochen lang gemacht, und es hat tatsächlich gewirkt.«

Ich dachte an die Sitzung zurück. »Hat sie Ihnen nicht so etwas empfohlen?«

»Ich glaube.«

»Und was ist mit dem Petersilientee?«

»Den habe ich vergessen«, sagte er kopfschüttelnd.

Maria war wie immer bereit, zu helfen.

Sie erinnert sich an Eric, aber nicht an das, was sie ihm gesagt hat. Sie begibt sich in Trance und spricht bald von seinen Rückenproblemen, diesmal noch ein wenig ausführlicher.

»Sie haben Schmerzen in den Beinen«, sagt sie.

Er nickt. »Ich bin herumgerannt, das hat mich angestrengt.«

»Das schadet nichts. Aber entspannen Sie die Muskeln mit heißem Wasser.«

»Ja, das hat mir geholfen.«

»Wenn Sie Muskelschmerzen haben, reiben Sie etwas Hitze ein«, sagt sie wiederholt.

Eric schaut hilflos auf: »Wie macht man das, Hitze einreiben?«

»Es ist eine Flüssigkeit, die Sie einmassieren«, sagt sie.

Ich komme ihm zu Hilfe: »Es gibt eine Salbe gegen Muskelschmerzen, die heißt Heet (engl. heat = Hitze, Anm. d. Übers.).«

»Die werde ich mir besorgen«, verspricht Eric.

Maria überlegt einen Moment. »Der Arzt sagt, es ist zuviel Druck auf der Bandscheibe.« Dies ist eine genauere Erklärung der früheren Diagnose. »Er sagt, ein Nerv ist eingeklemmt, und das führt zu Druck in der Kreuzbeingegend. Können Sie mir folgen?«

Eric nickt, offensichtlich erleichtert, daß die Bandscheibe nicht zerstört ist.

»Nehmen Sie weiter Ihre Sprudelbäder«, führt sie fort, »und nehmen Sie Gelatine, das hilft bei der Heilung.«

»Gelatine?«

Sie buchstabiert das Wort langsam. »Essen Sie sie in verschiedenen Geschmacksrichtungen, dann schmeckt es besser.«

Eric versteht immer noch nichts. In seiner italienischen Heimat hat er offenbar nie von Gelatine gehört.

»Fragen Sie nach Knox Gelatine«, sagt Maria. »Das kennt jeder. Und essen Sie sie jeden Tag.«

Eifrig macht er sich Notizen auf seinem Block. »Und wenn Sie schon dabei sind, lassen Sie sich von Rosemary Petersilientee kochen«, werfe ich ein.

»Sie hat mir Petersilie gegeben.«

»Wenn Sie es nicht so machen, wie Maria sagt, dürfen Sie sich nicht beklagen.«

Zwei Tage später machte er eine Diät mit Gelatine und Petersilientee, aß vegetarisch und rieb sich mit Heet ein.

Wie schon zuvor betonte Maria, daß der Heilungsprozeß ganz natürlich sei. »Alles ist Teil des universalen Gesetzes, aber der Kranke muß ganz entspannt sein, damit die heilende Schwingung in sein Bewußtsein eindringen kann. Es ist so einfach wie Sonne oder Regen – eine ausgleichende Manifestation von Energie, und unsere Welt besteht aus nichts anderem als Energie. Es gibt universale Gesetze, die die Töne und das Licht beherrschen, die es gestatten, daß Flugzeuge fliegen und der Mensch auf dem Mond landen kann. Andere Gesetze ermöglichen Radio und Fernsehen. Alles wird von den Schwingungen der elektrischen Energie beherrscht. Ebenso gibt es Gesetze, die wir noch nicht entdeckt haben – Energiegesetze, die eine Materialisation von Substanzen aus der Atmosphäre gestatten, wie Jesus es mit den Broten und den Fischen gemacht hat. Und es gibt auch Energien in der Atmosphäre, die in der richtigen Frequenz für Heilungen genutzt werden können. Das sind alles keine Wunder, sondern Naturgesetze, die die Wissenschaft noch nicht versteht. Sie verstehen nicht, wie das vor sich geht, und glauben deshalb nicht daran, selbst wenn sie die Resultate sehen.«

Bei meinen Studien über Marias Ärztestab hatte ich das Offensichtliche übersehen.

»Wenn sie all diese Heilungen vollbringt«, sagte ein Klient, ein Senator, »dann helfen sie aus einer anderen Dimension von Raum, Zeit und Erfahrung.«

Sie selber waren Manifestationen des Lebens nach dem Tode!

»Was auch immer da geschieht, es kommt sicher nicht von der irdischen Ebene.« Der Geist Dr. Jallikete war zu ihm gekommen. »Ich hatte vorher so schlimme Stirnhöhlen, daß die Hals-, Nasen-, Ohrenärzte mich vierundzwanzig Stunden hintereinander in einem dunklen Zimmer behielten, um die Schmerzen zu lindern.«

»Und was war mit Dr. Jallikete?«

»Die Schmerzen hörten augenblicklich auf.«

Es war kein Trick dabei und auch sonst nichts, was Marias Heilergebnisse plausibel erklären konnte. »Maria sagt, daß die Geister, wenn kein Medium anwesend ist, die kosmische Energie in ein Glas Wasser leiten, während der Patient schläft. Wenn er dann am Morgen das Wasser trinkt, hat es sofort eine reinigende Wirkung.«

Senator Richard Dolwig war vierundzwanzig Jahre lang eine treibende Kraft in der kalifornischen Gesetzgebung, Vorsitzender des einflußreichen ›Government Efficiency Committee‹ und stand mit

Gouverneuren auf vertrautem Fuße. Er war siebenundsechzig und sah zehn Jahre jünger aus. Sein robustes Aussehen ließ nicht ahnen, daß er vor kurzer Zeit einen Schlaganfall und eine Herzoperation hinter sich gebracht hatte, unter zu hohem Blutdruck, Hypoglykämie, Krampfadern, chronischer Verstopfung und einer ansteckenden Mundkrankheit litt.

Dazu kam noch, daß er von schweren Rechtsstreitereien sehr belastet war. Seine Ärzte gaben ihm wenig Überlebenschancen. »Es besteht wenig Aussicht, daß er überhaupt noch den Gerichtssaal erreicht«, hatte der irdische Arzt zu Dolwigs Frau gesagt.

Obwohl alles gegen seine Genesung zu sprechen schien, sah der Senator besser aus denn je.

»Das kommt alles von diesen schmerzlosen Operationen«, sagte er lächelnd. »Maria schickt mir nachts, wenn ich schlafe, ihre Ärzte, und morgens ist das Organ, an dem sie gerade gearbeitet haben, geheilt.«

Der Geistarzt Peter Karnacke behandelte seine Herzerweiterung. »Er hat eines Abends, als es besonders schlecht um mich stand, auf geistige Weise meine Herzklappe ausgetauscht, und am anderen Morgen fühlte ich mich wirklich wie neugeboren.«

»Einfach so? Wer ist denn dieser Peter Karnacke?«

Er lachte: »Ach, einer von Marias Menagerie. Es war keine wirkliche Operation, müssen Sie wissen.«

Er wandte sich an seine hübsche Frau, Beth. »Erzähl' ihm von deinen Erfahrungen, meine Liebe.« Sie hatte aufmerksam zugehört und gelegentlich mit dem Kopf genickt. »Ich hatte eine Operation, Dr. Jallikete half mir, sonst wäre ich vielleicht nicht durchgekommen.« Sie hatte wegen starker Unterleibsschmerzen einen Urologen aufgesucht. Der konnte nichts feststellen, aber die Schmerzen blieben.

»Gehen Sie noch einmal zum Gynäkologen, und sagen Sie ihm, Sie haben einen Tumor«, riet ihr Maria. Wieder wurde Beth eingehend untersucht, und diesmal fand der Arzt ein umfangreiches Gewächs. »Sie nannten es Oktopusgeschwulst, weil es sich um das Gewebe geschlungen hatte.«

Die Operation war von äußerster Dringlichkeit und sollte sofort vorgenommen werden, aber Beth hatte eine schwere Erkältung und bat deshalb um eine Verschiebung des Operationstermins. Der Chirurg meinte, daß jede Verzögerung riskant wäre, und widerwillig stimmte sie schließlich zu, obwohl die Erkältung auf die Lungen übergegriffen hatte.

Wieder wurde Maria konsultiert, die die hoffnungsvolle Zusicherung gab, Dr. Karnacke würde bei der Operation zugegen sein und dafür sorgen, daß alles glatt lief. Vor der Operation saß Beth in ihrem Krankenhauszimmer und weinte vor Aufregung, als plötzlich der ganze Raum von einem hellen Licht und starkem Rosenduft erfüllt war. Ermutigt setzte sie sich auf; sie sah es als Zeichen der Hoffnung. Inzwischen hatte sich Maria zur Stunde der Operation an einem anderen Ort in Trance begeben und ihre Ärzte einberufen.

»Ich wurde während der Operation zu einer üblichen Rückenmarkspunktion geweckt«, erinnerte sich Beth. In dem Moment sah sie auf einmal einen eindrucksvoll großen, blonden Mann im weißen Kittel, der sie mit ermunterndem Lächeln anschaute. Er stand so nahe bei ihr, daß sie ihn mit ausgestreckter Hand hätte berühren können. »Sein Gesicht sah aus wie aus feinstem Porzellan«, sagte sie.

Die Operation wurde unter Narkose fortgesetzt. Als sie beendet war, galt ihre erste Frage jedoch nicht dem Ergebnis, sondern der blonden Gestalt, die ihr ein so starkes Gefühl von Sicherheit vermittelt hatte.

»Wer ist der schöne blonde Arzt?« fragte sie.

Einer der jüngeren Ärzte antwortete: »Ach, das ist Stoner, der war draußen in der Halle.«

»Nein, dieser Arzt war hier im Raum«, sagte sie.

Der Arzt schüttelte den Kopf. »Das kann nicht sein.« Er zählte fünf Namen auf. »Das ist der ganze Stab«, sagte er.

Zwei Tage später kam derselbe blonde Arzt, eine Erscheinung in Krankenhauskleidung, zu ihr. »Er kam einfach ins Zimmer geschwebt und sagte, es würde alles wieder in Ordnung kommen. Ich solle mir keine Sorgen machen.« Es kam mir der Gedanke, daß der Blonde doch sehr wohl eine durch das Beruhigungsmittel hervorgerufene Halluzination sein konnte.

Beth schüttelte heftig den Kopf. »Ich hatte deutlich den Eindruck, daß er dafür sorgte, daß alle im Krankenhaus ihre Arbeit gut machten. Und er hat mir mit dieser schrecklichen Erkältung geholfen. Sie ist über Nacht weggegangen.«

Er hatte sich mit beruhigendem Lächeln über ihr Bett gebeugt und gesagt: »Alles wird gut. Ihre Erkältung wird weggehen, und Sie werden schnell wieder heilen.« Sie sank in ihr Kissen zurück und empfand eine wunderbare Entspannung. Dann fiel sie in tiefen Schlaf. Als sie erwachte, fühlte sie neue Lebenskraft in sich.

Im weiteren Verlauf unseres Gesprächs wurde deutlich, daß es in den Sitzungen des Senators und seiner Frau ungewöhnlich oft um Krankheit gegangen war.

»Maria bringt immer die Berater herbei, die am dringendsten gebraucht werden«, erklärte der Senator. »Wir hatten sehr mit Krankheit zu kämpfen.«

Es waren jedoch auch frühere Freunde erschienen, unter anderem ein Gerichtspräsident des Obersten Gerichtshofes der Vereinigten Staaten. Düster hatte Maria Earl Warren zitiert, einen Freund Dolwigs aus seiner Gouverneurszeit in Kalifornien: »Skandale bauen sich um dich auf, aber du wirst den Sturm überstehen.«

Auch Beth hatte in bescheidenem Maße Kontakt mit Verstorbenen gehabt. Einmal kam ihre Mutter Elizabeth.

»Ein Geist fragt nach dem Baby«, sagte Maria.

»Das ist bestimmt meine Mutter«, antwortete Beth. »Sie hat mich bis zum letzten Tag ihres Lebens Baby genannt.«

Beth war natürlich wegen rechtlicher Probleme ihres Mannes besorgt.

»Mach' dir keine Sorgen«, sagte der Geist.

Gewöhnlich sagte ihre Mutter, was sie hören wollte, deshalb fragte Beth weiter: »Bist du sicher, Mutter?«

Fast konnte sie sehen, wie ihre Mutter sich lachend zurücklehnte: »Nein, Baby, ich bin nicht sicher.«

Beth mußte darüber herzlich lachen: »Es war so typisch für sie, daß ich wirklich den Eindruck hatte, wir wären zusammen. Sie hat mir immer einen Tip gegeben.«

11 Edgar Cayce meldet sich

Im Fürstenpalast von Monaco hielten Fürstin Gracia Patricia und der Schauspieler Eddie Albert eine Sitzung mit dem Ouija-Brett (Spielbrett mit dem Alphabet und anderen Symbolen, das in spiritistischen Sitzungen benutzt wird; Anm. d. Übers.). Ihre Hände gleiten über das Brett, und es kommen einige nebensächliche Informationen. Plötzlich buchstabieren ihre Hände unfreiwillig einen Namen, der ihnen vage bekannt vorkommt – Edgar Cayce.

Über das Brett hinweg schauen sich die beiden fragend an. Sie wissen, daß der ›Weise von Virginia Beach‹ vor etwa zehn Jahren, im Frühling 1956, gestorben war, und lassen sich halb im Scherz auf ihn ein.

»Mal sehen, was der Prophet zu bieten hat.«

Während der nächsten Minuten fliegen ihre Finger wie wild über das Brett.

»Cayce oder das, was sich als Cayce ausgab«, sagt die Prinzessin, »sagte voraus, daß im Oktober dieses Jahres, 1956, England und Frankreich zusammen an einem Krieg teilnähmen, der drei Kontinente umfasse, daß die Vereinigten Staaten jedoch nicht beteiligt seien.«

Die Vorhersage wurde nicht ernst genommen.

»Keiner konnte sich vorstellen, daß England und Frankreich alleine, ohne ihren traditionellen Verbündeten, in einen drei Kontinente umfassenden Krieg ziehen würden«, erinnerte sich die Prinzessin.

Im Oktober desselben Jahres vereinigten England und Frankreich, wie vorhergesagt, ihre Streitkräfte zu einer Invasion in Ägypten, bei der sie sowohl von Asien als auch von Europa aus in Afrika einfielen.

Weder der Schauspieler Eddie Albert noch die frühere Grace Kelly waren besonders hellseherisch begabt, was die Möglichkeit verringerte, daß die Information nur eine Dramatisierung ihres eigenen hellseherischen Unterbewußtseins war.

Als ich Hugh Lynn Cayce, der sein Leben der Verbreitung des Werkes seines Vaters widmete, von dieser Begebenheit erzählte, lächelte er nachsichtig.

»Edgar Cayce meldet sich immer, wenn jemand vor der Sitzung über ihn gelesen oder gesprochen hat«, meinte er.

Cayce der Ältere machte sich weiterhin bemerkbar.

Als ich 1966, zehn Jahre später, beschlossen hatte, ein Buch über Cayce zu schreiben, besprach ich dieses Projekt kurz mit meinem Verleger, Lee Barker. Ein paar Stunden später, um ein Uhr morgens, klingelte das Telefon.

Ich erkannte die mir vertraute rauhe Stimme des Mediums Bathsheba, die durch ihre nun Jahre zurückliegende Vorhersage des Mordes an Bürgermeister Cermak von Chicago einen flüchtigen Ruhm erworben hatte.

»Edgar Cayce war gerade bei mir. Er sagt, Ihr Buch wird ein großer Erfolg werden. Sie sollen es *Der schlafende Prophet* nennen, und es soll von seinen Sitzungen mit Kranken, von Reinkarnation und von seinen Prophezeiungen handeln. Er wird Ihnen dabei helfen, und es wird leichter gehen als irgendein Buch, das Sie je geschrieben haben.«

Ich murmelte ein höfliches »Danke« und legte auf. Zu diesem Zeitpunkt konnte ich mich nicht einmal wundern.

Wenn immer ich beim Schreiben des Buches in eine Stockung geriet, rief ich mir das Bild Edgar Cayces vor Augen, und ich brachte es in kürzester Zeit zu Ende. *Der schlafende Prophet* schien mir sowieso ein guter Titel zu sein. Das Buch kletterte prompt an die Spitze der Bestsellerlisten.

Edgar Cayce hatte ohne Führer gearbeitet, und sein Sohn glaubte nicht an Geister.

»Wenn immer ein Medium mir eine Sitzung gibt, taucht mein Vater auf«, sagte er mit belustigtem Lächeln. »Aber anscheinend hat er nie etwas Wichtiges zu sagen.«

Edgar Cayce und sein Sohn glaubten jedoch an Wiedergeburt. In vielen Sitzungen des Vaters war von vergangenen Leben in Indien, Ägypten, Persien, Tibet und ähnlich beeindruckenden Orten die Rede.

»Reinkarnation läßt sich durch die Gewohnheiten und Veranlagungen und das Karma, das die Leute von einem Leben ins nächste mitbringen, beweisen«, erklärte Hugh Lynn. »Aber wenn ein Medium behauptet, Edgar Cayce sei da, dann läßt sich das durch gar nichts beweisen.«

In Santa Barbara hatte ein Medium, als es Hugh Lynn gerade kennenlernte, behauptet, Edgar Cayce sei im Zimmer. Er sagte, sein Vater sei sehr zufrieden darüber, daß wir uns zu einem Film über sein Leben zusammengetan hätten. Da zuvor in Gegenwart des Mediums über dieses Projekt gesprochen worden war, erschien diese Rückmeldung wirklich nicht besonders aufregend.

»Es hätte mich gewundert, wenn er nicht erschienen wäre«, sagte Hugh Lynn.

»Würde es Sie beeindrucken, wenn Ihr Vater durch ein Medium spräche, das keine Ahnung hat, wer Sie sind?« fragte ich.

»Ich würde trotzdem erwarten, daß er etwas zu sagen hat. Wenn ein Geist erscheint, sollte es dafür einen triftigen Grund geben.«

»Auch wenn er einfach nur erscheint, begründet dies, daß das Leben nach dem Tod weitergeht«, meinte ich.

»Was beweist denn eine Erscheinung? Die Toten müssen doch irgendeinen Grund dafür haben, wenn sie erscheinen. Es muß etwas geschehen, das die Behauptung stützt, daß das Leben ein kontinuierlicher Kreislauf ist.«

»Ich kenne jemanden, bei dem das Auftreten der Geister einen Sinn zu haben scheint.«

Er zuckte mit den Achseln.

»Ich werde Sie anmelden, ohne den geringsten Hinweis darauf zu geben, wer Sie sind.«

Er schien noch immer nicht interessiert.

»Sie hat mehrere Geistführer, die im medizinischen Bereich arbeiten«, drängte ich. »Sie hat vielen Kranken geholfen.«

Hugh Lynn war vor kurzem wegen einer Erkrankung des Harntraktes, einer sehr schmerzhaften Angelegenheit, im Krankenhaus gewesen. Man hatte nicht mit Sicherheit feststellen können, was es war, und auch die Prognose war unsicher.

»Wenn Sie es leicht arrangieren können...«, sagte er mit plötzlichem Interesse.

Er stand daneben, als ich telefonisch den Termin vereinbarte.

»Ich würde Ihnen gern heute nachmittag jemanden vorbeibringen«, sagte ich, ohne irgendeinen Namen zu nennen.

Maria Moreno antwortete fröhlich: »Sagen Sie mir nichts, das ist besser.«

Als wir ihre bescheidene Wohnung betraten, empfingen uns die angenehmen Klänge Chopinscher Klaviermusik. Ich dachte an Radio oder Schallplatte, aber es war Marias vierzehnjähriger Enkel Leslie. Er bearbeitete die Tasten mit der Erfahrenheit eines Konzertpianisten.

»Chopin hat ihn unterrichtet«, erklärt Maria beiläufig.

»Chopin?« frage ich überrascht.

»Ja, in einem anderen Leben«, sagt sie lachend. »Ich habe Leslie einmal eine Sitzung gegeben, da sagte Frédéric Chopin, er sei sehr erfreut.«

Ich werfe Hugh Lynn einen kurzen Blick zu. Chopin scheint für ihn völlig in Ordnung.

»Gewöhnlich erinnern Sie sich doch gar nicht daran, was Sie in der Sitzung sagen«, wende ich ein.

»Es war auf dem Tonband.« Sie schaut Hugh Lynn fragend an: »Haben Sie ein Aufnahmegerät mitgebracht?«

Das Gerät wurde sogleich angestellt, und nach kurzer Zeit war sie in Trance. »Dr. Jallikete, Dr. Dermetz und Dr. Karnacke, sie sind alle hier«, verkündet sie.

Hugh Lynn scheint belustigt.

»Gertrude ist auch hier und segnet sie«, sagt Maria. »Es gefällt ihr gut, was Sie tun.«

Hugh zuckt mit keiner Wimper.

»Meine Mutter heißt Gertrude«, sagt er.

Gertrude hatte sonst wenig zu sagen. Ich stöhne innerlich bei der Vorstellung, was in Hugh Lynns Kopf vorgeht.

Maria sinkt tiefer in Trance, und Hugh Lynn sitzt beherrscht und wachsam da und ist in keiner Weise davon beeindruckt, daß sie diesen Namen nennt, den jeder Edgar-Cayce-Fan kennen muß.

Dann plötzlich verändert sich alles. Mit einem abrupten Schmerzenslaut streckt Maria ihre Hand aus und greift Hugh Lynn an die Leistengegend. »Sie haben hier eine Entzündung.«

Hugh Lynn gibt sich alle Mühe, seine Verlegenheit zu verbergen.

»Dr. Jallikete untersucht Sie«, sagt sie schließlich.

»Können Sie mir mehr über diese Entzündung sagen?« fragt Hugh Lynn betont beiläufig.

»Der Doktor fragt nach Ihrer rechten Niere. Haben Sie damit Schwierigkeiten?«

Sie wirbelt herum und gräbt ihm ihre Finger ins Kreuz: »Hier sitzt der Schmerz, oder nicht?«

»Sie drücken genau drauf«, sagt er zaghaft.

»Sie sind geröntgt worden?«

Hugh Lynn nickt.

»War da an der Stelle nichts zu sehen? Haben Ihre Ärzte Ihnen nicht gesagt, daß da etwas ist?«

»Sie wissen nicht, was es ist.«

Marias Stimme bekommt einen beruhigenden Tonfall: »Dr. Jallikete sagt, Sie sind im ganzen sehr gesund. Sie sind kein Mensch, der viele Krankheiten hat, aber hier« – sie berührt erneut die Nierengegend – »haben Sie etwas.«

»Ja, so ist es«, lächelt Hugh Lynn.

»Es ist aber nichts Schlimmes, lassen Sie sich das nicht einreden.«

»Es tut weh.«

Hugh Lynn hatte aufgrund seiner Krankheit eine Reise nach Kalifornien verschoben, aber da er den weiten Flug von Virginia Beach auf sich genommen hatte, war ich davon ausgegangen, daß er wieder ganz gesund sei.

»Ich wußte nicht, daß Sie solche Schmerzen haben«, sagte ich.

»Ich versuche, damit zu leben, aber es würde mir schon helfen, wenn ich wüßte, was es ist.«

Hugh Lynns Ärzte haben verschiedene Behandlungsweisen vorgeschlagen, unter anderem offenbar Bestrahlungen, denn Maria betont dann: »Lassen Sie sich nicht bestrahlen, und lassen Sie sich auch nicht operieren, das ist nicht nötig. Es ist nur eine kleine gutartige Sache, und Sie brauchen keine Operation, um herauszufinden, was es ist. Ihre Ärzte sagen Ihnen unterschiedliche Dinge.«

Hugh Lynn schaut sie fragend an.

»Meine Ärzte werden Ihnen jetzt sagen, was Sie tun können. Es liegt in der Bauchspeicheldrüse, in den Nebennierendrüsen. Trinken Sie viel Wasser, und essen Sie rote Bete (das war offenbar ein gutes altes Hausrezept). Kaufen Sie sie nicht im Glas, sondern frisch; kochen Sie sie und machen Sie Salat daraus. Werfen Sie die Schalen nicht weg, sondern waschen Sie sie, und machen Sie mit Wasser einen Saft daraus. Verwenden Sie keinen Essig.«

Hugh Lynns Pokergesicht ist nicht zu entnehmen, ob Maria mit dem, was sie sagt, richtig liegt. Ich ärgere mich ein wenig über seine Verschlossenheit. Er scheint mehr zu einem Test hier zu sein als aus einem wirklichen Hilfebedürfnis.

»Weshalb verschließt er sich derartig gegenüber einer hilfreichen Schwingung?« denke ich.

Aber offenbar tue ich ihm unrecht.

Maria scheint noch immer mit Hugh Lynns rechter Niere beschäftigt und lokalisiert erneut die schmerzende Stelle.

Als ihre Finger die Stelle abtasten, zuckt er ein wenig zusammen.

»Da hätte ich gern Hilfe«, sagt er mild.

»Keine Angst. Der japanische Arzt lächelt Ihnen zu. Er bringt es in Ordnung.«

Sie schaut konzentriert zur Decke.

»Okay«, sagt sie schließlich und nimmt ihre Hände weg. »Es ist jetzt in Ordnung. Der japanische Arzt hat Sie mit einer astralen Spritze geheilt.«

Ihre weitere Anweisung belustigt mich, denn sie enthält das gleiche, was auch Edgar Cayce schon gesagt hat:

»Nehmen Sie keine Getränke zu sich, die Kohlensäure enthalten. Sie trinken Pepsi-Cola und Coca-Cola?«

»Jetzt nicht mehr, früher ja.«

Sie schüttelt den Kopf. »Kohlensäure tut Ihnen nicht gut.«

Edgar Cayce empfahl in seinen Gesundheitssitzungen Coca-Cola als Mittel zur Nierenreinigung, aber mit klarem Wasser vermischt, nie mit Kohlensäure.

Hugh Lynn befolgte offensichtlich nicht immer die Ratschläge seines Vaters. Aber der hatte selber auch entgegen seinen in Trance empfangenen Anweisungen Schweinefleisch gegessen und viel geraucht.

Die Sitzung wurde offenbar zu einer Belehrung über Gesundheit, ganz ähnlich wie einige Sitzungen, die Edgar Cayce gegeben hatte. Die Toten glänzten durch Abwesenheit. Es blieb jedoch nicht lange so. Diagnose und Behandlung waren beendet, und Maria nahm nun wieder ihre vogelähnliche Lauschhaltung ein.

»Eileen!« ruft sie plötzlich. »Sie ist im Raum. Sie sagt, sie war früher ein Medium und ging in eine andere Art von Trance. Jetzt kommt sie, um ihren lieben Freund, der hier ist, zu segnen.« Sie wendet sich zu Hugh Lynn. »Sie liebt Sie und Ihre ganze Familie.«

Sie erwähnt den Familiennamen des früheren Mediums nicht,

aber mir ist gleich Eileen Garrett eingefallen, eine gebürtige Irin, die Edgar Cayce nahegestanden hat.

Hugh Lynn sieht sie fragend an: »Wer ist diese Eileen?«

»Ich sehe lauter dreiblättrige Kleeblätter«, sagt sie. Das dreiblättrige Kleeblatt ist im Wappen von Irland.

»Ich kenne eine Eileen«, sagt Hugh Lynn. »Können Sie einen Familiennamen nennen?«

Maria runzelt die Stirn und macht eine Geste, als ob sie Hilfe herbeiruft. »Hörte sie schwer?« fragt sie.

»Ja«, murmelt Hugh Lynn.

Marias Gesicht hellt sich plötzlich auf. »Sie ist dick und plump und stammt aus Irland. Garrett, sie heißt Garrett. Sie hat Humor. Sie neckt mich. ›Fragen Sie nicht so viel‹, sagt sie.« Maria kichert vor sich hin wie über einen guten Witz. »Sie wollte, daß ihr Leben verfilmt würde, aber es wird nichts daraus.«

Das scheint wie eine natürliche Überleitung zu dem Cayce-Film, der nach meinem Buch gedreht wird und an dem Hugh Lynn und ich mitarbeiten.

Marias Augen heften sich an Hugh Lynn. »Der Doktor wird Sie schützen, denn Sie müssen länger leben, um alles zu tun, was hier zu tun ist. Er sagt mir, daß Sie zum Film wollen, aber Sie sollen achtgeben, daß etwas Gutes dabei herauskommt. Es hat Verzögerungen gegeben, aber jetzt ist die richtige Zeit. Es ist jemand da, der für diesen Film sehr wichtig ist.« Sie versucht tastend, den Namen herauszubekommen. »Eddie, Ed, Edgar?« Sie schüttelt den Kopf: »Die Energie ist nicht stark genug. Vielleicht später.«

Einen Moment lang denke ich, daß sie vielleicht psychologisch oder geistig mit dem älteren Cayce Kontakt aufgenommen hat. Hugh Lynn denkt offenbar dasselbe. »Haben Sie einen Familiennamen von dieser Person?« fragt er.

Sie scheint nicht zu hören, sondern fährt fort, ihre Eindrücke auszusprechen.

»Der Film hat ein wichtigeres Ziel als nur das, Geld einzubringen. Er wird den Menschen ein Verständnis für das Leben nach dem Tode eröffnen. Das ist Ihre Aufgabe, darauf müssen Sie sich konzentrieren.«

Hugh Lynn beugt sich vor: »Wer sagt Ihnen das?«

Sie scheint nachzudenken: »Ed, Eddie, Edgar.« Ein süßes Lächeln erhellt ihr Gesicht, und fast verzückt erhebt sie die Stimme.

»Er ist groß und trägt eine Brille.« Sie hält inne. »Es ist Edgar Cayce. Er spricht mit seinem Sohn über den Film.« Einen Moment lang glaube ich, sie würde Hugh Lynn Cayces engelgleiches Gesicht küssen.

Statt dessen nimmt sie seine Hände. »Und Sie sind sein Sohn«, sagt sie.

Sie ist völlig hingerissen. »Wunderbar, wunderbar«, ruft sie und kommt gar nicht darüber hinweg, daß Edgar Cayce sie besucht.

Wenn dies tatsächlich Edgar Cayce ist, dann will er zu verstehen geben, daß er es beweisen kann. Er erwähnt seine langjährige Sekretärin, Gladys Davis, sagt, daß sie insgesamt bei guter Gesundheit sei und spricht von einem kleineren Problem mit ihrem Bein. Er erwähnt auch flüchtig einen alten Freund, den Arzt und Naturheilkundler Harold J. Reilly, der ein bekannter Verfechter der Cayceschen Körpertherapien war. Weiterhin weiß er davon, daß Reilly aus Oak Ridge, New Jersey, vor kurzem ein Buch über diese Therapien veröffentlicht hat. »Es hat wegen dieser Bücher ein Ferngespräch nach New Jersey gegeben«, sagt er. Und das stimmt, denn das Buch ist ein Bestseller geworden, und Reillys Verleger wollen, daß er bei der Werbung mitmacht.

Edgar Cayce in seiner himmlischen Bewußtheit scheint sich sogar darüber zu freuen, daß Eileen Garrett da ist. »Segen über Sie, liebe Freundin«, sagt er, eine Wendung, die er im Leben oft gebraucht hat. Er scheint zu wissen, daß sie dagewesen ist.

In Hugh Lynns Bewußtsein steht der Film jedoch an erster Stelle. Er will keine Umschweife und nimmt auch mein ziemlich selbstzufriedenes Lächeln bei der Erwähnung seines Vaters nicht zur Kenntnis. Mit der Hartnäckigkeit, die denen, die näheren Umgang mit ihm haben, sehr vertraut ist, fragt er:

»Interessiert es Edgar Cayce nicht, was wir über ihn zeigen werden?«

»Doch, er ist sehr interessiert daran«, erwidert Maria. »Aber zuerst müssen Sie wissen, wer den Film machen wird. Sonst wird es jemandem da drüben (vermutlich Edgar Cayce) nicht gefallen. Sie müssen die richtigen Leute dafür finden, dann geht alles in Ordnung.«

In seinem Eifer, das Werk seines Vaters in der rechten Weise zu präsentieren, hatte Hugh Lynn den Filmemachern bezüglich der Bereiche, die sie einbeziehen konnten, Grenzen auferlegt. Das hatte

Widerstand hervorgerufen, und das Ergebnis war, daß es nicht mehr weiterging. Er hatte den Eindruck, nicht vorsichtig genug sein zu können, und obwohl ich dafür ausersehen war, das Drehbuch zu machen, zog er alle Möglichkeiten in Erwägung. »Wer wird das Drehbuch schreiben?« fragt er.

Maria sagt erstaunt: »Haben Sie nicht schon jemanden?«

Ich antworte für Hugh Lynn: »Ich habe vor, es zu schreiben, aber was denkt Edgar Cayce darüber?«

»Es muß jemand sein, der sich mit dem Übersinnlichen auskennt. Wenn Sie jemanden nehmen, der sonst andere Filme macht, würde er es nicht verstehen, und das würde Ihnen sicher nicht gefallen.«

Hugh Lynn nickt: »Was noch?«

»Es muß ein Film werden, der den Menschen die Augen öffnet, der ihnen zeigt, daß die Botschaft des Mystikers wirklich von Gott kommt. Sie brauchen einen Regisseur und einen Produzenten, der keine Fiktion daraus macht. Diese Sachen sind sehr schwierig zu behandeln, aber es wird geschehen, und der Film wird ein riesiger Erfolg werden.«

Hugh Lynn scheint zufrieden. Als Maria endet, beglückwünscht er sie zu der Sitzung und verspricht, ihr ein Buch zu schicken, das er geschrieben hat.

Wir gingen hinaus, und ich schaute ihn neugierig an: »Na, was halten Sie davon?«

»Sehr interessant. Die Diagnose hat mich sehr beeindruckt. Sie schien genau Bescheid zu wissen, besonders als sie mir sagte, wo der Schmerz sitzt.«

»Ich wußte gar nicht, daß Sie so krank sind.«

»Ich weiß es selber nicht. Die Ärzte haben nichts Sicheres gesagt. Das war es auch, was mich so beschäftigt hat.«

Ich schaute ihn von der Seite an: »Glauben Sie, daß Edgar Cayce erschien?«

»Wer auch immer es war, er sagte vernünftige Dinge.«

»Das meine ich nicht.«

»Wie soll man das wissen?«

»Sie haben gefragt, was Edgar Cayce von dem Film hält.«

»Na, sie dachte ja offenbar, daß sie mit Edgar Cayce in Verbindung war.«

Es vergingen Wochen, bevor ich Hugh Lynn Cayce in Virginia

Beach wiedersah. Die Cayce-Filmrechte waren einem jungen, spirituell interessierten Hollywoodregisseur übertragen worden, und Hugh Lynn schien erfreut. »Ich glaube, wir haben den Richtigen«, sagte er.

Ich dachte an Maria und stimmte ihm zu.

»Wie geht es Ihnen gesundheitlich?« fragte ich. »Maria sagte, Sie müßten an Ort und Stelle sein, um bei dem Film mitzuhelfen.«

»Darüber wollte ich auch sprechen«, sagte er begeistert. »Ich weiß nicht, was diese Frau gemacht hat, aber seit sie mich berührt hat, habe ich keine Schmerzen mehr in der Nierengegend.«

»Sie macht gar nichts, sagt sie. Es sind ihre Ärzte, Dr. Jallikete in diesem Fall. Sie können ihm ja einen Scheck schicken.«

Ich hatte Hugh Lynn niemals einen anderen Hellseher als seinen Vater loben hören und war deshalb sehr überrascht, als er sagte: »Dieser Frau würde ich sofort ein Zeugnis ausstellen.«

»Das ist nicht nötig. Sie sagte mir, daß Cayce Ihnen wohlgesonnen ist, und das war ihr und Dr. Jallikete genug. Sie haben eine ausgezeichnete Beziehung zu Ihrem Vater.«

In der Diagnose schien es wenige Ärzte zu geben, die Dr. Jallikete gleichkamen, und niemanden, der ihm überlegen war. Und was das Beste war – er machte Hausbesuche.

Aber alle ihre Geister waren gleichermaßen begabt. In verschiedenen Bereichen und für verschiedene Bedürfnisse waren sie alle ausgezeichnet. Burl Ives, der wohl bekannteste Balladensänger in Amerika, wunderte sich noch nach Wochen über seine Sitzung. »Kaum zu glauben, was mir diese Frau gesagt hat«, meinte er. »Es war wirklich verblüffend.«

Der korpulente Sänger hielt mir seinen sehnigen Finger hin: »Da hatte ich einmal eine störende Warze, und ihr Doktor sagte mir, sie sei mit einem Laserstrahl entfernt worden. Das stimmte. Sie sagte, ich hätte einmal im linken Auge eine Verletzung gehabt, und ich schüttelte den Kopf. Aber dann fiel mir ein, daß ich vor vierzig Jahren einmal mit einer brennenden Zigarre Motorrad gefahren war und glühende Asche mir ins Auge flog. Das wußte nur ich, und auch ich hatte nicht mehr daran gedacht. Jahre später bemerkte ein Augenarzt die Narbe, aber da sie mich nicht störte, meinte er, man könne sie so lassen.«

»Ich hatte durch eine Diät hundert Pfund abgenommen«, sagte er und fuhr sich um seine umfangreiche Taille. »Das hatte einen Ring von schlaffer Haut hinterlassen, der sich bei jeder Bewegung wund scheuerte. Ich ließ diese überflüssige Haut durch eine sehr schmerzhafte Schönheitsoperation entfernen. Sie hat nicht nur die Operation aufgegriffen, sondern auch die Schmerzen, die ich dabei hatte.«

So wie Dr. Jallikete seinen Körper untersuchte, hatte Pepe, der Finanzberater, seine Karriere unter die Lupe genommen.

»Pepe griff immer wieder den Namen Franklin auf. Er sagte, ich würde etwas machen, das mit diesem Namen zu tun hätte. Maria konnte aber nicht wissen, daß ich im stillen an einer zweihundertjährigen Musikdokumentation über Benjamin Franklin mitwirkte.«

Das Projekt war noch nicht verwirklicht, aber Pepe sagte, es würde zustande kommen. Nach dem, was der Bucklige sagte, war Burl Ives fast sicher, daß er damit auf die Straße gehen würde. »Er schien mehr zu wissen als ich selber.«

Burls Vater Frank war gekommen, hatte aber außer seiner Freude über den Erfolg seines Sohnes nicht viel mitzuteilen gehabt. Burls hübsche Frau Dorothy, von Beruf Innenarchitektin, war ganz aufgeregt darüber gewesen, daß durch Marias Clarita zwei Personen erschienen waren.

»Meine Schwester Mary Lou und ihr Mann Eddie kamen, und zwar zu einer Zeit, als ich noch sehr über ihren Tod trauerte.« Eddie war ein Jahr zuvor an Divertikelentzündung gestorben, und Dorothys Schwester war ihm kurz darauf gefolgt. Es hatte Dorothy hart getroffen.

An der Authentizität der Verbindung hatte sie wenig Zweifel. »Maria sagte, Eddie sei buchstäblich explodiert, und das hatten die Ärzte auch gesagt. Er platzte einfach auf.« Ihr Erscheinen hatte aber auch etwas Erfreuliches: »Sie wollten uns wissen lassen, daß sie glücklicher sind als je zuvor und auch glücklich vereint.«

»Maria sagte, sie seien Seelengefährten, und Schwesterseelen sind für immer und ewig zusammen.«

Einen Moment lang hatten Burl und Dorothy selber den Eindruck, an der Schwelle für eine Lösung der Geheimnisse eines ewigen Lebens zu stehen. Plötzlich waren da ein Ziel und eine Dauer, die der Existenz einen Sinn gaben. Das Leben bestand offenbar nicht nur aus Schlafen, Essen, Trinken, Arbeit und Spiel. »Alles lebt«, sagte Burl Ives, »und alles ist Schwingung und kosmische Energie, und wir sind alle Teil davon, auch wenn wir vielleicht nicht verstehen, wie das funktioniert!«

Voller Dankbarkeit hatten sie Maria einen Scheck gegeben und waren erfreut weggegangen. Sie waren noch nicht bei ihrem Wagen, da kam Marias Tochter Romyna ihnen nachgerannt: »Sie haben sich geirrt«, rief sie, »meine Mutter hat gesagt, nicht mehr als zehn Dollar!«

Sie schauten den Scheck an, der über hundert Dollar ausgeschrieben war.

»Das war kein Irrtum«, sagte Dorothy Ives. »Das ist nichts im Vergleich für so einen Blick hinter die Sterne.«

12 Valentino macht einen Besuch

Maria Moreno lebte wirklich in ihrer eigenen Welt. Da gab es nur ihre Führer und die Menschen, denen sie zu Hilfe kamen. Hollywoodstars und deren Filme hatten für sie kaum eine Bedeutung. Sie waren für Maria ein leicht durchschaubares, narzißtisches Volk, für das sie nur Bedauern übrig hatte. Es war also kein Zufall, daß sie von Mae West nie etwas gehört hatte, noch, daß es nur zwei Schauspieler gab, deren Namen sie kannte: ihren Landsmann Cantinflas, dessen ursprünglicher Name, Mario Moreno, fast derselbe war wie ihr eigener, und Rudolph Valentino. Sie hatte nie einen von Valentinos Filmen gesehen; er war eine historische Gestalt für sie. »Ich war noch ein Kind, als er starb«, sagte sie. Der Name hatte sich ihr jedoch irgendwie eingeprägt, wie das bei Millionen anderer Menschen der Fall war, die nie irgend etwas über ihn gelesen hatten. Irgend etwas Ungreifbares schien seinen Ruhm lebendig zu halten, während andere, gleichermaßen berühmte Stummfilmstars wie Douglas Fairbanks oder Tom Mix mit den Jahren aus dem Gedächtnis der Leute verschwanden.

Gerade jetzt wurde die Erinnerung an Valentino neu belebt. Sein Leben wurde für eine neue Generation verfilmt, und Plakate zu seinen Filmen bekamen Sammlerwert. Angehende junge Schauspieler liefen scharenweise in seine alten Filme, hängten Bilder von ihm auf und verschlangen die wenigen Informationen, die es über ihn gab. »Er erscheint so lebhaft«, sagte die Schauspielerin Rosemary Cord, »es ist kaum zu glauben, daß er tot ist.«

Sie war sich darüber auch wirklich nicht ganz sicher. Sie und andere junge Leute, die in einem Randgebiet von Hollywood, ›Valentinos Villas‹ genannt, wohnten, hatten nämlich verschiedene Dinge erlebt, die sie glauben ließen, daß Valentinos Geist weiterlebte.

Rosemary war, anders als Maria, in Valentinokunde gut bewandert.

»Valentino hatte keine Angst vor dem Tod. Durch die spiritistischen Sitzungen, die er zu Lebzeiten mitmachte, war er von einem Leben nach dem Tode überzeugt. Er erlebte zusammen mit seiner Frau Natascha Rambowa mit Hilfe von Geistführern viele Besuche aus dem Jenseits.« Es gab mehrere dieser Geistführer, Rosemary wußte ihre Namen: Meselope, Black Feather, White Cloud und Jenny. Die spiritistischen Sitzungen fanden in seinem Haus in Hollywood, dem berühmten ›Falcon Lair‹ bei Beverly Hills, statt, das den Ortsteil Valentinos Villas überschaute, und in Frankreich, im Schloß von Nataschas Großvater, dem Kosmetik-Industriemagnaten Richard Hudnut.

Rosemary deutete aus ihrem Wohnzimmerfenster auf die Hügel über Valentinos Villas: »Das Haus, das er Natascha dort baute, wurde der Liebestempel genannt.«

Unser Gespräch fand in einem kleinen Raum mit hoher Decke statt, der auf einen Hof mit Blumen und Bäumen hinausging. Rosemary Cord hatte ruhig von den merkwürdigen Vorgängen in den stuckverzierten Villen gesprochen. Nachdem sie aus ihren Untersuchungen von Valentinos spiritistischen Sitzungen gelernt hatte, scharte sie selbst eine kleine Gruppe von Freunden um sich, mit denen sie Sitzungen mit dem Ouija-Brett durchführte. Die Ergebnisse erschreckten sie und machten sie stutzig. Wenn auch nichts Klares dabei herauskam, so war doch ihre Neugier angespornt. »Ich bin sicher, daß Valentino uns etwas sagen will«, meinte Rosemary.

Ich warf ihr einen unsicheren Blick zu: »Soll das heißen, daß er da ist?«

»O ja«, sagte sie beiläufig, »Rudolph Valentino hat mich mehrmals zu Hause besucht.« Auch andere hatten seine Gegenwart wahrgenommen. »Türen sind quietschend aufgegangen, und es war niemand da. Man hörte Schritte, ohne jemanden zu sehen, und sah Schatten an der Wand, ohne den zu sehen, der ihn warf. Man hörte Körper sich bewegen, und Leute wurden von einer unsichtbaren Kraft im Bett festgehalten.«

Das mußte jeden Menschen skeptisch machen.

»Sind Sie sicher, daß das nicht alles Einbildung war?« sagte ich.

Nachdem 1976 der fünfzigste Geburtstag des großen Liebhabers der Stummfilmzeit gefeiert wurde, konnte ich mir schon vorstellen, daß seine Erscheinung landauf, landab in weiblichen Schlafzimmern auftauchen mochte.

Rosemary schüttelte freundlich den Kopf. »Mein Freund, der solche Sachen nicht glaubt, hat ihn auch gesehen, und mehrere meiner Nachbarn. Es war keine Frage, daß er da war.«

Ihr Freund Eric Thiele, der Fußballer, machte sich über Rosemarys Erlebnis lustig, bis er selbst eines hatte. Es erschütterte ihn so, daß er nicht mehr darüber sprechen wollte.

»Er hatte sich hingelegt«, sagte Rosemary, »und wachte plötzlich auf und merkte, daß sein Körper sich kalt und wie betäubt anfühlte.«

Er stand auf, um sich eine Decke zu holen, und sah erschrocken die Gestalt eines dunklen jungen Mannes in entspannter Haltung am Kamin stehen. Er hatte ein leichtes Lächeln auf den Lippen und kam ihm merkwürdig bekannt vor. Und dann erinnerte sich der verblüffte Sportler, wo er ihn schon einmal gesehen hatte – auf dem Plakat, das unten im Wohnzimmer hing und den kostümierten Valentino in *The Sainted Devil* zeigte.

Die Gestalt starrte ihn schweigend an.

Sichtlich erschüttert war der Sportler ein paar Momente lang sprachlos und bemerkte dann mit linkischer Leichtfertigkeit, die aus seinem Unbehagen zu erklären war: »Sie können mir wohl kein Geld leihen, oder?«

Bei diesem offensichtlichen Anzeichen von Materialismus entmaterialisierte sich die Erscheinung sofort.

Ich beobachtete Rosemary bei dieser Erzählung verstohlen, fand aber nichts Merkwürdiges an ihr. Sie war offensichtlich nicht verrückt.

»Wie sind Sie denn an das Valentinoplakat gekommen?« fragte ich.

»Ich hatte es ein Jahr vorher, kurz bevor ich New York verließ, um nach Los Angeles zu ziehen, geschenkt bekommen.«

»Vielleicht waren Sie dadurch, daß Sie von Valentino wußten, für eine Suggestion empfänglich.«

»Selbst wenn das so wäre, wie sollte denn meine Suggerierbarkeit sich auf meinen Freund auswirken? Er glaubt es jetzt noch nicht. Er hat sich allmählich überredet, daß es ein Traum war.«

»Aber warum sollte Valentino sich Ihnen und den anderen zeigen?«

»Valentino hat in Whitley Heights gewohnt, auf dem Hügel, der oberhalb unseres Hauses liegt, und ist dort oft spazierengegangen oder geritten.«

»Wenn er sich einen Ort, zu dem er zurückkehren will, aussuchen würde, dann wäre es meiner Meinung nach sein berühmtes Falcon Lair.«

Rosemary lachte sanft. »Warum sollte er nicht an allen möglichen Orten erscheinen, die für ihn von Interesse waren?«

»Wenn er all die Mühe auf sich nimmt, dann muß es dafür doch einen guten Grund geben.«

»Vielleicht wollte er, daß die Wahrheit über seinen Tod bekannt wird.«

»Daran war wirklich nichts Geheimnisvolles, außer, was unwissende Leute daraus gemacht haben.«

Sie warf mir einen zweifelnden Blick zu. »Wie können Sie das so sicher wissen? Es schien ihm schon wieder besser zu gehen, und dann ist er auf so unerklärliche Weise zusammengebrochen.«

»Er ist an Peritonitis gestorben, nach einem aufgebrochenen Blinddarm. Das stand alles in den Zeitungen.«

»Finden Sie es nicht komisch, daß ein Mann seiner Stellung, dem die Welt buchstäblich zu Füßen lag, seine Gesundheit so vernachlässigte, daß er sein Leben aufs Spiel setzte?«

»Nicht, wenn man bedenkt, daß er sich nach seiner zerbrochenen Ehe mit Natascha Rambowa den Tod wünschte.«

Sie schien nicht beeindruckt. »Nach dem, was er selbst sagt, ist er gar nicht so gestorben.«

Begierige Finger, auch ihre eigenen, hatten auf dem Ouija-Brett ohne eigenen Antrieb Valentinos Botschaft buchstabiert. Sie besagte, er sei durch dunkle Machenschaften gestorben.

»Eine langsame Vergiftung«, erklärte Rosemary, »es hat sich über Monate hingezogen.«

Valentino hatte wirklich eine Zeitlang über Unterleibsschmerzen geklagt. Aber dennoch, weshalb sollte irgend jemand diesen harmlosen Mann vergiften wollen, den größten Liebhaber, den die Filmleinwand gekannt hat?

»Er sagte, es war ein Nachbar, der eifersüchtig auf ihn war.«

Das ergab noch immer keinen Sinn.

»Warum gehen Sie nicht herum, spüren die Schwingungen und sprechen mit anderen, die seine Gegenwart wahrgenommen haben?« schlug sie vor.

Ich schaute mich neugierig um. Von dem Plakat, das eine Wand neben dem großen Kamin zierte, schaute der Stummfilmstar lebensgroß herunter. Ein Sombrero saß ihm schräg auf seinem dunklen Kopf, und er war in ein farbenfrohes Kostüm gekleidet. Was jedoch meine Aufmerksamkeit anzog, waren seine Augen. Sie sahen feucht und lebendig aus, mit einem leicht ironischen Glanz. Sogar aus diesem alten Plakat strahlten sein unverhohlener Sex-Appeal und seine magnetische Anziehungskraft.

»Er scheint genau auf einen zuzukommen, nicht wahr?« fragte ich.

Rosemary nickte schweigend.

Sie stellte mir Ellen Levin vor, eine große, geschmeidige Blondine von etwa dreißig Jahren, und eine weitere junge Schönheit namens Debbie. Sie waren Nachbarinnen aus den nahe gelegenen Zweifamilienhäusern. Wie Rosemary waren sie überzeugt, daß Valentino mit ihnen in Verbindung stand.

Ellen schien ein wenig Scheu zu haben, über diese Erfahrung zu sprechen, »aber es war so real wie jede andere Erfahrung«, behauptete sie. »Ich hatte noch nicht einmal an ihn gedacht. Der Name Valentino hatte für mich nur eine legendäre Bedeutung. Ich hatte nie einen Film von ihm gesehen und auch das Plakat nicht«, sie deutete mit einer leichten Handbewegung auf das Porträt an der Wand, »ich kannte Rosemary noch gar nicht.«

»Mit anderen Worten, Ihr Erlebnis war unbeeinflußt?«

»Genau. Ich hatte drei Erlebnisse, das erste vor etwa einem Jahr. Ich war gerade nach Valentinos Villas gezogen. Ich war ins Bett gegangen und versuchte zu schlafen. Plötzlich wurde mir, ohne daß ich ein Geräusch oder eine Bewegung wahrgenommen hätte, bewußt, daß ein Körper auf mir lag.«

Ich zuckte unwillkürlich zusammen und schaute sie sehr prüfend an. Sie war eine attraktive junge Frau und sah nicht so aus, als hätte sie sexuelle Phantasien nötig.

Ich fragte trotzdem: »Lebten Sie zu der Zeit allein?«

Sie lächelte. »Nichts dergleichen. Ich hab's nicht mit Geistern und war auch keineswegs frustriert. Ich habe ganz normale Bedürfnisse und Ausdrucksmöglichkeiten.«

»Haben Sie geschrien?«

»Ich dachte daran, daß meine Mutter mir gesagt hatte, falls ich von einem Eindringling belästigt würde, sollte ich nicht den geringsten Widerstand leisten. Ich habe mich also nicht gerührt, sondern blieb ganz lange still auf dem Bauch liegen und hoffte, er würde weggehen.«

»Wie lange war das?«

»Ein paar Minuten.«

»Wenn er auf Ihnen lag und Sie mit dem Gesicht nach unten lagen, wie konnten Sie ihn dann sehen?«

»Nach einer Weile nahm meine Neugier überhand, und ich drehte den Kopf. Ich konnte nicht sehr viel von seinem Gesicht sehen, aber das Haar war dunkel und glatt und stark pomadisiert, mit einer Tolle vorne, und er hatte ein Lächeln auf den Lippen.«

Die Gestalt hatte nichts Bedrohliches, und sie spürte auch das Gewicht nicht mehr. Nervös sprang sie aus dem Bett, und die Gestalt verschwand. Sie war so aufgewühlt von dem Erlebnis, daß sie nicht wieder schlafen ging.

Sie machte nicht den Eindruck einer Verrückten, und es war ihr gleichgültig, ob ich ihr glaubte oder nicht. Sie berichtete eine Episode, so, wie sie auch von einem Zoobesuch hätte erzählen können.

»Was ließ Sie denken, daß es Valentino war?« fragte ich.

Sie zuckte ihre schmalen Schultern. »Zuerst dachte ich das nicht. Erst als Rosemarys Freund von seiner Erscheinung sprach, habe ich da einen Zusammenhang gesehen.«

»Sie haben das Plakat in Rosemarys Wohnzimmer gesehen?«

»Ja, aber es bestand nur eine ungenaue Ähnlichkeit, hauptsächlich die Haare. In der Dunkelheit hatte ich nicht das ganze Gesicht gesehen.«

Ein paar Wochen später war wieder ein Geist in ihrem Schlafzimmer. Diesmal spürte sie ein menschliches Bein an ihrem. Jetzt war sie gelassener und nahm an, daß es sich um einen weiteren Geisterbesuch handelte. Sie setzte sich im Bett auf, und der Geist verschwand.

Ich war natürlich neugierig.

»Woher wußten Sie, daß es ein menschliches Bein war?«

»Es fühlte sich so an.«

Wieder konnte sie kaum einschlafen. Sie hatte das Gefühl, daß jemand ihr etwas mitzuteilen versuchte, wovon sie noch keine Ahnung hatte.

»Ich habe mir das nicht eingebildet«, sagte sie fest, »ich bin keine frustrierte alte Jungfer.«

Beim nächsten Mal war ein Freund im Haus, der auf dem Sofa

schlief. Sie selbst hatte in leichtem Schlaf gelegen und war aufgewacht, als sie vom anderen Ende des Raumes eine Stimme singen hörte. Sie stand auf, um zu sehen, was da los war, und als sie sich dem Kamin näherte, wurde die völlig unerklärliche Stimme lauter.

Es war nichts da, aber der Gesang ging weiter. Sie schüttelte ihren Freund bei den Schultern: »Wach auf, es ist jemand im Zimmer«, rief sie.

Er grunzte und drehte sich auf die andere Seite: »Leg dich wieder schlafen«, brummte er, »und vergiß deine Geister.«

Bei seinen Worten hörte das Singen auf.

Ich wußte wirklich nicht, was ich davon halten sollte. Ich konnte sie alle als leicht verrückt abtun, aber wenn es kein alberner Schabernack war, dann mußte da doch etwas vor sich gehen, sonst hätten diese verschiedenen Leute nicht die im Grunde gleiche Botschaft erhalten.

Als Eric wegen seiner Rückenschmerzen Dr. Jusseks Patient wurde, erzählte ich diesem von der Sache.

»Vielleicht könnte Maria Moreno durch eine Sitzung in Valentinos Villas etwas herausbekommen«, meinte ich.

»Sagen Sie ihr bloß nicht, worum es geht«, mahnte der ewige Wissenschaftler Jussek.

Rosemary Cord und ihr Freund waren inzwischen ausgezogen, und eine Freundin von ihnen, Susan Antone, hatte die Wohnung übernommen.

Als ich Rosemary von Maria erzählte, war sie verständlicherweise gleich zu einer Sitzung bereit. »Sie weiß aber nichts von Valentino, hoffe ich?«

Rosemary, die nach ihren Erlebnissen mit dem Ouija-Brett genaue Nachforschungen über das Leinwandidol angestellt hatte und vermutlich den Schuldigen suchte, der ihn umgebracht haben könnte, wußte eine Menge über Valentino. Sie spulte die Namen der berühmteren Filme ab: *Die Reiter der Apokalypse, Der Scheich, Blood and Sand, Der Adler, Der Sohn des Scheichs, The Sainted Devil, Monsieur Beaucaire.* »Er lebte richtig seine Rollen«, sagte sie, »und während der Dreharbeiten für den Film war er auch seinen Freunden gegenüber der Scheich.«

Er hatte sich mit dem Tango zum Erfolg emporgetanzt. Sein pomadisiertes, glattes, schwarzes Haar und sein dunkles, gutaussehendes Gesicht und seine elegante Aufmachung hatten dem Wort Scheich die symbolische Bedeutung verliehen, die es heute noch hat. Er starb auf dem Höhepunkt seiner Laufbahn, mit einunddreißig Jahren, und vielleicht war es deshalb nicht verwunderlich, daß er, der immer nur jung gewesen war, auch jetzt noch auf die Jugend wirkte.

Es war eine Gruppe von jungen Leuten, die wir in Rosemarys alter Wohnung trafen: Rosemary und ihr Freund, Ellen, die Gastgeberin Susan Antone, die Nachbarn Kim Gardner und seine Frau Paula und die angehende Künstlerin Jennifer Barker. Sie saßen wie zufällig herum, aber es war doch eine gewisse Erwartung zu spüren. Maria, die junge Leute gern mochte, sah sich mit wohlwollendem Lächeln um. »Ich selber mache nichts«, erklärte sie, »es kommt alles durch meine Führer, Clarita, den buckligen Pepe und die Geisterärzte. Ich weiß nicht, was ich sage und erinnere mich an nichts.«

Sie schüttelt sich einige Male heftig, schließt dann die Augen und schaudert. »Ich spüre eine Hand auf meiner Schulter«, ruft sie.

Alle Anwesenden wechseln bedeutsame Blicke, und ich mache mich darauf gefaßt, daß Rudolph Valentino umgehend erscheinen wird. Maria schwingt sich jedoch mit einem sichtlichen Ruck in die Rolle der Clarita und wehrt alles, was sich ihr aufgedrängt haben mag, ab.

»Es ist ein verletzter Geist im Raum«, sagt Clarita schließlich. Wir beugen uns alle erwartungsvoll vor. »Sie« – bei dem Pronomen lehne ich mich enttäuscht wieder zurück – »ist sehr verwirrt und möchte alle gerne wissen lassen, daß ihr das, was sie getan hat, leid tut.« Ich habe keine Ahnung, von wem sie spricht. »Sie ist Sängerin, aus Texas. Weiß jemand, wer das ist?«

Nur Susan schaut erfreut auf. »Ich bin aus Port Arthur in Texas, und ich kannte dort eine Sängerin.«

»Sie sagt, sie hat Drogen genommen, eine Überdosis.« Maria runzelt die Stirn und fängt an, einen mir inzwischen bekannten Namen zu buchstabieren. »J-A-N-I-S J-O-P-L-I-N.« Maria dreht fragend den Kopf: »Warum bekomme ich diesen Namen?« Ich erinnere mich, daß dies das zweite Mal ist, daß der ruhelose Geist von Janis Joplin auftaucht.

Susan Antone, ein braunäugiges, sensibel aussehendes Mädchen, antwortet betroffen: »Sie war aus meiner Heimatstadt, sie ist dort geboren.«

»Sie war sehr jung?«

»In den Zwanzigern.«

»Es ist nicht weit von hier geschehen, stimmt das?«

»Sie wohnte nur zwei Straßen weiter und ist dort gestorben.«

»Sie ist noch immer an die Erde gebunden«, sagt Maria. »Die Art, wie sie starb, hat sie sehr verwirrt. Sie wurde dazu verleitet.«

Susan nickt nachdenklich. »Sie hat vielleicht nicht gewußt, was sie tat.«

Wir haben Valentino erwartet, und nun ist Janis Joplin da, die wie er das Unglück hatte, auf der Höhe einer traumhaften Karriere zu sterben. Vielleicht ist das die Botschaft: der Vogel, der zu hoch fliegt, zu schnell und in der erhabenen Höhe nicht überleben kann.

Janis Joplin, wenn sie es wirklich ist, hat jedoch eine Botschaft der Hoffnung und Ermutigung.

»Sie sagt, sie ist im Geiste neu geboren. Sie hat ihre Fähigkeiten weiterentwickelt und läßt das ganze alte Leben hinter sich. Sie freut sich, daß sie bald zurückkommt und aus ihren Fehlern gelernt hat. Sie wird sich von Drogen und Leuten, die Drogen nehmen, fernhalten. Das sind die wirklichen Toten, sagt sie, sie wissen nicht, daß man durch Drogen nichts erreicht.«

Wenn dies tatsächlich Janis Joplin ist, dann hat sie eine zweifache Botschaft: die, daß das Leben weitergeht, und die der verheerenden Wirkung von Drogen. Ihre Fans haben einmal sehr auf sie gehört. Vielleicht würden sie auch jetzt auf sie hören.

Marias Geister stürmen jetzt auf Susan Antone ein.

»Wer ist Tita?« fragt Maria plötzlich.

»So habe ich meine Großmutter genannt. Es ist arabisch, ich habe arabische Vorfahren.«

»Tita segnet Sie.«

»Danken Sie ihr«, sagt Susan leise.

»Sie haben viel durchgemacht, ein gebrochenes Herz.«

Susans Augen werden feucht, und sie kann nichts sagen.

»Tita segnet Sie.«

Es gibt noch eine Botschaft für Susan, und das scheint auch nur recht und billig, denn es ist ja ihre Wohnung, die sie freundlich den Fremden zur Verfügung gestellt hat.

»Mollie ist hier, kennen Sie eine Mollie?«

Susan schluckt. »Ja«, sagt sie mit unsicherer Stimme.

»Sie hofft, daß Sie den Ring bekommen haben.«

Wieder steigen Susan Tränen in die Augen. »Mollie war eine sehr liebe Freundin von mir, und ich gab ihr einen Ring. Sie ist mit fünfundzwanzig bei einem Autounfall in Texas ums Leben gekommen. Ihr Mann hat mir den Ring zurückgegeben.«

»Sie ist jetzt glücklich und wieder mit ihrem Kind vereint.«

Susans Augen weiten sich ungläubig. »Mollies Baby ist mit etwa einem Jahr bei einem Autounfall gestorben, vor ihrer Mutter.«

Wir haben jetzt von Tita, Janis Joplin und Mollie gehört, aber außer von dem mysteriösen Arm ist von keinem anderen die Rede gewesen, und gewiß nicht von Valentino. Die Sitzung endet mit nebensächlichen Botschaften für die meisten der jungen Anwesenden. Und das Publikum ist, wie gewöhnlich, beeindruckt.

»Hat Ihnen die Sitzung gefallen?« fragte Maria, als ich sie nach Hause fuhr.

»Sie war ganz gut.«

Sie wiegte den Kopf. »Wissen Sie, Jess Stearn, in dem Haus war ein Geist, aber ich wollte niemanden erschrecken.«

Ich konnte kaum ein Lachen zurückhalten. Das war zu komisch!

»Woher wissen Sie, daß da ein Geist war?«

»Ich habe seinen Arm gesehen, bis zum Ellbogen, ein schwarzer Satinärmel, sehr elegant, und ein großer, sehr teurer Saphir am Finger.« Der Arm hatte sie berührt und schaudern lassen.

War das Valentino, von dem sie sprach? Und wenn er es war, wie hatten sich die Kleidung und der Ring materialisiert?

Sie lachte: »Wenn der Geist einen Arm sichtbar werden lassen kann, dann kann er auch einen Edelstein und ein Kleidungsstück materialisieren, das ist viel leichter.«

Ich wußte nicht, was ich sagen sollte.

»Stimmt etwas nicht?« fragte sie und schaute mich von der Seite an.

»Sie haben weggeschickt, was Sie aufnehmen sollten.«

Es war das erste Mal, daß ich ihr irgendeinen Hinweis gab.

»Ich wollte den Leuten nicht die Energie entziehen. Der Geist hat Energie an sich gezogen, deshalb wurde mir so kalt.«

Sie spürte meine Enttäuschung und legte ihre Hand auf meinen Arm. »Wir können es ja irgendwann noch einmal versuchen«, sagte sie, »die Geister kommen wieder, wenn sie etwas zu sagen haben.«

Früh am nächsten Morgen klingelte das Telefon, und Maria Moreno war am Apparat. »Ich habe die ganze Nacht nicht schlafen

können. Ich hatte fürchterliche Kopfschmerzen. Der Geist war wütend. Er hat mir immer wieder seinen schwarzen Ärmel gezeigt.«
»Worüber war er denn wütend?«
»Daß ich ihn weggeschickt habe.«
»Haben Sie eine Ahnung, wer das ist?«
»Woher soll ich das wissen, wo ich ihn doch nicht beachtet habe?«
Sie wollte es wiedergutmachen. »Wir müssen heute abend eine Sitzung machen, sonst kriege ich keinen Schlaf. Er ist ärgerlich auf mich.«
Susan war fasziniert von Maria. So konnte die Sitzung rasch arrangiert werden. Es sollte eine kleinere Sitzung werden, mit weniger Leuten und ohne Rauchen.
»Stört der Rauch die Geister?« fragte ein Raucher.
»Er stört Maria«, sagte ich, »er vernebelt ihren Kanal.«

In der Gruppe waren wieder Rosemary und ihr Freund, Ellen, Jennifer Barker, die mit ihren zwanzig Jahren die Historikerin der Gruppe war, und natürlich die begeisterte Susan Antone.
Rosemary zog mich beiseite: »Haben Sie ihr von Valentino erzählt?«
»Ich habe noch nicht einmal einen Hinweis auf seinen Namen gegeben.«
Maria sammelte sich rasch, und wir bildeten einen kleinen Halbkreis um sie. Zwei oder drei der Mädchen machten es sich auf einem großen Bett bequem. »Bitte machen Sie es sich gemütlich«, meint Maria, »die Energie ist heute abend sehr wichtig.«
Ich stöhne innerlich bei dem Gedanken daran, wie diese Sitzungen mich immer mitnehmen.
Maria erklärt, was ungewöhnlich für sie ist, warum sie die Sitzung vorgeschlagen hat. »Ich habe gestern abend diesen Arm gesehen und gewußt, daß er zu einem sehr charmanten, dunklen, gutaussehenden Menschen gehört, jemandem, der aussieht wie ein Spanier oder ein romanischer Typ.«
Ich finde ihre Beschreibung sehr interessant. Valentino war durch und durch ein romanischer Typ, von der Mutter her französischer und vom Vater her italienischer Abkunft. Und in *Blood and Sand* hatte er den spanischen Matador Juan Gallardo gespielt, mit dem er seiner Aussage nach eine spirituelle Verbindung hatte und den er deshalb fast lebensecht spielen konnte.

Maria fällt es nicht schwer, unser Interesse gefangenzuhalten.

»Was ist der Unterschied zwischen einem Geist (engl.: spirit) und einem Gespenst (engl.: ghost)«, fragt jemand.

»Beide werden durch Energie manifestiert. Aber ein Gespenst ist eine bösartigere Widerspiegelung des Geistes, die den Leuten oft Streiche spielt. Dem Geist geht es mehr um Philosophie und die Vervollkommnung der Seele.«

Ein Gespenst ist auch an die Erde gebunden und unternimmt keine Flüge in die Astralebene, wie Geist und Seele. »Die Führer können von diesem Planeten aus mit dem Geist in Verbindung treten«, sagt Maria.

Das scheint zu bedeuten, daß der Geist nicht im Raum ist.

»Er hält sich in einer Entfernung auf«, bestätigt sie, »aber er projiziert etwas hierher, so wie ein Fernsehprogramm über eine Entfernung hinweg übertragen wird. Wir sehen hier die Wirkung davon, daß er Energie nach seinem Willen sichtbar macht.«

»Wie kann er denn Ihren Arm berühren, wenn er gar nicht hier ist?«

»Es ist eine Materialisation aus Ektoplasma, die dem gewöhnlichen Auge unsichtbar ist, eine aus der Ferne bewirkte Manifestation seiner starken Energie.«

Maria ist bis jetzt noch nicht in Trance gegangen, sondern fährt mit ihren Erklärungen fort. »Ich hatte gestern abend das Gefühl, daß jemand, der das Haus kennt, Kontakt aufnehmen wollte.« Sie schaut auf. »Und einige von Ihnen hatten dasselbe Gefühl, nicht wahr?«

Nicken in der Runde. Maria schließt nun befriedigt die Augen und wedelt mit den Armen, wahrscheinlich, um genug Energie aufzuwirbeln und ihre Führer herbeizuholen. Es ist so still, daß man einen Geist kommen hören könnte.

Sie atmet ein wenig schwerer als sonst und spricht nun mit fremdem Akzent. »Simon Atala ist hier«, verkündet sie. »Er ist Araber und weiß über arabische Dinge Bescheid. Simon erzählt mir von diesem gutaussehenden Mann, der arabische Kostüme trug, lange, wallende Gewänder und einen arabischen Turban.« Einen Moment lang stolpert sie über das Wort ›Burnus‹, das lange, fließende, typisch arabische Kapuzengewand, das Valentino in *Der Scheich* getragen hatte. »Ich höre Musik, ein Lied über einen Scheich.« Ich erinnere mich schwach, daß der Hit *The Sheik of Araby* aus diesem

Film stammt. Aber ich frage mich, warum Valentino, wenn er es ist, sich in einer Leinwandrolle manifestiert.

»Er war normalerweise ein sanftes Wesen«, sagt Rosemary Cord, »aber er lebte vierundzwanzig Stunden am Tag in seiner jeweiligen Rolle. Während der Dreharbeiten zu *Der Scheich* wurde er wirklich zu einem despotischen Scheich und kommandierte die Leute herum wie ein echter.«

Simon Atala macht schnell klar, daß er ein hervorragender Führer sei. »Simon sagt, vor dem Haus ist gerade ein großer Baum gefällt worden, stimmt das?«

»Das stimmt«, sagt Susan.

»Und im Swimming-pool ist jemand ertrunken; er wurde deshalb abgedeckt.«

»Das ist schon lange her«, sagt Jennifer Barker.

»Er sagt, in Ellens Wohnung ist die Gasleitung undicht.«

»Das habe ich gerade gemeldet«, sagt Ellen.

Maria hat Valentinos Namen noch nicht genannt, aber die Hinweise häufen sich. Gerade als ich mich frage, wie lange es noch dauern würde, faßt sie sich an den Bauch und beginnt, leise zu stöhnen.

»Der Mann mit dem Arm sagt mir, er hatte solche Schmerzen im Bauch, etwas ganz Schreckliches.«

Sie hält inne, dann kommt eine weitere Enthüllung. »Er hat nicht Selbstmord begangen, wie manche Leute denken. Er ist einfach innerlich explodiert und dann plötzlich gestorben.« Das erklärt zumindest seinen unverständlichen Rückfall, nachdem er schon auf dem Weg zur Genesung schien. »Es hat mir nicht leid getan, zu sterben«, sagt er. »Er ist zwei Wochen krank gewesen.« Valentino war nur ein paar Tage im Krankenhaus, eine Woche vorher hatte er sich gegen die Einlieferung gewehrt. »›Ich habe viel Glück gehabt‹, sagt er, ›aber das Leben war zu kurz. Ich hätte gern mehr getan.‹«

»Er war wirklich noch jung«, sagt sie, »vor der Jahrhundertwende in Italien geboren.« Jennifer Barker hatte erzählt, daß Rudy am 6. Mai 1895 geboren und im August 1926 gestorben sei. Er hatte nur dreizehn Jahre in Amerika gelebt.

Es ist aufregend zu sehen, wie Maria der Sache näherkommt. Mit geschlossenen Augen wendet sie sich an Rosemarys Freund Eric. »Sie haben den Schatten eines ungefähr dreißigjährigen Mannes gesehen.«

Eric nickt stumm und mit leicht hängendem Unterkiefer. Er hatte beschlossen, sich aus der Diskussion herauszuhalten, denn es paßte wohl schwerlich zu seinem Image, Geister zu sehen.

Maria fährt rasch fort: »Das Medium ist eiskalt«, sagt sie mit leichtem Schaudern. »Der Arm berührt mich wieder. Es ist ein Idol.« Sie macht eine dramatische Pause. »Es ist Rudolph Valentino.« Sie sagt es fast beiläufig, nicht mit der Begeisterung, mit der sie den Mystiker Edgar Cayce offenbart hat. Und sie erwähnt einen Namen, den ich nie gehört habe: »G-U-G-L-I-E-L-M-I...das ist er.«

Das ist tatsächlich der Familienname seines Vaters. Der junge italienische Einwanderer hatte für sein Debüt in Amerika den Namen Valentino angenommen und den Rodolfo Guglielmi in seinem Paß und seiner Taufurkunde ohne großes Zeremoniell fallenlassen. So hat Maria ihren Mann mit dem Arm schließlich beim Namen genannt. Und in seinem Gefolge kommen noch andere Tote, die in seinem Leben eine wichtige Rolle gespielt haben. »Mae Murray ist hier«, sagt Maria. Mae Murray war die blonde Schauspielerin, die Valentino seine erste kleine Rolle gab und ihn zu trösten versuchte, als Natascha Rambowa ihn verließ. »Sie ist eine reizende Person«, sagt Maria. »Sie ist in hohem Alter gestorben, und vor ihrem Tod hatte sie einen schweren Sturz.« Ihr Tod lag noch nicht lange zurück; sie war über achtzig Jahre alt geworden.

Mit ihr kommt Vilma Banky, die ungarische Schönheit, die in Valentinos letztem Film *Der Sohn des Scheichs* aufgetreten ist. Sie hat ebenfalls versucht, ihn über seine Einsamkeit hinwegzutrösten. Auch der Schauspieler Adolph Menjou erscheint. Ich habe gar nicht gewußt, daß die beiden sich kannten, aber Rosemary Cord erwähnt, daß Menjou in *Der Scheich* mitgespielt hat.

Maria hat weder von Valentino noch von dem schnurrbärtigen Menjou je einen Film gesehen, aber jetzt steht sie in Verbindung mit diesem hervorragenden Schauspieler, einem der wenigen Stars, die den Sprung vom Stummfilm zur Sprechrolle geschafft haben. »Er sah eher orientalisch aus, nicht wahr?« meint sie.

Ich muß innerlich lachen. Menjou hatte tatsächlich etwas Japanisches in seinen Gesichtszügen, wenn man es genau betrachtete.

Maria fängt mittendrin an, leise vor sich hin zu schmunzeln. »Dieser Star besaß eine starke Anziehungskraft und Sexappeal, aber er sagt, er war nicht der feurige Liebhaber, für den die Welt ihn gehalten hat. In der Liebe war ihm die Kameradschaft wichtiger. Er erinnert sich an die schwarz verschleierte Frau im schwarzen Kleid. Sie liebte ihn, aber es war nichts zwischen ihnen.«

Rosemary hatte auch über die geheimnisvolle Frau einiges in Erfahrung gebracht. »Sie kam immer zu Valentinos Todestag auf den Friedhof von Hollywood und legte Blumen auf sein Grab.«

Viele behaupteten, die ›Dame in Schwarz‹ zu sein, aber Rosemary identifizierte sie als Marian Benda. Sie war mit ihm auf der Party in Park Avenue gewesen, als er die Bauchkrämpfe bekam, die ihn schließlich ins Krankenhaus brachten. Auch sie war, wie Murray, Banky und Menjou, inzwischen gestorben. Pola Negri, die polnische Diva, die auf eine Heirat mit dem Scheich gehofft hatte, tauchte bezeichnenderweise nicht auf. Sie war noch am Leben.

Es ist eine ganz eindrucksvolle Versammlung, aber sie hat dem Valentino-Image nicht viel hinzuzufügen. Maria, die unbeteiligt geblieben ist, scheint nun dies und jenes hervorzuholen. »Das Haus, das er gebaut hat, ist zerstört worden, sagt er jetzt. Er vermißt seine Pferde.«

Valentinos Palast, der oberhalb des Ortsteils Valentinos Villas lag, war der Hollywood-Autobahn zum Opfer gefallen. »Er hat ihn 1922, in dem Jahr, als sie geheiratet haben, für Natascha gebaut«, erklärt Rosemary, »und er hat auch das umliegende Land gekauft, damit sie sich zurückziehen konnten und für seine Pferde.« 1924, in dem Jahr, als mit dem Bau der Siedlung Villas begonnen wurde, war er eingezogen. 1926, kurz nach seinem Tode, war sie fertiggestellt. »Er war ein ganz guter Reiter«, sagt Rosemary, »er machte regelmäßig Gebrauch von seinen Ställen.«

Bis jetzt ist die Kommunikation ausschließlich über den arabischen Führer Simon Atala gelaufen. Er scheint ein echter Araber zu sein. »Es ist nicht nur ein arabischer Name, sondern sie spricht ihn auch mit einem perfekten arabischen Akzent aus«, betont Susan Antone.

Valentino hatte in seinem Leben engen Kontakt mit Medien, vielleicht war er deshalb jetzt so leicht erreichbar. Er glaubte an diese Dinge. Er hatte mehrere Medien, durch die er Kontakt mit seinen geistigen Führern aufnahm, und er richtete sein Leben nach ihren Ratschlägen aus. Als seine Karriere einmal zu einem Stillstand gekommen schien, sagte Black Feather zutreffend ein Ende der Vertragsschwierigkeiten mit dem Studio voraus und einen kometenhaften Aufstieg, der von einem neuen Manager unterstützt werde.

Auch die Heirat mit Natascha Rambowa, die sich damals ihrer Gefühle noch nicht sicher war, kündigte er an, und ihre Trennung wurde ebenfalls vorhergesagt. Davon wollte Valentino jedoch nichts wissen, denn es widersprach seiner Überzeugung, daß Natascha für alle Zeiten seine Schwesterseele sei.

Im Zimmer ist jetzt eine starke Affinität zu dem toten Valentino zu spüren. Es war nicht nur die Leinwandpersönlichkeit, die die jungen Menschen anzog, sondern auch dieser tragische, junge Mensch, der sich, lange bevor es Mode wurde, kühn in die Welt des Übersinnlichen wagte. Auch sie waren fasziniert von der Möglichkeit einer Welt jenseits des Todes und vom Konzept der Wiedergeburt. Durch ihr starkes Interesse strömten sie eine geistige Energie aus, die beinahe einer elektrischen Ladung gleichkam.

Rosemary Cord nahm diese Energie sehr deutlich wahr. »Es ist sehr wohl möglich, daß Valentinos Geisterführer sich auf einer solchen Energiewelle manifestieren«, flüstert sie.

Obwohl Maria uns nicht gehört haben kann, bringt sie prompt Valentinos Erscheinen mit dem Wunsch in Verbindung, die Menschen wissen zu lassen, daß der Tod nur ein Anfang ist.

»Er ist eifrig darum bemüht, sich weiterzuentwickeln, damit er als Lehrer wiederkommen und die Menschen näher zu Gott bringen kann. Er hat schon vor seinem Tode versucht, Gott zu verstehen, und interessierte sich deshalb für übersinnliche Phänomene. Er hatte einen Führer im Jenseits, einen indianischen Geist (Black Feather), und versuchte, durch die Verbindung mit ihm zu zeigen, daß es ein Leben nach dem Tode gibt. Er wird mit Hilfe dieser Führer weiterhin mit uns in Kontakt sein.«

Die Gruppe hört sehr aufmerksam zu und zeigt an allem, was Valentinos Leben betrifft, lebhaftes persönliches Interesse.

Susan Antone macht stirnrunzelnd eine aufmunternde Armbewegung zu ihren Freunden hin, von denen sich einige müde hingelegt haben; im Laufe der Sitzung ist ihre Energie geschwächt worden.

»Liebt Rudy uns?« fragt sie.

»O ja. Er möchte Ihnen sagen, daß der Mensch mit seinen Gedanken Energie schafft. Dadurch, daß Sie an ihn gedacht, seine Plakate aufgehängt und seine Erinnerung wachgehalten haben, haben Sie es ihm ermöglicht, sich in diesem Haus zu zeigen.«

Susans Augen leuchten auf: »Ich habe ein Poster von ihm aus Texas mitgebracht und wußte noch nicht einmal, daß es Valentinos Villas gab.«

»Und ich habe überall Fragen über ihn gestellt«, sagt Jennifer Barker, »und wußte gar nicht recht, warum.«

Maria Moreno hat die Augen noch geschlossen. »Sie erzeugen durch all dies Interesse eine ektoplasmaähnliche Energie, auf die er reagieren kann.«

»Und wie sieht diese Reaktion aus?«

»Das ist verschieden«, sagt Maria gerade in dem Augenblick, als plötzlich die Nachttischlampe angeht.

Wir starren alle erschrocken auf die Lampe. Es ist niemand in der Nähe gewesen. Ist das die Energie, von der Maria gesprochen hat? Wir tauschen fragende Blicke, und Eric schaltet beiläufig die Lampe wieder aus. Aber das Geheimnis bleibt bestehen. Warum ist diese Lampe in diesem Augenblick angegangen?

»Der Mensch erzeugt mit seinem Seelenkörper Energiewellen«, sagt Maria, »das will er Ihnen zeigen.«

Ellen, die das schrecklichste Erlebnis gehabt hatte, war bis jetzt still geblieben.

»Es sind keine Körper dagewesen«, sagt sie, »aber ich höre immer ein Geräusch wie von zischendem Dampf, für das ich keine Ursache finden kann.«

»Er versucht, direkt mit Ihnen zu sprechen, ohne ein Medium. Aber er kann nicht genügend Energie zusammenbringen, deshalb hören Sie nur das Geräusch, für das seine Energie reicht.«

Ich schaue mich um und sehe, daß die Energie der Gruppe deutlich nachgelassen hat. Zwei oder drei haben sich auf dem großen Bett ausgestreckt, und andere nicken schläfrig in ihren Sesseln. Auch ich kann mich kaum aufrecht halten, obwohl es noch nicht einmal Mitternacht ist.

Müde, wie wir sind, will jedoch keiner aufhören.

»Hat Rudy eine Botschaft für uns?« fragt Susan.

»Er sagt, Sie sollen Ihre kreativen Energien nutzen, es sind die Energien Ihrer Seele.«

»Wird er wiederkommen?«

»Solange Menschen sich an ihn erinnern, gibt ihm das die Energie, sich zu manifestieren.«

»Warum macht er es so dramatisch, wenn er kommt?«

»Er sagt, er hat immer in seinen Rollen gelebt. Als er *Der Scheich* drehte, kommandierte er die weniger wichtigen Leute herum, und als er den Torero spielte, ist er auch herumgestampft wie ein echter Matador. Als Geist kann er da auch nicht an sich halten. Er muß das ›Gespenst‹ genauso spielen.«

Ein wahrer Schauspieler!

Da die Geister allwissend scheinen, stellen wir auch Fragen über die Welt im allgemeinen.

»Kann er uns sagen, was geschehen wird?«

Als das Gespräch von persönlichen zu weltlicheren Dingen übergeht, macht Simon Atala Clarita Platz.

»Es wird ungeheure Erdbeben und Vulkanausbrüche geben und große Erschütterungen mit blutigen Aufständen in Japan und Südamerika. Und in den Anden werden große, gletscherartige Eismassen liegen. Es wird einen Zusammenstoß in der Atmosphäre geben. Es ist eine Zeit großer Unruhe.«

Ich habe den Eindruck, daß in Asien, Afrika, im Mittleren Osten und in Südamerika bereits jetzt große Erschütterungen stattfinden.

»Und wie wird sich das auf uns auswirken?« fragt Susan.

Maria holt tief Luft. »Ich soll Ihnen sagen, daß Sie alle beschützt werden. Gute Nacht.«

Ein Chor von müden Stimmen antwortet: »Gute Nacht, Rudy, gute Nacht, süßer Prinz.«

13 Rudy hat viel mitzuteilen

Maria war überglücklich, den Geist von Valentinos Villas identifiziert zu haben. »Valentinos Arm hat mich berührt«, ihre Augen glänzten wie die eines Teenagers.
»Sie nannten seinen wirklichen Namen, Guglielmi, und haben ihn richtig buchstabiert«, sagte ich.
Sie war glücklich wie ein Kind mit einer neuen Puppe.
»Wirklich? Wie schön!«
»Aber Sie haben nicht gesagt, wie er starb. Sie sagten nur, sein Magen sei explodiert. Das ist also immer noch ein Geheimnis.«
»Vielleicht will er nicht, daß es bekannt wird«, meinte sie.
In ein paar Tagen hatte ich alle einschlägigen Informationen über den Stummfilmhelden eingeholt. Er wollte nicht in seine Heimat Italien überführt werden, sondern bevorzugte Hollywood, den Ort, an dem er berühmt geworden war, als seine letzte Ruhestätte.
Er war mit Nataschas Namen auf den Lippen gestorben.
»Bitte, mach die Jalousien auf, ich möchte die Sonne sehen«, sagte er. Aber die Jalousien waren schon hochgezogen, und der Raum lag in hellem Sonnenlicht.
Er hatte immer an sie gedacht. Sein ganzes Leben war von ihren Vorlieben und Abneigungen diktiert. Natascha hatte das Haus in Whitley Heights nicht gefallen, also hatte er ein anderes gekauft, Falcon Lair, benannt nach einem mißlungenen Film. Sie mochte das eine Studio nicht, also zog er in ein anderes um. Sie runzelte die Stirn über ein Drehbuch, und er lehnte es ab, in dem Film zu spielen. Sie war unter seiner Haut, wie die Franzosen sagen.
Die Ehe hielt nur drei Jahre, aber die Trennung schien wie eine Ewigkeit. Rudy hatte in dieser tragischen Zeit immer das Gefühl, sie würde zu ihm zurückkommen und sei nur gegangen, weil er Forderungen, sie solle seine Filme nicht mehr kontrollieren, nachgegeben hatte. Ihre Differenzen schienen jedoch tiefer zu gehen. Viele meinten, sie sei einfach zu kalt gewesen für den feurigen südländischen

Liebhaber. Er habe eine sinnliche Frau, wie Pola Negri, gebraucht, ein Sexsymbol wie er selber. Aber für Rudy gab es nur Natascha. Er ging zu dem berühmten Hellseher George Dareos, der damals hoch in den Neunzigern war und noch in San Bernardino, in Kalifornien, lebte. Und Dareos machte alle seine Hoffnungen zunichte, indem er ihm sagte, sie würden nie wieder zusammenkommen, zumindest nicht in dieser Sphäre. »Sie ist doch meine Schwesterseele!« rief er, unfähig, das Unvermeidliche zu akzeptieren.

Ihre spiritistischen Sitzungen mit Meselope, Black Feather, Jenny und den anderen fehlten ihm sehr. Aber er behielt sein Interesse am Metaphysischen bis zu seinem Tode und vermutlich noch darüber hinaus.

Maria betonte provokativ immer wieder Valentinos stetiges Interesse am Übersinnlichen.

»Sie haben betont, Valentino arbeitet noch immer mit seinen Führern«, sagte ich.

»Es kann nicht anders sein, wenn er noch immer Botschaften übermittelt«, meinte sie.

So schien es von Anfang an gewesen zu sein. Kurz nach seinem Tode hatte Natascha über mehrere enthüllende Botschaften von ihrem verschmähten Ehemann berichtet. Ich fand es allerdings seltsam, daß die Frau, die eine Kommunikation abgelehnt hatte, als er sie so dringend brauchte, jetzt, wo es zu spät war, mit ihm in Verbindung treten sollte.

»Es ist nie zu spät«, sagte Maria kopfschüttelnd.

Ich betrachtete die Botschaften Rudys, die Natascha in ihrem Bericht *Rudy: An Intimate Portrait* so lebhaft beschrieben hatte, mit einigem Mißtrauen.

Der Schauspieler sprach von seinem Übergang, seiner geistigen Entwicklung und seinen himmlischen Begegnungen mit so hervorragenden Lehrern wie Helena P. Blavatsky, der Gründerin der Theosophischen Gesellschaft, dem Naturalisten John Burroughs und Luther Burbank, dem Opernstar Enrico Caruso und dem Produzenten Charles Frohman. Er war nicht mehr so einsam wie vormals und hegte auch keinen Groll auf die Frau, die ihn abgewiesen hatte.

Sogar Natascha selber hatte geahnt, daß ihr Bericht sicherlich auf Skepsis stoßen würde. »Von jenen, die nicht bereit sind zu glauben, erbitte ich nur, daß sie zumindest den Geist ehren oder respektieren, aus dem heraus [diese Botschaften] gegeben wurden – den Geist der Liebe und des Dienens.«

Maria nickte weise. »Früher waren die Leute sehr skeptisch, aber heute sind sie bereit zu glauben, weil übersinnliche Erscheinungen sich als wahr erwiesen haben.«

Natascha behauptete, ihre Botschaften durch automatisches Schreiben zu empfangen, und für Maria war das nichts Unbekanntes. »In Trance schreibe ich so Theaterstücke und benutze Wörter, die ich eigentlich nicht kenne. Es ist immer eine Überraschung, wenn ich es später anschaue, denn beim Schreiben erinnere ich mich an nichts. Eine äußere Kraft bewegt meine Hand über das Papier.«

So versicherte auch Natascha, daß Rudys Botschaften einfach durch sie flossen und mechanisch von ihr niedergeschrieben wurden, ohne daß sie die geringste Ahnung hatte, was da geschrieben wurde, bevor sie es später nachlas. Ein Medium war dabei hilfreich, aber Natascha konnte selber mit den Botschaften umgehen, wie Rudy es oft gesagt hatte. Sie war übersinnlich sehr begabt.

Nataschas Bericht, was immer auch die Quelle sein mochte, war faszinierend. Er war voll der Ängste, Hoffnungen und Erinnerungen eines Sterbenden und mit der Beredsamkeit eines Dichters erzählt.

»Als ich sehr krank war, aber bevor ich sicher war, daß ich hinübergehen würde, sah ich plötzlich Jenny [die Geistführerin]. Ich war so überrascht, daß ich, glaube ich, ihren Namen rief. Ich sah sie nur einen Moment lang. Sie stand in einem Schimmer rosenfarbigen Lichtes vor mir. Sie schaute mich an und lächelte, so wie sie es in ihrem Erdenleben immer getan hatte, wenn sie wußte, daß ich Ermunterung brauchte, und breitete ihre Arme aus.

Ihr Lächeln schien zu sagen: ›Mach dir keine Sorgen‹, aber ich hörte sie nicht sprechen. Die Vision war innerhalb einer Sekunde vorbei. Aber danach wußte ich, Natascha, daß ich gehen würde. Ich fühlte tief in meinem Inneren, daß meine Erdentage vorüber waren. Es machte mir angst. Ich wollte nicht gehen. Ich hatte das seltsame Gefühl, aus allem herauszusinken. Die Welt erschien mir liebenswerter und strahlender als je zuvor. Ich dachte an meine Arbeit, und wie sehr ich sie liebte. Ich dachte an mein Haus, meine Sachen, meine Haustiere. Gedanken über Gedanken rasten wirr durch meinen Kopf, Gedanken an Autos, Reisen, Yachten, Kleider und Geld. All diese materiellen Dinge erschienen mir jetzt doppelt wertvoll.

Das Gefühl, daß all diese Dinge plötzlich von mir weggespült würden, oder ich von ihnen, entsetzte mich. Mein Körper schien von tödlicher Schwere, und gleichzeitig fühlte sich etwas in mir sehr leicht an, als ob ich emporgehoben werden sollte. Zeit schien auf einmal sehr wichtig zu sein. Irgend etwas Unbekanntes schien drohend vor mir aufzuragen. Da war ein schreckliches Gefühl von Grenzenlosigkeit überall um mich her, das mich bis in die Seele erschreckte. Ich fing an, an Hunderte von Dingen zu denken, die ich tun wollte – wichtige und unwichtige. Sogar Briefe, die ich schreiben wollte, gingen mir durch den Kopf. Die flüchtige, aber sehr, sehr klare Vision von Jenny hatte jedoch die Kraft, diese Wünsche zu verwirklichen, irgendwie weit, weit von mir weggeschoben. Ihr schönes, seltsames Lächeln, ihre ausgestreckten Arme und das überirdische Licht um sie herum verfolgten mich.«

Er erinnerte sich jetzt daran, wie sie ihn zur Operation gefahren hatten. »Zu diesem Zeitpunkt war ein rumpelndes Geräusch um mich herum und ein Ruckeln, wie von einem sich bewegenden Fahrzeug. Ich bin nicht sicher, aber mir kam es so vor, als ob ich George Ullmans Stimme hörte. Der liebe George Ullman. [George Ullman war sein Manager und guter Freund.] Gedanken an Leute drängten sich in mein Hirn, Gesichter von Menschen, die ich erst ein paar Tage vorher gesehen hatte, und Gesichter von Menschen, die ich vor langer Zeit kannte. Ich dachte an meine Arbeitskollegen, an Menschen, die auf meine Hilfe angewiesen waren, an alle möglichen Leute, die mir aus dem einen oder anderen Grunde hinterherliefen. Viele, viele Erinnerungen an meinen Vater und meine Mutter. Meine Kindheit. Italien. Die Schule. Meine erste Reise nach Amerika. Meine ersten Staatsbürgerschaftspapiere. Meine Schmerzen verschwanden unter dieser Gedankenflut. Auch die alleralbernsten Erlebnisse tauchten aus meinem Gedächtnis auf, aber alles so lebhaft. Verrücktheiten, Vergnügen, Kummer; alles, was ich je getan hatte, schien von irgendwoher an die Oberfläche zu kommen. Es machte mich schwindlig. Ich verlor das Bewußtsein.

Als ich zu mir kam, war die Operation beendet. Alle lächelten mir ermutigend zu. Ich mußte still sein, obwohl ich das Gefühl hatte, so viel sagen zu müssen – so viel. Aber diese ganzen letzten Tage hindurch, auch wenn ich mich manchmal stärker fühlte, lag eine Angstlast auf meinem Herzen. Ich hatte das Gefühl, wenn ich bloß aufstehen und anfangen könnte, viele Dinge zu tun, die ich vernachlässigt hatte, dann würde ich diese Angst verlieren. Aber sie ließen mich natürlich nicht aufstehen. Deine Nachricht lag neben mir und tröstete mich. Ich hatte das bemerkenswerte Gefühl, daß ich dich bald sehen würde, daß du jeden Augenblick zur Tür hereinkommen könntest.

Ich konnte nicht gut atmen und wußte, daß sich alles dem Ende näherte. Ich hatte schreckliche Angst. Es war zu plötzlich, als daß ich es hätte verstehen können. Ich glaube nicht, daß ich tatsächlich Angst vor dem Sterben hatte, Natascha. Es war das Unbekannte, das vor mir lag. Du weißt, wie schrecklich mir Ungewißheit immer gewesen ist – alles Unbekannte. Ich sage dir, Natascha, dann fing ich an zu wissen, daß ich mich veränderte. Ich konnte es in meinem Körper und meinem Bewußtsein spüren. Etwas schien von mir abzufallen. Manchmal war ein zerrendes Gefühl da, als ob ein Teil meines Wesens sich losrisse.«

Wie Jusseks Freundin Vera de Fernando schien er einen allmählichen Austritt des Geistes erlebt zu haben.

»Ich dachte daran, was hinterher mit meinem Körper geschehen würde – Beerdigung, Einäscherung, die Erde. Es erfüllte mich mit Entsetzen. Dann kam der Priester. Er erschien mir wie ein Licht in der Dunkelheit. Ich wandte mich mit all meiner Angst, meinem Entsetzen, meiner Unsicherheit an ihn. Wieder tauchte meine Kindheit auf. Undeutliche Bilder von Kirchenschiffen schwammen vor meinen Augen.

Die letzten Sakramente!

Nach der einfachen Zeremonie fühlte ich mich schon fern von der Erde. Meine geistige Haltung war verändert. Die Kirche hielt mich wie eine starke freundliche Hand. Ich würde nicht allein sein. Die Angst ging von mir weg. Die Gesichter um mich herum wurden undeutlich. Stille. Dunkelheit. Bewußtlosigkeit.

Ich weiß nicht, wie lange das anhielt. Es war, als ob ich aus langem, tiefem Schlaf erwachte. Ich öffnete die Augen und hatte im gleichen Augenblick ein Gefühl, als würde ich rasch nach oben gezogen, dann ein wundervolles bläuliches Licht, dann Black Feather [ein Geistführer], Jenny und Gabriella, meine Mutter.

Ich war tot.

Ich lebte.

Dies, Natascha, ist meine Erinnerung an meinen Übergang.«

Ich hatte laut gelesen, und als ich zu Maria hinüberschaute, sah ich, daß sie weinte. »Es ist schön«, sagte sie, »wie können Sie daran zweifeln? Sie muß ihn geliebt haben, um es so klar ausdrücken zu können.«

Eine Zeitlang war der Schauspieler nach seinem Tode völlig an die Erde gebunden. Er wanderte den Broadway auf und ab, unfähig, irgend jemanden auf sich aufmerksam zu machen, frustriert, ungewollt, ungeliebt. Er versuchte, Kontakt mit Natascha aufzunehmen, noch immer besessen von der Ehefrau, die in Frankreich war, als er in einem New Yorker Hospital sein Leben aushauchte. Er empfand nur Liebe für sie.

»Als ich gleich nach meinem Übergang auf irgendeine unerklärliche, unbewußte Weise zwischen New York und dir [Natascha] hin und her eilte und einen Weg fand, wie ich dich durch George – diesen Kanal, dieses Medium oder wie immer du ihn nennen magst – erreichen konnte, das muß mich seiner Lehrerin, Helena Petrowna Blavatsky, besonders ins Bewußtsein gebracht haben.« Dies war eine Anspielung auf die in Rußland geborene Okkultistin, die vor ihrem Tode im Jahre 1891 eine führende Kraft auf dem Gebiet der Metaphysik gewesen war. Sie sollte seine spirituelle Entwicklung fördern. Inzwischen durchlief er jedoch eine Zeit des Übergangs, von seinem eigenen Begräbnis, das er mit gemischten Gefühlen beobachtete, bis zu der schmerzlichen Erkenntnis, daß er mit menschlichen Angelegenheiten nichts mehr zu tun hatte.

»Während dieser Zeit brachten sie meinen Körper nach Westen. Ich fing gerade an zu bemerken, wie die Gedanken der Öffentlichkeit, die sich mit mir beschäftigt hatten, nachließen. Als ich nicht mehr dauernd in den Zeitungen stand und meine Überreste zu ihrer irdischen Ruhestätte gebracht wurden, begann ich, mich sehr allein zu fühlen. In dem Augenblick, als die schmeichelnde Wirkung des öffentlichen Interesses fehlte, erkannte ich, wie getrennt ich von all diesen Leuten war, insbesondere was Sehen und Hören betraf. Sie dachten, ich sei tot und gestorben, und deshalb war ich für sie natürlich wirklich tot. Wie du weißt, Natascha, haben Lob und Schmeichelei mich immer sehr berührt. Die Kämpfe, die ich durchgestanden und die Hindernisse, die ich überwunden hatte, machten das Vergnügen darüber, im öffentlichen Interesse zu stehen, nur um so größer.

Aber jetzt lobte mich niemand mehr. Ich fing an, bitter darüber zu sein, daß ich auf der Höhe meiner Aktivitäten abgeschnitten worden war. Ich fürchte, ich habe mich selber ziemlich hoch eingeschätzt, denn ich konnte mir nicht vorstellen, wie die Dinge ohne mich weitergehen sollten. Es war niemand da, mit dem ich darüber sprechen konnte. Ich ging den Broadway auf und ab. Er kam mir genauso real vor wie früher. Aber niemand nahm Notiz von mir; ich konnte kaum begreifen, daß sie mich nicht sehen konnten. Ich wurde es leid, eiligen Leuten aus dem Weg zu gehen, die entschlossen schienen, mich über den Haufen zu rennen. Einmal bin ich mit einer Frau zusammengestoßen, die genau in mich hineinlief, und sie schauderte und hielt sich am Arm ihres Begleiters fest und sagte, ›Huch, was für ein kalter Wind‹.«

Maria Moreno hatte ruhig zugehört, aber bei diesen Worten sagte sie atemlos: »Sehen Sie, wie ich es gesagt habe, als sein Arm mich berührt hat. Ich fühlte ein kaltes Schaudern, genau, wie er sagt. Er hat meine Energie genommen.«

Ich stellte mir vor, wie Valentinos Geist die Traumstraße hinunterwanderte, die jeder Schauspieler zu erobern hoffte.

»Warum konnten sie ihn nicht sehen?« fragte ich.

»Weil sie auf einer anderen Schwingung sind. Man kann nicht mit dem Radio ein Fernsehprogramm empfangen.«

»Weshalb konnte er sie dann sehen?«

»Weil er im Tod in einer höheren Dimension ist. Deshalb kann ich in Trance seinen Arm spüren und den Saphirring sehen.«

Valentino trug tatsächlich einen teuren Saphirring, das hatte sie also irgendwie richtig gesehen.

Sie gab mir ein Zeichen weiterzulesen: »Ich glaube, er wird uns etwas über das Leben nach dem Tod sagen.«

Es war ein Schock für Rudy, daß er mit niemandem sprechen konnte. »Ich rannte zu einer Gruppe von Schauspielern hin, die an der Ecke von Broadway und der Siebenundvierzigsten Straße standen, neben dem Palace-Theater. Ich packte einen der Männer am Arm und schrie: ›Ich bin Rudolph Valentino‹, aber er beachtete mich nicht und lachte und redete weiter.

Ich fühlte mich so hilflos und nutzlos, ja, ich fühlte mich tot. In diesem Augenblick glaubte ich nicht an Gott, denn wie konnte Gott, der mich in meinem Erdenleben erfolgreich sein ließ, so ungerecht sein und mich jetzt versagen lassen?

Diese Ungerechtigkeit machte mich fast rasend. Da war ich, vollkommen stark und gesund, nur aus meinem physischen Körper ausgetreten, nicht tot, sondern voller Kraft und Leben, und stand genau an der Ecke, an der ich hundert Male zuvor gestanden hatte, und keine Seele konnte sehen, daß ich da war! Natascha, ich glaube, ich habe nie die Menschen so geliebt und mich nach ihrer Nähe gesehnt wie in diesem Augenblick. Und dann dämmerte mir, was da los war. Diese Leute wollten nicht grausam sein. Aber sie hatten nie die Wahrheit erfahren. Hier war ich und war für die Welt gestorben, und zwar deshalb, weil die Kirchen dem Bewußtsein der Menschen die falsche Idee eingeprägt haben, daß Geister nicht aus dem Jenseits herüberreichen können. Meine eigene Kirche, die römisch-katholische, verstand diese Tatsachen. Der Priester, der mir die letzten Sakramente gegeben hatte, der wußte, daß er meiner Seele damit einen friedlichen Übergang verschaffte. Aber welches Sakrament kann einem Frieden geben, wenn man wie verrückt an die Türen des menschlichen Bewußtseins klopft, und keine einzige Tür tut sich auf?«

Maria Moreno hatte die Worte begierig in sich aufgesogen. »Es ist nicht in Ordnung, die Kirchen anzuklagen«, sagte sie. »Die Leute müssen selber herausfinden, daß es die andere Seite gibt, dann sind sie in Verbindung mit den Geistern, wie die jungen Leute in Valentinos Villas.«

Aber Rudy verfocht seinen Standpunkt mit Eifer.

»Es wird nie wahren Frieden und wirkliches Glück auf Erden geben, bis die Wahrheit des ewigen Lebens den Menschen klargemacht worden ist. Die Kirchen sind nicht in der Lage gewesen, Verbrechen und Ungerechtigkeit auszulöschen. Aber die Wahrheit des Lebens, des immerwährenden Lebens wird sie auslöschen. Denn die Menschen werden dann verstehen, warum sie sich zum Unrecht verleiten ließen. Sie werden sehen, wie unnütz es ist, sich und andere zu betrügen. Der Geist sieht ja alles.«

Maria und ich waren anderer Meinung.

»Die Kirchen weisen immer darauf hin, daß Christus starb, um zu beweisen, daß der Tod nur der Anfang ist«, sagte ich.

Sie nickte. »Aber sie sagen uns nicht, daß der Geist und die Seele weiterleben, daß sie mit uns in Verbindung treten können. Warum sollte das nicht so sein, wenn das Leben ewig ist?«

Gerade, als er zu verzweifeln begann, fand Valentinos Geist auf der anderen Seite Hilfe. »Ich dachte an dich, Natascha, und an das Telegramm, das du mir geschickt hattest, als ich so krank lag, und plötzlich, bei diesem erfreulichen Gedanken, berührte mich jemand am Arm.

Ich drehte mich um, und da stand eine massige Frau mit sehr freundlichen Augen neben mir. Die Heftigkeit ihrer Sprache warf mich fast um. ›Höllenfeuer und Verdammnis‹, sagte sie, ›so haben die Kirchen dir also die Luft abgedreht! Komm, mit den guten alten Kirchen ist nichts verkehrt, außer daß sie maulwurfsblind sind. Was du brauchst, ist ein Freund. Das werde ich sein – ich bin H. P. B. – Madame Blavatsky.‹

Natascha, ich war so verblüfft, ich wußte nicht, was ich sagen sollte. H. P. B. bedeutete überhaupt nichts für mich. Ich konnte mich nicht erinnern, diese Buchstaben jemals gehört zu haben. Aber dieses merkwürdige Wesen lachte nur und sagte ›Komm!‹. Ich verlor, ich weiß nicht wie lange, das Bewußtsein, aber plötzlich erwachte ich und sah, daß ich in der großen Steinhalle von Onkel Dicks [Richard Hudnut] Schloß stand. Es war Nacht, und der große Kronleuchter auf der Treppe brannte. H. P. B. stand oben auf der Treppe und winkte mir.

Ich ging die Treppe hinauf, die ich so oft in meinem Erdenleben hinaufgegangen war. Sie führte mich in Muzzies [Nataschas Mutter] Zimmer, und da sah ich dich und Muzzie sitzen. George [das Medium] schlief, wie ich dachte, in einem großen Sessel. ›Er ist in Trance‹, sagte H. P. B., ›du kannst jetzt mit deiner Geliebten sprechen.‹

So, liebste Natascha, kam es, daß ich zum ersten Mal mit dir in Verbindung treten konnte.«

Hier hielt ich inne. »Sie bemerken, daß Natascha immer von allen die Liebste ist.«

Maria lächelte. »Das war sie ja in seinen Augen, auch wenn es für sie anders war.«

Die Freundschaft mit Madame Blavatsky blühte.

»H. P. B. hat mir von Reinkarnation und Theosophie erzählt. Sie lachte und sagte, sie würde gern manche Theosophen ihre Nase rümpfen sehen, wenn sie wüßten, daß sie sich mit dem Geist eines toten Filmschauspielers abgab. Aber sie fügte hinzu: ›Wenn die Theosophie nicht Liebe und Hilfsbereitschaft gegenüber jedem Lebewesen der Schöpfung lehrt, was zum Teufel lehrt sie dann?‹ Das kam mir ziemlich vernünftig vor, und ich sagte es ihr. Aber ich weiß natürlich nicht viel über Theosophie und Theosophen. Als ich H. P. B. fragte, was Theosophie bedeute, sagte sie: ›Theosophie ist das Leben und wie man es leben soll.‹ Das brachte mich ziemlich gründlich zum Schweigen, denn es kam mir wie etwas ziemlich Großes vor.«

Die Sitzung endete hier abrupt. »Die Kraft wird schwächer. Ich muß gehen. Komme bald wieder. Gute Nacht.«

Ich sah Maria nicken.

»Weshalb wurde die Kraft schwächer?« fragte ich.

»Das Medium, dieser George, hatte nur eine bestimmte Energiemenge zur Verfügung, wie meine Clarita oder Pepe. Es waren keine jungen Leute da, von denen er Energie beziehen konnte, wie neulich am Abend.«

Rudys Beziehung zu Madame Blavatsky blühte im Himmel, und unter ihrer Führung machte er rasche Fortschritte. »Es gibt so viele Dinge zu lernen, daß es manchmal ziemlich verwirrend ist. Es sieht so aus, als ob ich die alte Art, die Dinge zu sehen, loslassen muß. In der Erdenwelt schauen wir auf das Äußere der Menschen, der Dinge und der Ereignisse. Wir können nicht anders, weil wir nur das Äußere sehen. Aber hier sehen wir das Äußere und das Innere auch. Es ist wirklich sehr interessant, denn das Innere, das in der äußeren Hülle liegt, ist immer heller und aktiver als die Außenseite. Ich muß immer an die verborgenen Feuer des alten Vesuv denken. Wenn ich jetzt Erdenmenschen anschaue, sehe ich durch den Körper und die oberflächliche Persönlichkeit hindurch und schaue direkt das wirkliche Selbst im Inneren an. Es ist manchmal sogar trüber als der Körper. Dann wieder ist es strahlender und schöner.

Komischerweise fühle ich mich auf dieser neuen Ebene des Lebens nie mehr gehetzt oder in Eile. Ich hatte immer das Gefühl, wenn ich etwas tun wollte, daß ich mich beeilen müßte, daß die Zeit vielleicht nicht reichen würde. Aber hier ist es anders. Hier scheine ich zu wissen, daß genug Zeit sein wird, daß ich nur stetig voranzugehen brauche.«

Das mindeste, was wir hier bekamen, war ein Einblick in Valentinos Persönlichkeit, gespiegelt von der Frau, die er liebte.

Und wie Dickens' Sydney Carton vor seiner Hinrichtung gesagt hatte – wo er hinging, war eine viel bessere Welt.

»Ich habe jetzt so ein wunderbares Gefühl von Freiheit und keine Angst. Mir kommt es vor, als könnte ich alles schaffen, wenn ich nur wüßte, wie ich es anfange. Die Menschen auf der Erde haben auch manchmal dieses Gefühl, aber es scheint, sie müssen immer große

Hindernisse überwinden. Hier habe ich nie das Gefühl, daß es Hindernisse gibt. Ich weiß, daß mir nur gezeigt werden muß, wie es geht, und dann kann ich anfangen und es tun. Ich bin sicher, in kurzer Zeit werde ich gute Arbeit tun können. Wenn ich auf der Erde gelernt habe, ein guter Schauspieler zu sein, warum sollte ich nicht lernen können, ein guter Helfer zu sein?

Ich gehe nicht mehr auf dem Broadway auf und ab. Das hat keinen Sinn. Niemand weiß, daß ich da bin. Und es ist da zu langweilig für mich, um glücklich zu sein.«

Ich schaute auf und sah, daß Maria strahlte. »Sehen Sie, er macht Fortschritte! Kein Broadway mehr.«

»Er wird klüger. Er will nicht in Fun City überfallen werden.«

Der Geist, den Natascha materialisierte, entfernte sich immer mehr von seinem alten Leben. »Manchmal bin ich in Kinos, wo noch meine Filme gezeigt werden. Aber irgendwie kommen sie mir nicht mehr so wirklich vor wie früher. Ich bin nicht mehr so bewegt, wenn das Publikum von meinem Spiel oder dem der anderen gerührt ist. Etwas an der Erde wird blasser.«

Madame Blavatsky machte ihm die Dinge interessanter. »Ich fing an, diese merkwürdige Frau zu lieben. Plötzlich, als ich sie ansah, wurde sie doppelt, verwandelte sich in zwei Personen und erschien in zwei Körpern gleichzeitig. Die eine stand ein wenig hinter der anderen. Die eine, die ich zuerst gesehen hatte, sah jung und sehr schön aus, ehrfurchtgebietend schön. Die andere war eine riesige, schwere Gestalt, in ein Tuch und einen roten Rock gekleidet und mit einem Kopftuch, aus dem ziemlich krause Haare hervorschauten. Aber die Augen waren bei beiden dieselben – leuchtend, durchdringend und doch sehr freundlich.

Die schöne, junge Gestalt drehte sich um und zeigte auf die dicke, gealterte und sagte: ›Das ist die H. P. B., an die sich die Erdenmenschen erinnern. Aber ich bin die H. P. B. von jetzt.‹

Dann erschienen hinter der dicken Gestalt viele andere Formen – eine lange Reihe –, eine hinter der anderen, und doch alle auf irgendeine unerklärliche Weise miteinander verschmolzen oder auseinander hervorgehend. H. P. B. lachte und sagte: ›Das sind meine früheren Ichs. Sie haben mir verdammt viele Schwierigkeiten gemacht. Aber jetzt sind sie alle aneinandergekettet und kommen und gehen, wie ich es ihnen befehle. Einfach so.‹

Sie machte eine wegwischende Bewegung mit ihrem rechten Arm, und alle die Formen waren im Nu weggefegt. Die eine, die direkt hinter der dicken Gestalt gestanden hatte, war ein Mann, dunkelhäutig, wie ein Hindu. H. P. B. wandte sich in einer Art Gedankenblitz zu mir und sagte: ›Das war die körperliche Hülle des Mannes, durch den mein Geist sich ausdrückte, bevor ich als die alte Dame auf die Erde kam.‹

Nachdem ich gesehen hatte, auf welch faszinierende Weise ihre früheren Ichs erschienen und wieder verschwanden, wollte ich unbedingt auch meine eigenen sehen und fragte sie, wie man das macht. Aber sie ließ einen solchen Sturz von Worten auf mich los, daß es mich fast umwarf. Aber schließlich sagte sie, ›armer, dummer Liebling, kann denn ein Baby rennen und springen, bevor es gelernt hat, zu krabbeln und zu laufen?‹«

Er vertraute auf Nataschas Intelligenz. »Es scheint nicht die richtigen Worte zu geben, um diese Dinge mit wirklichem Verständnis zu erzählen. Aber ich tue mein Bestes und vertraue auf deinen Scharfsinn. Du hast immer schnell verstanden; ich hoffe, es ist auch jetzt so.«

Natascha verstand offenbar mehr als ich.

»Wäre das Universum nicht sehr übervölkert, wenn alle diese Inkarnationen hintereinander aufgereiht wären?«

Maria war deutlich belustigt. »Dies geschieht alles in Gedankenform, es nimmt überhaupt keinen Raum ein, sondern braucht nur die richtige Schwingung, um sichtbar zu werden.«

»Aber wie kann sie denn gleichzeitig jung und schön und fett und weniger schön sein?«

»Sie hat genug Macht über ihre kreative Energie, und aus dieser lebendigen Kraft besteht alles.« Sie deutete auf den Stuhl, auf dem sie saß, auf das Glasfenster, auf ein vorbeifahrendes Auto: »Alles besteht aus lebenden Zellen, die auf bestimmte Weise verwendet werden, um das, was der Hersteller machen möchte, zu formen. Und mit der Gedankenkraft kann ein höheres Wesen die kosmische Energie in die gewünschte Form projizieren.«

Ich fand es schwierig, diesen Gedanken in meinem eigenen Bezugsrahmen unterzubringen. Was der begrenzte Verstand nicht versteht, ist schwer zu akzeptieren.

Rudy schien bei jeder neuen Botschaft mehr an geistigen Einsichten zu bieten. Subjektiv gesehen konnte es auch eine eigene Projektion von Natascha sein. Aber wie die Leute in Valentinos Villas war sie sicher, daß es von einer äußeren Kraft kam. Wie sonst sollte Rudy mitteilen, wie er geistig zwischen zwei Welten gestanden hatte?

»Da ich schon vor meinem Tod etwas über das Leben danach wußte, habe ich nicht so lange gebraucht, um mich zu finden, mich in dieser neuen Umgebung zu akklimatisieren. Meine automatischen Niederschriften, die dir so viel bedeutet haben, Natascha, haben uns viel gelehrt. Du erinnerst dich an das, was die Geister von Jenny, Meselope, Black Feather, Oskar und vielen anderen durch mich geschrieben haben.

Wir haben dem nicht so viel Bedeutung beigemessen, wie es gut gewesen wäre. Es war so leicht, sie einfach nur interessant zu finden. Es ist schwierig, wirklich Rat und Hilfe in unser tägliches Leben zu bringen, nicht wahr? Aber seit ich hier drüben bin, hat mir die Erinnerung an diese Schriften geholfen, mehr mit dem Leben, wie es wirklich ist, in Berührung zu sein, nicht mit den falschen Ansichten davon, die so oft von Leuten verbreitet werden, die nichts oder wenig darüber wissen. Und durch meine natürliche Beobachtungsgabe mache ich raschere Fortschritte, als wenn ich in dieser Hinsicht langsamer wäre.«

Das alles las sich wirklich leicht, wie jedes andere Gespräch auch. Was hatte es mit diesem automatischen Schreiben auf sich, das bewies, daß es sich um eine direkte Mitteilung aus dem Jenseits handelte?

Maria erklärte: »Die Feder gleitet einfach übers Papier, ohne daß der Schreiber über das, was geschrieben wird, nachdenkt und ohne daß er seine Hand bewußt dirigiert. Ich schreibe selbst gerade auf diese Weise an einem Roman. Es fließt einfach von meinen Geistführern durch mich.«

Ich konnte mir ein Lächeln nicht verbeißen: »So würde ich auch gern schreiben können, anstatt mir Sachen auszudenken und viele Millionen Male auf die Tasten zu hauen.«

»Sie werden sich auch noch so weit entwickeln«, tröstete sie mich.

»Aber woher weiß ich, daß es kein Betrug ist, kein Produkt der Hysterie oder Suggerierbarkeit des Betreffenden?«

»Studieren Sie das, was durchgegeben wird, und urteilen Sie dann, im Glauben an das andere Leben. Wenn Sie nichts von der anderen Seite erfahren wollen, ist es sinnlos, weiterzulesen.«

Also fuhr ich fort, Natascha zu zitieren, die Rudy zitierte: »Ich merke, daß unsere Kräfte im Körper ungefähr die gleichen sind, daß sie aber um ein beträchtliches erhöht sind, wenn wir vom Körper befreit sind. Ich bin derselbe alte Rudy, den du gekannt hast, nur ist jetzt meine Wahrnehmungsfähigkeit erhöht, und ich scheine auch Emotionen intensiver wahrzunehmen. Die Geister sagen, das liegt daran, daß ich noch in meinem astralen Wunschkörper bin. Dieser Körper, der mit dem irdischen Körper verwoben ist, ist der, durch den wir Empfindungen wahrnehmen, sagen sie. Der irdische Körper fühlt selbst nichts, er ist nur eine materielle Hülle für den fühlenden Astralkörper. Ich bin so froh, daß ich dir das sagen kann; so weißt du, wenn du irgendwelche Schmerzen hast, daß sie nicht in deinem irdischen Körper sind, sondern in deinem Astralkörper. Die Geister haben mir gezeigt, wie einfach dieser Astralkörper durch Lebensströme belebt werden kann. Sie sagen, diese Lebensströme sind die lebendigen Ausstrahlungen Gottes. Wenn der Astralkörper von diesen Lebensströmen abgeschnitten ist, schreit er vor Schmerz, und das ist eigentlich ein Signal für dich, ihn wieder mit den heilenden Strömen in Kontakt zu bringen. Wenn das geschieht, ist die Schmerzursache behoben und der Schmerz verschwindet. Dann hat H. P. B. mir gezeigt, daß dieser Astralkörper sich oft aus dem physischen Körper zurückzieht, z. B. im Tiefschlaf.«

Das war auch eine Erklärung, wie die Botschaften in Nataschas Unterbewußtsein gedrungen sein mochten. »Ich habe gesehen, wie in der Nacht dein Astralkörper aus dem physischen austrat, und ich konnte deinem Bewußtsein sehr nahe kommen und mit dir sprechen. Manchmal hast du dich beim Aufwachen vage daran erinnert und gedacht, es sei nur ein Traum gewesen. Aber es war lebendige Wirklichkeit.«

Ich schaute auf und sah, wie Maria mich mit zustimmendem Lächeln betrachtete.

»Sehen Sie, er weiß, daß der Astralkörper der Träger der Seele ist und die heilende Schwingung aufnimmt.«

Ich erinnerte mich daran, wie sie bei Bill, dem Ingenieur, die Schwingung angehoben hatte, um ihn von seiner Leukämie zu heilen.

»Sie haben in Trance an seinem Astralkörper gearbeitet«, sagte ich.

»Und wurde er gesund?«

»Eine Zeitlang schien es ihm besser zu gehen.«

»Damit er die Energie bekommt, die er braucht, muß es wiederholt werden, wie jede andere Behandlung auch.«

Es kam noch mehr über den Astralkörper, ein Phänomen, das ich nie wahrgenommen oder erlebt hatte: »Wenn George [der Führer] in Trance geht, kommt sein Astralkörper heraus. Wenn dies im irdischen Leben geschieht, ist der Astralkörper durch eine Art glänzende Schnur, die am Kopf festgemacht scheint, mit dem physischen Körper verbunden. Ich verstehe noch nicht, wie das vor sich geht, aber ich habe es selbst gesehen.

Die Geister haben mir gesagt, daß bei Narkose auch der Astralkörper austritt und es deshalb im physischen Körper keine Empfindung mehr gibt. Das ist alles so interessant für mich. Wenn Menschen auf der Erde andere heilen können, indem sie ihnen einfach die Hände auflegen, dann deshalb, weil sie die Lebensströme durch sich hindurch in den Körper oder Körperteil fließen lassen, dem es an Lebenskraft mangelt.«

Das hatte ich oft miterlebt, fiel mir ein. Ich hatte es Maria Moreno mit Hugh Lynn Cayce und anderen tun sehen, und Douglas Johnson strahlte einen Hitzestrom aus, der Kranke und Schwache wiederzubeleben schien. Oder Narkose bewirkte oft einen Rauschzustand, in dem manche Leute von Erfahrungen außerhalb des Körpers berichteten.

»Es ist alles ganz logisch«, sagte Maria Moreno. »Es kommt wirklich aus dem Jenseits, Jess Stearn.«

In Rudolph Valentinos neuer Welt konnten die Geister ihre Handlungen auf Erden noch einmal überschauen und über ihre Fehler hinauswachsen. »Man kann so etwas wie filmähnliche Rückblicke auf vergangene Handlungen bekommen«, las ich weiter. »Das ist das Kinoähnlichste, was ich hier gesehen habe. Aber es ist nicht wirklich Kino, sondern geschieht alles durch Gedanken. H. P. B. sagt, die lehrreichen Ereignisse in der Vergangenheit der Seele werden aus dem Astrallicht hervorgeholt. Das geschieht in der Hoffnung, daß die Leute ihre Fehler erkennen und anfangen, ihre Einstellung und ihre Gedanken zu ändern. Wenn sie sich wirklich ändern wollen, bekommen sie sofort eine Arbeit, eine, die am besten zu ihnen paßt. Auf diese Weise verlieren sie sich selber aus den Augen, indem sie sehen, daß anderen geholfen wird, und beginnen so, die Gedankensubstanz zu bauen, ihr Heim [Gedanken-Heim] zu bauen.

Wenn sie sich nicht ändern wollen, sondern hartnäckig an ihren alten Ideen festhalten, werden sie hinausgesetzt und müssen allein herumwandern. Niemand hat das geringste Mitleid mit ihnen. Das hat mich am Anfang sehr überrascht. Aber wie soll man sie bemitleiden, wenn sie es sich nur anders zu überlegen brauchen, um alles zu verdienen, was sie sich wünschen? Man sagt mir, daß sie nicht lange umherwandern. Die völlige Gleichgültigkeit, der sie begegnen, bringt sie rasch zur Besinnung.«

In dieser Geisterwelt Rudys herrschte rauhe Wirklichkeitsnähe. »Zuerst dachte ich, es sei falsch, wenn man im Erdenleben reich werden will. Aber H. P. B. sagt, das ist nicht so. Sie sagt, es ist richtig, wenn Leute reich sind, wenn sie mit ihrem Reichtum Gutes tun. Sie sagt, sie haben zu irgendeiner Zeit das Recht erworben, reich zu sein, und sie werden geprüft. Was sie in der Zukunft besitzen werden, scheint davon abhängig zu sein, was sie mit ihrem gegenwärtigen Besitz machen.«

Natascha im Millionärsschloß ihrer Eltern bekam den Auftrag, diese Heilsbotschaft für die Reichen weiterzugeben. »Lehre diese Wahrheiten jetzt, liebe Natascha, und sage sie deinen Freunden. Warte nicht, bis du hier bist.«

Rudy war zu seiner Erdenzeit sehr verschwenderisch. Zu einer Zeit, als fünfzig Dollar in der Woche ausreichten, um eine fünfköpfige Familie zu ernähren, hatte er jährlich eine Million verpraßt. Er hatte fünftausend Dollar für einen Hund ausgegeben, einen irischen Wolfshund, und hatte ihn für die lange Reise von der Ostküste nach Kalifornien von einem Tierarzt begleiten lassen. Er war immer verwöhnt. Aber er lernte. »H. P. B. sagt, gedankenloses Geben ist keine wirkliche Großzügigkeit. Man muß immer seinen gesunden Menschenverstand gebrauchen. Man soll nur denen helfen, die es wirklich brauchen, und man soll auch nicht zuviel Hilfe auf einmal geben. Das macht schwache Leute nur noch schwächer. Die beste Hilfe, sagt sie, ist die, die den Leuten hilft, sich selbst zu helfen. Das macht sie stark und zuversichtlicher.«

Rudy hatte eine Erklärung für die ungewöhnliche Anziehungskraft, die ihn so erfolgreich machte und die gleichzeitig eine ständige Last für ihn war, denn die Scharen von Verehrerinnen rissen ihn buchstäblich in Stücke. »Ich würde gern ein Führer werden. Aber Freunde aus meinem Beruf, die ich hier getroffen habe, sagen mir, ich solle lieber beim Theater bleiben. Es sieht so aus, als ob die ungewöhnliche Anziehungskraft, die ich auf der Leinwand hatte, von früheren Leben als Schauspieler kommt.«

Nicht nur, vermutete ich, sondern auch von seinem schlanken, athletischen Körperbau, seinen sinnlichen Lippen und schmelzenden Augen, und vor allem von seinem Leinwandimage, demzufolge er ein Liebhaber war, der die Frauen, die er liebte, mit seiner unwiderstehlichen Glut einfach überwältigte.

Ich erinnerte mich an Marias Sitzung in Valentinos Villas. »Ich dachte, er wolle als Lehrer zurückkommen?«

Maria schaute mich fast mitleidig an. »Wie könnte er irgend etwas anderes werden, wenn er so viel gelernt hat?«

Seine neue Welt war wie der Stummfilm. »Hier wird nicht gesprochen, wie auf der Erde. Die Ideen werden alle durch Gedanken ausgedrückt. Und da Ideen universal sind, werden in diesem Nachleben alle Sprachen der Erde zu einer einzigen. So verstehen hier alle Zuschauer, ganz gleich, was auf Erden ihre Sprache war, ganz mühelos die Gedankensprache des jeweiligen Schauspiels.«

Maria hatte mich bei einem Lächeln ertappt: »Ja, Jess Stearn?«

»Wahrscheinlich nennen sie es deshalb Himmel. Es ist so vollkommen.«

Sie sah nachdenklich aus. »Diese Natascha war wirklich seine Schwesterseele. Sie möchte auf der anderen Seite wieder mit ihm vereint werden, und das liefert die Energie für die Kommunikation.«

»Zu dumm, daß sie nicht auf dieser Seite mit ihm vereint sein wollte«, meinte ich.

»Daran werden sie eines Tages arbeiten«, sagte Maria, »es ist ihr Karma.«

Inzwischen war es ihre Aufgabe, einer ungläubigen Welt etwas mitzuteilen. Und tatsächlich waren einige Körnchen Wahrheit in dem von Nataschas flinken Fingern aufgetischten Potpourri. Erst vor kurzem hatte ich medizinische Berichte über Musiktherapie gelesen, und Rudy hatte schon vor fünfzig Jahren gesagt:

»Schutzgeister mancher Erdenmenschen benutzen oft Musik, um Stürme zu beruhigen und Unheil abzuwenden, wenn es den karmischen Gesetzen nicht widerspricht. Du weißt, da gibt es diese Geschichten und Legenden von Seeleuten, von Stürmen, die sich auf mysteriöse Weise gelegt haben. Diese Geschichten beruhen auf metaphysischen Tatsachen. Auch Heilwirkungen lassen sich dadurch erzielen. Florence Nightingale hat mir das gesagt, die unvergessene Krankenschwester aus eurer Welt. Sie sagt, daß dem Tode nahestehende Patienten oft wie in einem Traum wunderbare Stimmen singen hören oder ätherische Musik, daß sie danach bald wieder gesund sind und sich ihrem Erdenleben zuwenden können. Auch die Seele, die den Körper verläßt und auf der anderen Seite empfangen wird, hört nach ihren Worten oft diese wundersame Sphärenmusik.«

Er hatte nichts von seinem irdischen Enthusiasmus verloren.

»Ach, Natascha, cara mia, der Schleier, der uns trennt, ist nicht weit weg, und er ist auch nicht so dicht, wie die Erdenmenschen meinen. Buona notte für heute. Ich komme bald wieder. Ich fühle mich so glücklich und gesegnet, daß ich dich wieder erreichen kann, und du weißt, warum, Carissima.«

Rudy war in seinem Erdenleben von leicht erregbarem Temperament gewesen. Er hatte Kritiker zum Duell herausgefordert und war einst in die Redaktion der *Chicago Tribune* hereinstolziert, um einen Kritiker zu verprügeln. Aber das hatte sich alles geändert.

»Wenn ich jetzt auf mein Erdenleben zurückschaue, kommt es mir so seltsam vor, wie blind wir dort gegenüber der Wirklichkeit sind. Wir stehen immer direkt an der Schwelle der Wahrheit, und doch gehen wir in unserer Blindheit daran vorbei. Wenn nur unsere innere Sicht besser entwickelt wäre. Dann gäbe es keine Mißverständnisse mehr, die im nachhinein betrachtet immer so dumm und lächerlich erscheinen. Wenn wir klarer sehen könnten, dann würde uns deutlich, daß solche kleinlichen Mißverständnisse nur wie Eis auf einer Fensterscheibe sind, Eis, das beim ersten warmen Hauch eines lieben Wortes sofort schmelzen würde. Aber nein, wir versuchen noch nicht einmal, einen Moment zu warten und hinzuschauen. Stürmisch und ohne Vernunft handeln wir sogleich. Schlammig rot überschwemmt uns die Wut, macht uns blind, verwirrt uns, verstopft unsere Wahrnehmungskanäle und zieht uns total herunter. H. P. B. hat mir das gut erklärt, denn zu Anfang war ich ziemlich verwirrt, als ich auf unsere Meinungsverschiedenheiten und unsere Trennung zurückblickte.

Jetzt ist mir alles viel klarer. Sie sagt, wenn diese rote Wutwolke über uns zusammenschlägt, dann erscheint sie in unserer Aura und zieht dadurch die Aufmerksamkeit destruktiver Wesen auf sich, sowohl menschlicher als auch solcher aus dem Elementarreich. Die schlammige Farbe ist für sie eine Einladung zum Näherkommen. Sie umschwärmen uns und haben über die Wutschwingung Zugang zu den Tiefen unseres Unterbewußtseins. Sie finden Vergnügen im Zerstören, und ihr starker Wunsch, andere Seelen auf ihre eigene Schwingung herunterzuziehen, ist so groß, daß unsere Wut sich noch verstärkt. Wenn wir wiederholt unserer Wut nachgeben, fallen wir schließlich gänzlich unter ihre Herrschaft. Diese Wesen lassen nicht so leicht los.

Du und ich, wir waren beide dickköpfig und wurden schnell wütend, und H. P. B. hat mir gezeigt, wie wir beide destruktive Kräfte angezogen haben, die unsere irdische Verbindung in einem Fiasko enden ließen. Aber jetzt wissen wir, daß das nur Eis auf den Fenstern unserer Seele war. Die unverhüllte Sicht meines Geistes hat dieses Eis jetzt geschmolzen.«

Als Rudy das Phänomen der Kommunikation mit dem Jenseits erklärte, schien Maria jedes Wort in sich aufzusaugen.

»Dieser Ort, wo ich hier lebe, ist die Astralebene; aber das ist ein sehr weitreichender Begriff. Als wir damals über das automatische Schreiben Botschaften darüber erhielten, dachte ich immer, es sei ein Bereich ziemlich niederer Geister. Jetzt sehe ich, daß diese Ebene zwar solche verleiteten Geister, die der Erde immer sehr nahe sind, aufnimmt, daß aber auch viele fortgeschrittene Seelen hier sind. Soweit ich das sehen kann, ist es ein Ort des Vorankommens, wo viele Probleme aufgearbeitet werden. Es ist ein Ort, wo Seelen für die Wirklichkeit geweckt werden. In gewisser Hinsicht ist es das Fegefeuer der Katholiken. Ich habe mir immer viel Sorgen über das Fegefeuer gemacht, und nun bin ich hier und finde es nur interessant. Wenn ich natürlich dickköpfig an alten Wünschen und Vorurteilen, Eifersucht und Streitigkeiten festhielte, dann würde ich es hier vermutlich sehr einsam finden. Es gibt auch Einsame hier, Entmutigte und auch Böse. Aber wenn Hilfe gesucht wird, ist sie immer da.

Manche Erdenmenschen sagen komischerweise, daß Kommunikation mit dem Jenseits möglich ist, aber nur mit unwissenden, bösen oder fehlgeleiteten Geistern. Die Tatsache, daß diese der Erde am nächsten sind, heißt überhaupt nicht, daß sie auch der Menschheit als Ganzer am nächsten stehen. Die Führer sagen mir, daß sie im Gegenteil viel weiter von ihr getrennt sind. Sie sind nur Menschen nahe, die sie anziehen und irgendwo in ihrem Wesen von ähnlichem

Kaliber sind. Es gibt aber auch Ausnahmen. Unter bestimmten Bedingungen dürfen diese Seelen mit Menschen in Verbindung treten, um selber befreit zu werden. Manchmal dienen sie auch dazu, bestimmte Lektionen, die die Führer geben, deutlich zu machen.«

Das machte klar, weshalb Valentino in Valentinos Villas erschienen war. Für Maria geschah das offensichtlich »nicht nur, um zu zeigen, daß es ein Leben nach dem Tod gibt, sondern auch, um diese Gruppe, die ihm so ähnlich ist, bei ihren Untersuchungen übersinnlicher Erscheinungen zu ermutigen«.

Es gab noch einen Grund. »Warum ich mich bemühe, mit dir in Kontakt zu treten? Weil ich dich liebe. Und ich liebe die Menschen auf der Erde. Wenn das, was ich in jeder Minute, jeder Stunde und jedem Tag, in jedem Zeitbruchteil lerne, dir nützt, dann kann es auch anderen nützen.«

Nun kam Rudys Programm einer spiritistischen Sitzung. Er beschrieb nicht nur, wie er Natascha erreichen konnte, sondern auch Rosemary, Ellen, Eric und Susan.

»Jetzt, in meinem Leben als Geist, bin ich auf einer viel schnelleren Schwingungsfrequenz als im physischen Körper. Ich könnte direkt zu dir kommen und den ganzen Tag mit dir sprechen, und doch würdest du mich nicht hören. Deine Schwingung ist viel langsamer. Du kannst Dinge in deiner eigenen Schwingung spüren.« Deshalb konnte er sich an diesem frustrierenden Tag auf dem Broadway nicht bemerkbar machen.

»Medien sind jedoch sehr verschieden. Danke Gott für die Macht, die solche besonderen physischen Organismen existieren läßt. Sie sind so beschaffen, daß sie über verschiedene Schwingungsfrequenzen verfügen. Wenn ein Medium benutzt werden soll, dann wird es durch spezielle Führer, die sich damit auskennen, auf diese Aufgabe eingestellt.«

Marias Kopf nickte lebhaft Zustimmung. »Er hat recht. Clarita, Pepe und die Ärzte, sie helfen mir alle.«

Nach fünfundzwanzig Jahren metaphysischer Studien hatte ich geglaubt, daß es für mich im Bereich des Übersinnlichen sehr wenig Neues geben könnte. Nun war hier Rudy und erklärte in allen Einzelheiten, wie ein Medium funktionierte.

»Jetzt werde ich dir genau erklären, wie ich mit dir kommuniziere, Natascha. Du entschließt dich zu einer Sitzung. Du und Muzzie [ihre Mutter], Tante Tessie [Theresa Werner] und Onkel Dick

[Richard Hudnut] sitzen alle im Kreis in euren Sesseln. George [Wehner] sitzt in seinem – wir nennen es die Empfangsstation. George [das Medium] entspannt sich, läßt sein Bewußtsein leer werden und verläßt den Körper. Seine Mutter kümmert sich um seine Seele in ihrer astralen Hülle und um die Astralschnur, denn sie ist die Verbindung zwischen Geist und Materie. Seine Mutter ist dafür am besten geeignet, sie ist ihm schwingungsmäßig am nächsten. In gewisser Hinsicht ist es also gut für Georges mediale Arbeit, daß seine Mutter ins geistige Leben übergegangen ist.

White Cloud [ein Führer] ist für den schlafenden physischen Körper zuständig, der jetzt schlaff und leer ist. Der Körper ist in einer viel schnelleren Schwingung als normalerweise. Das Blut wird magnetisch nach innen gezogen, um die Nervenzentren, das Rückenmark und das Gehirn. Der Körper gibt nun bestimmte musikalische Töne von sich, die ihr leider nicht hören könnt. Manchmal hat der Körper des Mediums nicht genügend magnetische Kraft, um einen Geist hereinzubringen, dann wird diese Kraft aus den Körpern der Anwesenden genommen. Das tun andere Führer. Wenn genügend magnetische Kraft vorhanden ist, werden wir durch sie, einer nach dem anderen, in den physischen Organismus des Mediums hereingezogen, beleben ihn – anfangs oft ungeschickt – und sprechen, so gut wir können, zu euch.

Zuerst wußte ich noch nicht, wie man gut in den Körper hineinkommt, und konnte nur sehr wenig sagen. Es war mir gesagt worden, ich solle mich darauf konzentrieren, meine Schwingungsfrequenz auf die des Mediums zu senken. Das geschieht durch Klang. Wir müssen unsere Schwingung der des Tones angleichen, der aus dem Körper des Mediums kommt, von dem ich gesprochen habe. Wir singen geistig sozusagen denselben Ton. Aber ich fand das sehr schwierig. Wenn ich anfing, mit dir zu sprechen, dann vergaß ich immer wieder, im Geiste diesen Schwingungston zu singen, und dann erhöhte sich automatisch meine Schwingung, und ich war wieder weg aus Georges Körper. Dann half White Cloud mir immer, durch die magnetische Kraft wieder hereingezogen zu werden. Ich konnte hören, wie ihr alle sagtet: ›Ach, geh nicht weg, Rudy, komm wieder und sprich mit uns.‹ Es braucht Übung, um in einen Körper hereinkommen, in ihm bleiben und klar und flüssig zu unseren Lieben sprechen zu können. Deshalb sind die Botschaften bei vielen Medien manchmal bedeutungslos und unzusammenhängend.

Georges Schwingung ist jedoch meistens ungewöhnlich stetig, deshalb können wir so lange hintereinander von ihm Besitz ergreifen und klar durch ihn sprechen.«

Was Maria von anderen Medien unterschied, war, daß sie Namen gebrauchte, und bei Rudys Erklärung nickte sie wieder. »Jetzt wegen der Namen, liebe Natascha. Du und andere haben bemerkt, wie oft Geister durch George klar ihren Namen nennen können. Und als du zu anderen Medien gegangen bist, hast du nur selten Namen gehört. Ich habe gemerkt, daß das auch mit Tönen zu tun hat. Der Name, der uns gegeben wird, ist der Name, der von Natur aus zu uns gehört. Auf jeden Fall ist der Name, der uns identifiziert, ob das nun ein Taufname oder ein angenommener ist, ein Teil des vollen Namens, der uns repräsentiert. Nun scheint es so, als ob dieser Name in irgendeiner Weise, die mir noch nicht erklärt worden ist, eine Kraft ist, eine Schwingungskraft. Und immer wenn dieser Name gedacht oder ins Sein gerufen wird, erklingt sein ganz individueller Schwingungston.

Wenn wir also während einer Botschaft im Geiste den Schwingungston des Mediums halten, um im Körper zu bleiben, und versuchen, unseren Namen zu nennen, dann klingt auch der Ton des Namens. Das bringt uns leicht mit dem Schwingungston durcheinander und auch aus der Konzentration, so daß wir dann manchmal wieder ganz aus dem Körper herauskommen oder stottern und den Namen ganz undeutlich sprechen. Es ist schwierig, zwei Töne gleichzeitig im Geiste zu halten, das mußt du mal ausprobieren. In dem Moment, wo man den Schwingungston des Mediums verliert, der einen mit dem Medium verbindet, geht die eigene Schwingungsfrequenz sofort hoch, und man muß loslassen. Bei einem Medium wie George, dessen Schwingung im allgemeinen gleichbleibend ist, ist es viel leichter, den Ton zu halten, weil er nicht dauernd auf- und abschwingt wie bei vielen anderen.«

Natascha konnte das nur bestätigen; Rudys angenommener Name Valentino hatte offenbar eine viel stärkere Schwingung als Guglielmi. Sie selber, geborene Winifred Shaugnessy, hatte den Namen Natascha Rambowa angenommen, der eine starke Schwingung auszustrahlen schien.

Maria hatte dagegen nichts einzuwenden, aber sie fing an, sich über die langen Sitzungen zu wundern. »Er muß noch einen triftigeren Grund für all diese Mitteilungen haben.«

Und so war es auch.

»Das Leben auf der Erde würde sicherlich ganz anders aussehen, wenn die Menschen wüßten, was ihnen früher oder später durch den Tod bevorsteht. Deshalb ist es mir wichtig, alle diese Tatsachen, die ich dir enthülle, mitzuteilen. Für mich ist interessant zu sehen, wie den Menschen hier, zumindest denen, die auch nur im geringsten erwacht sind, an der Entfaltung ihrer schlummernden geistigen Qualitäten gelegen ist. Siehst du, wir haben alle die irdischen Dinge hinter uns gelassen – Geschäfte, Beruf, Geld, Besitztümer und alle weltlichen Bestrebungen. Wir sind von all diesen Dingen vollkommen abgeschnitten, ich meine davon, in derselben alten Weise damit weiterzumachen. Wir entdecken, daß wir bereit sind, ein völlig neues Leben zu beginnen. Im ersten Augenblick sieht es so aus, als sei unsere Zukunft völlig leer. Wenn wir nicht vor unserem Übergang etwas über diesen zukünftigen Zustand wissen, ist dieses buchstäbliche Neugeborenwerden ein großer Schock.«

Rudys Sorge galt besonders der unbewußten Filmstadt.

»Gutes, altes, buntes Hollywood, der Schauplatz meiner Kämpfe und Triumphe, es ist wirklich ein Ort unentwickelter Seelen. Es gibt wunderbare Seelen dort und gebrochene Seelen. Viele Seelen, die groß sein könnten, würden sie nicht von dem intensiven Materialismus dieses künstlichen Lebens erstickt. Mit dem Wissen, das ich jetzt durch meine klare Wahrnehmung und mit Hilfe meiner Lehrer erworben habe, würde ich nicht zum Hollywoodleben zurückkehren wollen. Das Leben ist dort oberflächlich und trügerisch, und so etwas hat keine Dauer. Ich habe immer die freie Natur geliebt, und ich glaube, das hat mich all diese Dinge überstehen lassen. Die Menschen erkennen nicht, wie wichtig die Natur für ihr Leben ist. Sie ist wichtig, weil sie so eng mit uns verbunden ist, mit unserem physischen Körper und gleichzeitig auch mit unserem inneren Wesen. Erdenkörper bestehen aus den Elementen der Erde, und dieselben Kraftströme fließen durch sie. Unser inneres Wesen spiegelt all die Schönheit, die die Erde hervorbringen kann.«

Mit dieser philosophischen Betrachtung verabschiedete Valentino sich von seiner Natascha – und von uns.

Maria schien ganz benommen. »Wie schön«, seufzte sie. »Was für ein schöner Mensch. Es ist gut, daß er noch immer mit den Leuten hier Verbindung aufnimmt.«

Ich hatte keine Ahnung, ob Rudy wirklich zu Natascha gesprochen hatte. Aber dem Bericht eines Eingeweihten über das Funktionieren von Medien und Geistführern ließ sich nichts entgegensetzen. Gewiß gab es an Rudys neuer Philosophie nichts zu deuten. Glaube versetzt Berge, und das Leben währt ewig, aber das alles hatte Jesus schon viel früher gesagt, und nur wenige Menschen hatten auf ihn gehört. Warum sollten sie nun einem Schauspieler Glauben schenken?

»Weil die Zeiten sich geändert haben«, sagte Maria. »Die Menschen sind jetzt auf der Suche.«

Valentinos Geist schien all die Jahre hindurch an seinen alten Wohnstätten gespukt zu haben. Die ›Standard Oil‹-Erbin Millicent Rogers war nach einer Nacht aus seinem ›Falcon Lair‹ ausgezogen: Die Geister waren ihr zuviel.

Fünf Jahre nach Valentinos Tod unternahm die Amerikanische Gesellschaft für übersinnliche Forschung einen Versuch, mit dem Schauspieler in Verbindung zu treten. Sein Medium, George Wehner, diente als Kanal, und eine gute Freundin, die Schauspielerin Ruth Roland, nahm an der Sitzung teil.

Miss Roland fragte: »Muß eine Person auf dieser Erde übersinnlich begabt sein, um mit einem Verstorbenen kommunizieren zu können, und muß eine solche Kommunikation über ein Medium laufen?«

Rudy antwortete angeblich: »Ich würde sagen, daß jeder Mensch auf der Erde, der mit einem Verstorbenen kommunizieren möchte, übersinnliche Wahrnehmungen haben muß, um eine Kommunikation zuwege zu bringen. Und was war das mit dem Medium?«

»Muß eine solche Kommunikation über ein Medium laufen?«

»Nein, die Person, die die Kommunikation wünscht, könnte ihr eigenes Medium sein. Sie müßte eben übersinnlich begabt sein, d. h. feinere Schwingungen wahrnehmen können.«

Fünfundvierzig Jahre vor den Zwischenfällen in Valentinos Villas hatte Miss Roland gefragt: »Bist du je zurückgekommen und als Geist in deinem Haus in Hollywood gewesen?«

»Ja. Ich bin zurückgekommen, bin in dem Haus herumgegangen und habe in der Erinnerung die alten Tage wiedererlebt. Es ist dasselbe, wie wenn ihr in einem Sessel sitzt und an vergangene Tage denkt. Wenn wir (die Geister) an einen Ort denken, sind wir sofort da. Indem ich wieder an die alten Tage dachte, bin ich zu dem Haus gegangen und durch die Räume gewandert, in Gedanken an das alte Glück und Leid dort. Manchmal haben Leute mich gehört und meine Gegenwart gespürt.«

Maria Moreno hatte gespannt zugehört, und wieder nickte sie bestätigend. »Er wandert immer noch durch das Haus und über die Koppeln, projiziert seine Energie dorthin.«

»Wird er je damit aufhören?« fragte ich. »Ist er dazu verurteilt, für den Rest der Ewigkeit in Valentinos Villas herumzulaufen?«

Maria lächelte strahlend. »Ich habe meditiert und meine Führer gesehen. Sie sagten, wenn die Menschen seine Botschaft annehmen und an die übersinnlichen Erscheinungen und an das Jenseits glauben, dann wird er keinen Grund mehr haben, zurückzukehren.«

14 Von Geistern und Reinkarnation

Nichts konnte Maria Moreno aus der Fassung bringen. Anders als Graham Greene wurde sie in ihrem Glauben an Gott niemals schwankend. Sie hatte selbst Beschwerden, und wie die Heilerin Kathryn Kuhlman gab sie mit so vollen Händen, daß ihr oft nicht genug Energie blieb, um ihrem eigenen Körper und Geist heilende Schwingungen zuzuführen. Eines Abends nach einem anstrengenden Tag war sie so müde, daß sie sich kaum aufrecht halten konnte. Aber gerade an diesem Tag war sie auf dem Friedhof in ihrer Meditation einem Geist begegnet, der sie warnte, einer von ihr geliebten Person stünde eine Krise bevor. Sie rief sofort ihre Tochter Romyna in Hollywood an und sagte ihr, sie solle einen Arzt rufen.

»Du mußt dich sofort am Magen operieren lassen«, sagte sie.

Für ihre Geisterärzte, so war ihr gesagt worden, war es zu spät, und Marias Geistführer ließen auch gern qualifizierte Irdische die Arbeit tun, wenn es irgendwie möglich war. Romyna ging am nächsten Tag ins Krankenhaus, und ihre Gallenblase, die kurz davor stand zu platzen, wurde entfernt. Einen Tag später hätte es sehr wohl tödlich ausgehen können.

Warum war Marias Warnung nicht früher gekommen?

»Der Arzt kann seiner Familie auch nur helfen, wenn sie ihn konsultiert«, sagte Maria mit einer hilflosen Geste.

Sie betrachtete sich nicht als Heilerin und noch nicht einmal als Hellseherin. Als Medium war sie, wie das Wort schon sagt, ein Instrument, ein Vermittler, und das war ihr genug. »Ist es nicht besser, wenn Gott durch mich spricht, als wenn ich für mich selber spreche?«

Sie war immer überrascht, wenn irgendein unverständliches und von ihr vorhergesagtes Ereignis eintraf. Aber es machte sie traurig, daß sie eine Katastrophe zwar vorhersagen, aber dennoch niemandem helfen konnte. In der Sitzung mit der Schauspielerin Rosemary Cord hatte ich sie ankündigen hören, daß Mittelamerika in zwei bis drei Wochen von einem verheerenden Erdbeben erschüttert werden würde. Das war im Januar 1976, und im folgenden Monat töteten eine Reihe von Erdbeben in Guatemala zwanzigtausend Menschen und machten eine Million Menschen obdachlos. Maria weinte den ganzen Tag, als die schreckliche Nachricht aus dem zerstörten Land zu ihr drang. Und doch zweifelte sie nie an der Weisheit des Herrn.

»Wenn man seine Gesetze versteht, dann weiß man, daß der Tod nicht grausam ist, sondern notwendig, damit eine vollkommene Wiedergeburt stattfinden kann.«

Ihre Kräfte waren eine ständige Quelle des Wunders, und immer rief jemand an, um zu berichten, daß eine Vorhersage eingetroffen war.

»Ich bin eines Morgens aufgewacht«, sagte Rosemary Cord, »und hörte im Radio, daß ein neuer Asteroid aufgetaucht sei, der mit der Erde zusammenstoßen könne.«

Maria hatte nur wenige Tage zuvor über dieses Planetenbruchstück gesprochen und gesagt, daß ein Zusammenstoß unvermeidlich sei.

»Wenn es geschieht, werden wir es wissen«, sagte sie.

Rosemarys Freund Eric Thiele war es zunehmend besser gegangen. Rosemary sagte: »Ich bin sicher, daß sein Rücken wieder vollständig in Ordnung kommt, wenn er weiter ihre Anweisungen befolgt.«

Als ich ihn das letzte Mal traf, trainierte er wieder regelmäßig mit seiner Fußballmannschaft.

Maria war berühmt für ihre Vorhersagen – sie selbst ließ sich jedoch nichts vorhersagen, und das war vielleicht eines der stärksten Argumente für ihre Geisterwelt. In ihren Sitzungen war nichts berechnet, sondern sie flossen vollkommen spontan durch ihren klaren Kanal. Sie sah nicht nur das, was der Fragende wissen wollte, sondern weit darüber hinaus. Ich hatte die wohlbekannte Kunstmäzenin Mrs. John Conte aus Los Angeles und Palm Springs zu Maria Moreno begleitet, natürlich ohne sie vorzustellen. Ich wußte nicht, was Mrs. Conte sich erwartete, außer daß eine größere Investition sie beschäftigte, die NBC-Fernsehstation, die sie und ihr Mann in Palm Springs besaßen und betrieben.

Sie war eine praktische Frau, Geister und übersinnliche Dinge interessierten sie nur, wenn sie einem helfen konnten.

Sie liebte die Musik und unterstützte die Philharmonieorchester von Philadelphia und Los Angeles, und das Klavierspiel von Marias begabtem Enkel Leslie nahm sie sofort gefangen. »Der Junge spielt ja Chopin«, rief sie. Tatsächlich spielte er virtuos die schwierigsten Stücke, nach nur zwei Jahren Übung.

Als sie sich Maria gegenübersetzte, konnte ich sehen, wie sie noch die Ohren spitzte, um die Musik aus dem Nachbarzimmer zu hören.

»Er spielt gut.«

Maria strahlt voller Stolz: »Er ist inspiriert.«

»Er ist sehr begabt, aber er sollte noch besseren Unterricht haben«, meint Mrs. Conte, die vielleicht einen Fehler gehört hat.

Maria zuckt mit den Achseln. »Er hat ein Stipendium beantragt«, sagt sie.

Mrs. Conte dreht lauschend den Kopf: »Ich werde ihn für ein Stipendium empfehlen.«

Maria dankt ihr, meint jedoch, das sei nicht nötig.

»Ich würde es gerne tun.«

Maria beendet das Gespräch, indem sie die Augen schließt. In wenigen Augenblicken ist sie in Trance und atmet in gleichmäßigen Zügen. Eine Zeitlang sagt sie nichts. Dann, als die Musik ausklingt, beginnt sie, langsamer als sonst zu sprechen.

»Es ist ein großer Künstler im Raum. Er hatte mit einem Sinfonieorchester zu tun und war ein sehr feuriger Mensch. Sein Name ist Arturo Toscanini.«

»Was sollte man wohl anderes erwarten, wenn der Junge im Nebenzimmer Klavier spielt«, sagt Mrs. Conte mit schlauem Lächeln, als dieser Name des verstorbenen Dirigenten der New Yorker Philharmoniker fällt.

Maria ist zu tief in Trance, um die Bemerkung zu hören.

»Der große Toscanini hat eine Botschaft für seinen Freund und Kollegen, der auch ein großer Dirigent ist. Er macht sich Sorgen um sein Herz und sagt, er solle sich ausruhen.« Sie macht eine Pause. »Sie buchstabieren mir jetzt seinen Namen: O-R-M-A-N-D-Y.«

»Das ist ja bestimmt Eugene Ormandy, der Dirigent des Orchesters von Philadelphia!« ruft Mrs. Conte. »Ich habe jahrelang in Philadelphia gelebt und kenne ihn.«

Jetzt ist klar, wofür Mrs. Conte sich interessiert. »Ormandy arbeitet zuviel, und ich sagte ihm von Zeit zu Zeit, daß er sich nicht so viel vornehmen solle. Es gibt heutzutage in der Musikwelt niemanden von seinem Format. Er ist wirklich unersetzlich.«

»Wenn er seine Aktivitäten verringert, wird er in Ordnung kommen«, sagt Maria. »Das sagen sie mir.«

»Aber warum interessiert das Meister Toscanini?« fragt die praktisch denkende Mrs. Conte.

»Sie waren gute Freunde und hatten viel Bewunderung füreinander. Der jüngere Ormandy hörte immer auf das, was Toscanini ihm sagte.«

Mrs. Conte lächelt. »Wenn Toscanini sprach, hörte jeder zu.«

»Also sagen Sie es Mr. Ormandy«, bittet Maria. »Toscanini ist deshalb heute hierhergekommen.«

Nachdem dies nun erledigt ist, wartet Mrs. Conte auf die Botschaft, für die sie gekommen ist. Sie läßt nicht lange auf sich warten.

»Pepe sagt, Ende des Jahres wird Ihre Situation sich wenden.«

»Wie wird das vor sich gehen?« fragt Mrs. Conte.

Die Fernsehstation ist nicht erwähnt worden, aber beide scheinen zu wissen, worum es geht.

»Es wird von selber geschehen, ohne daß Sie etwas dafür tun müssen.«

»Das kommt mir sehr unwahrscheinlich vor«, flüstert Mrs. Conte dazwischen, »es geschieht doch nichts, ohne daß es jemand tut.«

Nach der Sitzung stand sie ein paar Minuten lang wie verzaubert am Klavier, noch immer voller Verwunderung über das Spiel des Jungen. »Sind Sie sicher, daß er erst seit zwei Jahren spielt?«

»Ja«, sagte Maria, »aber es ist leicht zu erklären.«

»Wie das?«

»Er hat ein Jahr lang gespielt, ohne Lehrer, nur seine Mutter brachte ihm Notenlesen bei. Und eines Abends, als er Chopins *Revolutionsétude* spielte, schaute er auf und sah ein Bild des Komponisten in der Halle. Er schaute noch einmal, er traute seinen Augen nicht. Aber der Komponist lächelte und schien ihm sagen zu wollen, daß sein Spiel ihm gefiele. Am nächsten Tag begann er zu spielen wie ein Virtuose, schnell und genau und mit großer Artikulation, wie ein Meister, wie Chopin.«

Mrs. Conte lächelte unsicher. »Ich muß ihm wirklich mit diesem Stipendium helfen«, sagte sie. »Es könnte Chopin ja mißfallen, wenn ich es nicht tue.«

Ich für meinen Teil verstand nicht, wie es Leslie beim Spielen helfen konnte, wenn Chopin erschien, selbst wenn er höchstpersönlich kam.

»Aber Sie verstehen nicht«, sagte Maria. »Ich habe eine Sitzung für Leslie gehalten, und sie haben mir später erzählt, was ich gesagt habe.«

Sie wedelte mit den Armen und lächelte über das ganze Gesicht.

»Leslie war in einem früheren Leben Schüler von Frédéric Chopin und hat bei ihm Klavierspielen gelernt.«

Gegen einen solchen Lehrer ließ sich nichts einwenden.

»Die ganze Familie hat's mit den Geistern«, schmunzelte Mrs. Conte, als wir hinausgingen.

Ich sah sie das nächste Mal nach Beginn des neuen Jahres.

»Wissen Sie«, sagte sie, »es hat sich alles gewendet. Verschiedene Leute sind mit Angeboten für den Fernsehsender auf uns zugekommen, aber wir sind nicht daran interessiert.«

»Genau, was Maria Moreno Ihnen gesagt hat.«

»Stimmt«, sagte sie verblüfft. »Sie hat gesagt, daß es sich um diese Zeit in mir selber lösen würde.«

»Wie geht es mit dem Stipendium?« fragte ich.

Sie lächelte. »Es ist in Arbeit. Wie könnte ich mich Chopin widersetzen?«

Marias Gabe schien nur durch den Wunsch begrenzt, denen zu helfen, die der Führung bedurften. Reiche, die noch reicher werden wollten, und Junge, die etwas über ihre nächste Liebe erfahren wollten, beeindruckten sie nicht. »Meine Zeit ist begrenzt«, sagte sie, »und ich möchte sie ernsthaften Leuten zur Verfügung stellen, die an sich arbeiten wollen und sich nicht nur in ihren Schwächen gehenlassen.«

Der Weg des Polizeioffiziers Dave Tillotson (vgl. Kapitel 8; Anm. d. Übers.) hatte ihr nicht gefallen, und dieses Gefühl mochte sie unbewußt beeinflußt haben. Sie war da in einem Zwiespalt, wie Jussek meinte. »Tillotson als Menschen wollte sie helfen, aber sie wollte nicht Werkzeug der Rache sein. Das kann die Sitzung sehr wohl beeinflußt haben.« Sie hatte den Mordfall nicht gelöst, jedoch die Indizien unterstrichen, die mit Hilfe der staatlichen Fahndung zu den Mördern führen konnten. Wie Edgar Cayce, der schließlich davor zurückschreckte, Menschen zu bestrafen, machte sie genau vor der belastenden Enthüllung halt.

»In ihrem Unterbewußtsein gab es offensichtlich eine Sperre dagegen, an einem Racheakt teilzunehmen«, beobachtete Jussek. »Sie sagte jedoch genug, um den Rechtsvollzug zu unterstützen. Sie hat nicht nur die Vornamen der Mörder genannt, sondern sagte auch, in welchen Anstalten sie gewesen waren, wo sie wohnten und was inzwischen mit ihnen geschehen ist. Sie hat sogar die Geschäftsinhaber beschrieben, die die Mörder kennen, und die Gründe für den Mord genannt.«

Aber das war in diesem traurigen Fall nicht ihr größter Beitrag gewesen. Ich hatte beobachtet, wie Tillotsons Stimmung allmählich weicher wurde und wie die Erkenntnis in ihm aufzudämmern begann, daß der Gerechtigkeit vielleicht am besten Genüge getan werde, wenn man sie der göttlichen Vergeltung überließ. Wie die anderen hatte ich mit Spannung wahrgenommen, wie er schließlich die Gegenwart seiner Mutter zu akzeptieren schien.

»Das war wirklich sehr eindrucksvoll«, meinte Jussek. »Es hat gezeigt, daß Marias Gabe eine zwingende Kraft des Guten hat.«

Marias Geister brachten eindrucksvolle Botschaften. Die wichtigste war jedoch ganz klar die, daß das Leben weitergeht. Und dies war nicht nur eine himmlische, sondern auch eine irdische Botschaft. Denn sie war mit einer gelegentlichen Rückkehr auf den Schauplatz früherer Triumphe und Niederlagen verbunden und gab die Gelegenheit, vergangene Übertritte gutzumachen und von früheren Errungenschaften zu profitieren. »Alles, was wir sind, kommt irgendwoher«, kommentierte Hochwürden Douglas, und Maria Moreno stimmte von ganzem Herzen zu. »Und wir müssen irgendwohin gehen«, fügte sie hinzu. »Warum sonst hat Christus gesagt, daß wir sterben, um wiedergeboren zu werden?«

Ohne Reinkarnation war ihr Spiritismus sinnlos. »Es geht darum, sich geistig weiterzuentwickeln, so daß die Menschen allmählich begreifen, worum es im Leben geht, damit sie Frieden finden, die Kriege beenden können, glücklich miteinander leben und sich an den Früchten des Lebens freuen. Fortschritt ist nichts Mechanisches. Ohne Liebe bauen wir nur immer größere Zerstörungsmaschinen.«

Maria sagte dies alles bewußt, aber es kam aus ihren eigenen Sitzungen, die sie auf Tonband aufgenommen und dann abgehört hatte. »Wenn es durch mein Unterbewußtsein kommt, weiß ich, daß es stimmt«, sagte sie.

Wenn Maria nicht an Reinkarnation glaubte, dann glaubte sie an gar nichts. »Die Menschen müssen ihr eigenes Karma verarbeiten. Durch ihre Entscheidungen bestimmen sie, wie sie ihr nächstes Leben beginnen.«

Die Kirchen akzeptieren diese östliche Lehre nicht. Aber für Christus und die Apostel war es keine Frage, daß ewiges Leben und die Wiedergeburt des Geistes ein und dasselbe waren. Maria zitierte mit Vergnügen Matthäus 16, Vers 13, wo Jesus seine Jünger fragt: »Wer sagen die Leute, daß des Menschen Sohn sei? Sie sprachen: Etliche sagen, du seiest Johannes der Täufer; andere, du seiest Elia; wieder andere, du seiest Jeremia oder der (alten) Propheten einer.«

Maria sah nur, was geschrieben stand. »Wenn sie davon sprachen, daß Jesus Elia oder Jeremia war, mußten sie von Reinkarnation sprechen, denn diese Propheten waren vor langer Zeit gestorben.«

Sie lachte darüber, daß Taylor Caldwell Reinkarnation nicht gelten ließ: »In Wirklichkeit glaubt sie daran, sonst würde sie nicht das Buch über Jesus mit Ihnen schreiben. Sie erinnert sich an Ihr gemeinsames Leben zur Zeit Jesu, als Sie beide Schriftgelehrte waren. Es ist etwas, das sie tun muß, um sich auf ihr nächstes Leben vorzubereiten.«

Ich hatte nicht das Gefühl, daß die Schriftstellerin einem inneren Zwang gehorchte. Maria war anderer Meinung: »Sie kann nicht anders, genausowenig wie Sie selber.«

Ich war mir darüber nicht so sicher wie über ihre Prophezeiungen. Von einer Weltreise auf der ›S. S. Rotterdam‹ hatte Taylor Caldwell begeistert gekabelt: »Habe soeben Filmrechte für *Die Armaghs* an Universal Pictures verkauft. Freuen Sie sich mit mir.«

Wieder war eine von Marias Vorhersagen plötzlich wahr geworden.

Jusseks Hypnose hatte ein wenig Hintergrundwissen hervorgeholt, das die Kräfte des Mediums erklären konnte. Wir hatten ihre Inkarnationen als übersinnlich begabte Person zurückverfolgt und ihre Beziehungen zu verschiedenen Geistführern aufgedeckt, mit deren Hilfe sie jetzt das Weiterleben nach dem Tode bewies. Das Bild, das wir von ihr im Mittelalter und als herumziehende Zigeunerin hatten, war unklar, aber sie befand sich deutlich in einem Wachstumsmuster und hatte noch nicht ihren jetzigen Status erreicht.

»Und darum geht es bei der Reinkarnation«, sagte Jussek, »um ständiges Wachsen, um die Erkenntnis des Zweckes unseres Hierseins, bis das Individuum soweit ist, daß es Gott als Gefährte dienen kann.«

»Aber wozu braucht Gott diesen kleinen, habgierigen, nicht besonders schlauen Menschen?« fragte ein Bilderstürmer.

Maria Moreno hatte immer eine Antwort: »Gott findet wie der menschliche Vater Erfüllung in dem Erfolg seiner Kinder. Es bereitet ihm Freude, wenn sie das Ziel der Vollkommenheit, das er ihnen gesetzt hat, erreichen.«

Maria Moreno hat uns ein vielgestaltiges Netzwerk von Ebenen und Dimensionen geschildert, in dem die Toten sich auf ihre Wiederkehr vorbereiten. Die Zurückgekehrten erinnern sich offenbar an zuvor Gelerntes, was in Einstellungen und Fähigkeiten zum Ausdruck kommt, die sich nicht ohne weiteres durch Vererbung oder Umwelteinflüsse erklären lassen. Der Enkel Leslie ist gewiß in einem Vorleben Musiker gewesen. »Wie sonst sollte er ohne eine Klavierstunde Klavier spielen können?« sagte Maria. »Tief in seinem Inneren hat er sich erinnert.«

Mozart hat im Alter von drei Jahren komponiert und der Pianist Joseph Hofmann diese Musik im gleichen zarten Alter spielen können. Aus welch einer Vergangenheit kamen diese Begabungen? Die Welt hat wirklich einen Sinn, wenn die Lektionen der Vergangenheit und die so sorgfältig erarbeiteten Fähigkeiten zur Bereicherung der Nachwelt weiterentwickelt werden können. Sollten denn all die Freuden und Leiden der Sterblichen für nichts gewesen sein?

Gelegentlich war es aufschlußreich, das Reinkarnationsmuster anhand bestimmter menschlicher Aktivitäten zu überprüfen. Der amerikanische Sänger und Schauspieler Burl Ives hatte sein ganzes Leben lang den Traum gehegt, Freimaurer zu werden. Er hatte Illinois verlassen, war zu Ruhm und Ansehen gelangt, hatte aber nie Zeit für die Studien gefunden, die von einem angehenden Freimaurer verlangt werden. Erst vor kurzem hat er beschlossen, dem Ruf, den er sein ganzes Leben lang in sich fühlte, zu folgen.

Es war die erste Vereinigung, der er je beigetreten war. »Man könnte fast sagen, ich bin ein Profi im Nicht-Beitreten.« Es gab nichts, was ihm je größere Befriedigung verschafft hätte. Es war fast so, als sei er sein Leben lang Freimaurer gewesen. Er fühlte sich mit den heiligen Riten und den geheimen Bedeutungen und mit anderen Freimaurern vollkommen zu Hause.

Als er Maria Moreno konsultierte, ging es ihm hauptsächlich um seine berufliche Karriere, in der er sich neue Aufgaben erhoffte. Maria deutete an, daß er Rex Stouts großartigen, hellseherischen Detektiv Nero Wolfe spielen würde, und er war hocherfreut von dieser Aussicht. Was ihn jedoch noch mehr gefangennahm, war Marias Hinweis, daß seine Frau Dorothy demnächst ein Buch in die Hand bekommen und darin eine Abbildung des Mannes sehen würde, dessen Reinkarnation er sei. Oberflächlich betrachtet schien das absurd. Aber Maria hatte diese Figur sogar beschrieben: »Er war ein großer Militärführer im Bürgerkrieg, ein sehr gebildeter Mensch, aber ein Autodidakt.«

Dorothy und Burl Ives waren überrascht, daß zwei verschiedene Inkarnationen desselben Geistes sich auch körperlich ähnlich sehen sollten, aber Maria erklärte: »Normalerweise sehen die Leute nicht wie der Mensch aus, der sie früher waren. Aber wenn die Gedankenmuster ähnlich sind und auch die Persönlichkeiten sich sehr ähneln, dann ähnelt sich auch das äußere Aussehen. Nach einem bestimmten Alter fangen die Leute an, so auszusehen, wie sie denken.«

Mann und Frau, über Jahre hinweg eng verbunden, sehen sich in späteren Jahren auch oft ähnlich.

Dorothy Ives besuchte kurz darauf einen Freund in Hollywood und bekam ein Buch über das Freimaurertum gezeigt: *The Morals and Dogma of the Ancient und Accepted Scottish Rite of Freemasonry* (Moral und Dogma des alten und anerkannten schottischen Ritus des Freimaurertums). Es war von Albert Pike, einer prominenten Person im amerikanischen Freimaurertum des neunzehnten Jahrhunderts, oberster Großkommandeur des ›Alten und Anerkannten schottischen Ritus des Freimaurertums südlicher Rechtshoheit‹.

Beim Durchblättern des Buches hielt Dorothy Ives plötzlich inne, denn sie erblickte das vollkommene Ebenbild ihres Mannes, das sie anschaute – dieselben starken Gesichtszüge, die massiven Schultern, die großen, sehnigen Hände, der geduldige, nach innen gerichtete Ausdruck. Als Bildunterschrift las sie jedoch den Namen Albert Pike. Pike, gestorben im Jahre 1891, war ein General im amerikanischen Bürgerkrieg und außerdem Jurist, Dichter und Esoteriker, der an Reinkarnation glaubte.

Das Buch war vergriffen, und der Besitzer wollte es nicht aus den Händen geben. Ein paar Tage später traf jedoch von der Philosophischen Forschungsgesellschaft von Los Angeles ein nicht bestelltes Buch über Geheimlehren mit dem Titel *The Phoenix* bei ihnen ein, und dieses Buch enthielt ein ganzseitiges Bild von Albert Pike. Es war praktisch unmöglich, zwischen Pikes Bild und einem neueren Foto des Sängers und Schauspielers zu unterscheiden.

Ich hielt selbst die beiden Bilder nebeneinander und verglich sie. Ich hätte schwören können, daß sie denselben Mann darstellten.

Es gab jedoch auch zwischen völlig fremden Menschen solche verblüffenden Ähnlichkeiten. Es war sicherlich kein Beweis für Reinkarnation.

»Wir hätten uns vielleicht auch nicht soviel dabei gedacht«, meinte Dorothy bestimmt, »wenn Maria nicht so genau vorhergesagt hätte, daß wir auf das Bild stoßen würden, und es gleichzeitig mit Reinkarnation in Verbindung gebracht hätte.«

Pike war aus Arkansas, und viele von Burl Ives' Volksliedern erinnerten an diese Gegend. Außerdem würde jeder, der den Sänger kennt, sagen müssen, daß Pikes Beschreibung auf ihn paßt: »Ein Riese in jeder Hinsicht – körperlich, geistig, im Herzen und in der Seele. So majestätisch war seine Erscheinung, daß, wenn immer er sich in Stadt oder Land zeigte, jeder Vorübergehende sich nach ihm umdrehte und ihn bewunderte. 1,88 m groß, mit den Proportionen eines Herkules und der Anmut eines Apollo.«

Groß und dick, wie er war, besaß Burl Ives eine bewegliche Anmut und panthergleiche Kraft. Abgesehen von der körperlichen Ähnlichkeit, waren auch die Interessen der beiden Männer ähnlich: Freimaurertum, geheime Lehren, Dichtkunst und amerikanische Folklore. Burl als Neubekehrtem widerstrebte es jedoch, irgendeine Verwandtschaft mit dem Platon des Freimaurertums für sich in Anspruch zu nehmen: »Wir wollen einfach nur sagen, daß Maria Moreno das gesehen hat und es so eingetroffen ist, wie sie es sah, ohne daraus schlüssige Beweise zu ziehen.«

Dennoch gab es Dorothy und ihm zu denken, als anläßlich eines Wohltätigkeitskonzerts in der Freimaurerloge von San Franzisko die Gesangsgruppe, die ihn begleitete, meinte, wie gut ihnen sein Bild an der Wand des Auditoriums gefiele. Er erklärte, dies sei ein viel berühmterer Freimaurer als er – Albert Pike.

Maria hatte sich bei Dorothy und Burl Ives in keiner nachprüfbaren Einzelheit getäuscht. Bei einer Gelegenheit hatte sie eine Botschaft von einer Laura aufgegriffen. »Es ist eine gute Freundin von

Ihnen«, sagte sie zu Dorothy Ives. »Sie sagt Ihnen, daß sie gerade hinübergegangen ist und an Sie denkt.«

Dorothy durchforschte ihr Gedächtnis und meinte schließlich, sie kenne keine Laura. Aber Maria beharrte: »Sie hat eine ungewöhnlich tiefe Stimme, fast wie ein Mann.«

Dorothy mußte aber fast schuldbewußt eingestehen, daß sie sich wirklich an keine Laura erinnern könne. Einen Monat später meinte sie voller Reue: »Ich muß einen Gedächtnisausfall gehabt haben. Ich erfuhr später, daß eine ganz liebe Freundin, die im Tal von San Fernando wohnte, plötzlich gestorben ist. Sie starb genau zwei Tage bevor ich bei Maria war. Sie hieß Laura und war bei ihren Freunden wegen ihrer rauhen Stimme berühmt.«

Was mir bei all diesen Ereignissen die meisten Rätsel aufgegeben hat, ist der Nelkenduft in Paula Petries Wohnung und das M, das an den Badezimmerspiegel geschrieben war. Wie kann ein unsichtbarer Geist mit unsichtbarer Feder einen sehr sichtbaren Buchstaben an einen Spiegel schreiben? Kann es nicht sein, daß sich irgendein Witzbold, der von Paulas Interessen wußte, eingeschlichen hatte und sich auf diese Weise über sie lustig machte? Es wäre ja nicht der erste Scherz, den man sich mit leichtgläubigen Leuten erlaubt.

Jussek ist anderer Meinung. »Erstens gab es zwei Zeugen, Mrs. Petrie und ihre Freundin. Und zweitens, wenn wir schon bei Manifestationen sind, würden Sie sagen, daß die Hand, die Sie in Mae Wests Wohnung gesehen haben, ein Schabernack war?«

Ich sehe noch genau das Sofa vor mir und die Stellung jedes einzelnen Anwesenden – Mae West, Paul Novak, Maria, Jussek und ich. Da war keine Möglichkeit, wie irgend jemand diese Hand hätte vortäuschen sollen. Aber auch wenn andere mir davon berichtet hätten, ich würde es nicht glauben, wenn ich es nicht selber gesehen hätte. Nie zuvor habe ich irgendeine übersinnliche Erscheinung wahrgenommen. Diese akzeptiere ich nur, weil ich meinen eigenen Sinnen traue.

»Nein«, sage ich zu Jussek, »ich habe die Hand genauso gesehen wie Sie.«

Jussek denkt einen Moment lang nach. »In der Bibel steht, daß Jesus Wasser in Wein verwandelte und fünf Brotlaibe in Speise für fünftausend Menschen. Wenn wir an Christus glauben, müssen wir auch an diese Wunder glauben – denn Wunder sind nur die Dinge, die wir nicht verstehen. Christus hat offensichtlich die Energie in der Atmosphäre zu diesem molekularen Wunder benutzt. Und die Geister, die von ihren Meistern lernen, benutzen vielleicht Energieformen, um die Schwingungen zu erzeugen, mit denen sie materialisieren können, was immer sie wollen – Blumenduft, Kleidung, einen Arm, einen Finger mit einem Juwel daran oder eine Hand.«

Ich weiß überhaupt nicht mehr, was ich glauben soll. Es ist jeden Tag anders. Mal bin ich beeindruckt von den Dingen, die durch Maria kommen, und überzeugt, daß sie tatsächlich mit den Verstorbenen in Kontakt ist, dann behauptet sich wieder mein gesunder Menschenverstand. Wie können wir uns denn einbilden, die Rätsel des Universums zu lösen, das Geheimnis des Lebens selber, das auch große Weise der Vergangenheit nicht gelöst haben? Oder vielleicht ist das das Problem: daß der Intellekt, das enge, dürre, nachahmerische, selbstbegrenzende bewußte Denken, in der selbstgefälligen Annahme, die Welt sei nach unserem Bilde geschaffen, die grenzenlose Weite eines endlosen Kontinuums abschneidet?

Die Lücke zwischen Wissen und Weisheit muß mit Glauben überbrückt werden. Nicht jeder kann mit einer Maria Moreno sitzen und über die Dinge staunen, die durch sie fließen, aber es gibt genügend Menschen, die das Wort verbreiten können. Und wenn man an den Schöpfer glaubt, kann man auch den Schöpfungsplan sehen.

Rudolph Valentino, der noch in dieser Sphäre einer fernen Stimme lauschte, konnte dies vielleicht am besten ausdrücken:

> *The serenade of a thousand years ago,*
> *The song of a hushed lip,*
> *Lives forever in the glass of today,*
> *Wherein we see the reflection of it*
> *If we but brush away*
> *The cobwebs of a doubting faith.*

> Die Serenade von vor tausend Jahren,
> das Lied eines verstummten Mundes
> lebt ewig im Glas des Heute,
> worin wir sein Abbild sehen können,
> entfernen wir nur
> die Spinnweben eines zweifelnden Glaubens.

Nachwort
von Eugene G. Jussek, M. D.

Für einen Mediziner sind die Übergänge vom Leben zum Tode vertraute Zustände, mit denen man sich beschäftigen muß. Für die meisten von uns scheint der Tod etwas Endgültiges zu sein. Wenn man die plötzliche Leere im Gesicht eines gerade Verstorbenen sieht, so steht man vor der alten Frage: Was ist mit der Lebensessenz dieses Wesens geschehen?

Wir haben bei all unserem technischen Fortschritt noch keine Antwort auf diese Frage gefunden. Wir können fast schon einen menschlichen Körper und ein menschliches Gehirn nachbauen, aber die Essenz, die ihm Leben verleiht, können wir ihm nicht geben.

In manchen Religionen ist von der Wiederauferstehung des Geistes und des Fleisches die Rede (je nachdem, wie die Verdienste waren, geht es in den Himmel oder in die Hölle).

Der berühmte Schweizer Psychiater *Carl Jung* erforschte den Traumzustand und behauptete, daß ein Teil unserer Psyche über den Tod hinaus weiterbesteht und nicht den Gesetzen von Raum und Zeit unterliegt.

Bhagavan Krishna lehrte, daß die verkörperte Seele sich stets nicht nur aller Stadien ihres gegenwärtigen Lebens bewußt ist, sondern auch dessen, daß sie nach dem Tode einen anderen Körper erhält.

Paramahansa Yogananda, der bekannte indische Lehrer und Schüler Krishnas, rät zu bestimmten (Yoga-)Disziplinen, um ein höheres Bewußtsein zu entwickeln, durch das man die (wissenschaftliche) Wahrheit der Reinkarnation erkennen kann. Der bekannte Schweizer Arzt und Ernährungswissenschaftler Bircher-Benner veröffentlichte Fallstudien von *déjà-vu*-Erlebnissen (spontanen Einbrüchen von Einblicken in Vergangenheit und Zukunft).

Übersinnlich begabte Menschen können sich in veränderten Bewußtseinszuständen auf vergangene, gegenwärtige und zukünftige

Leben und Ereignisse einstellen. Das trifft besonders für bestimmte Bedingungen, wie z. B. Hypnose (veränderter Bewußtseinszustand), zu.

Die Hypnose scheint daher ein Kanal, durch welchen wir Zeuge des Weiterlebens der Seele sein können. Professionelle wie auch Laienhypnotiseure haben viele Fälle solcher Seelenwanderungen ausführlich untersucht.

In meiner eigenen medizinischen Praxis hatte ich bei mehreren Anlässen Gelegenheit, dieses Phänomen der Rückkehr in vergangene Leben (bei Patienten, die zur Behandlung bestimmter Symptome durch Hypnose in die Kindheit zurückgeführt wurden) zu beobachten. Diese Gedanken werden gestützt durch die Tatsache, daß in vollkommenen Schockzuständen, wo die Gehirnrinde, der Sitz des Bewußtseins, aufhört zu arbeiten, von lebhaften Traumerlebnissen und anderen Arten der Wahrnehmung berichtet wird, obwohl das Bewußtsein völlig verloren ist.

Der verstorbene Dr. P. Niehans erzählte mir von zwei Klienten, die, nachdem sie physisch eigentlich gestorben waren, wieder zum Leben erweckt wurden, der eine durch Herzmassage von seinem Vater, dem Chefchirurgen im Schweizer Bern, der andere viele Jahre später durch künstliche Beatmung von Dr. Niehans selber. Beide Patienten berichteten von identischen Erlebnissen: »Ich ging fröhlich und ohne alle Atemschwierigkeiten durch einen dunklen Tunnel. Am Ende des Tunnels sah ich ein helles Licht. Dann packte mich jemand am Genick, und ich erwachte.« Niehans beendete seine Erzählung mit den Worten: »Warum sollten wir uns da vor dem Tod fürchten? Sterben mag wirklich schwierig sein, aber der Tod ist leicht.«

Ich selber bin auch der Meinung, daß Bewußtsein nicht von dem Vorhandensein von Körpergeweben abhängt, und daß es nicht mit dem Tode endet. Ich beziehe dieses Wissen aus meinen Yogastudien und aus Erfahrungen, die ich in der Meditation und ähnlichen Bewußtseinsstufen gewonnen habe.

Ich bin sicher, daß es allen Menschen möglich sein wird, einen höheren Bewußtseinszustand zu erlangen, und daß auf diese Weise das Weiterbestehen des Bewußtseins in solchem Ausmaße erfahren wird, daß der Tod seinen beängstigenden Charakter verliert. Er wird nur noch als notwendiger Teil eines Entwicklungsprozesses betrachtet werden.

Ich hatte das Privileg, bei vielen der in diesem Buch geschilderten Ereignissen zugegen zu sein, und ich bewundere die Empfindsamkeit und Objektivität des Schriftstellers, der sie erzählt.

In Maria Moreno haben wir einen bemerkenswerten Verbindungskanal mit dem Jenseits. Sie ist das erstaunlichste Medium, das ich je gesehen habe. Sie ließ mich nicht nur an die Unendlichkeit des Universums denken, sondern ich fragte mich auch, ob nicht Gott sie auserwählt habe, um der Menschheit einen ermunternden Blick in das ewige Leben zu gestatten. Durch ihre einzigartigen Fähigkeiten konnte sie das ausführen, worüber der große Humanist C. G. Jung nur spekulieren konnte, als er sagte: »Die Frage nach der Unsterblichkeit ist so dringlich, so naheliegend und auch so fest in uns verwurzelt, daß wir uns die Mühe machen müssen, uns irgendeine Art von Meinung darüber zu bilden.«

Goldmann Taschenbücher

Informativ · Aktuell
Vielseitig · Unterhaltend

Allgemeine Reihe · Cartoon
Werkausgaben · Großschriftreihe
Reisebegleiter
Klassiker mit Erläuterungen
Ratgeber
Sachbuch · Stern-Bücher
Indianische Astrologie
Grenzwissenschaften/Esoterik · New Age
Computer compact
Science Fiction · Fantasy
Farbige Ratgeber
Rote Krimi
Meisterwerke der Kriminalliteratur
Regionalia · Goldmann Schott
Goldmann Magnum
Goldmann Original

Goldmann Verlag · Neumarkter Str. 18 · 8000 München 80

Bitte senden Sie mir das neue Gesamtverzeichnis

Name _____

Straße _____

PLZ/Ort _____